Gabriele Haug-Schnabel · Ilse Wehrmann (Hrsg.)

Raum braucht das Kind

Anregende Lebenswelten für Krippe und Kindergarten

Gabriele Haug-Schnabel · Ilse Wehrmann (Hrsg.)

Raum
braucht das Kind

Anregende Lebenswelten
für Krippe und Kindergarten

verlag das netz
Weimar · Berlin

ISBN 978-3-86892-061-1

Lektorat: Erika Berthold
Gestaltung: Jens Klennert, Tania Miguez
Druck und Bindung:
Printed in Germany

Weitere Informationen finden Sie unter: www.verlagdasnetz.de

Inhalt

Vorwort

Spielraum ist auch heute noch überall.
Demnach findet in jedem Fall auch überall
eine Aneignung dieser Orte statt.
Inwieweit diese jedoch mehrheitlich
geeignet sind, freie, mündige, weltoffene
und kritische Bürger entwickeln zu lassen,
muss inzwischen in Frage gestellt werden.

Christina Seeger & Roland Seeger
(in: Danielle Schronen & Manuel Achtern
»Raum für Kinder: Platz für Erfahrung ... Ort für Begegnung«
Confédération Caritas & Ordre des Architectes et des Ingénieurs-
Conseils, Luxembourg 2011)

Kindern Räume geben, um sie ihren Platz in der
Gemeinschaft finden und gestalten zu lassen, halten
wir für eine zukunftsweisende Aufgabe für alle, die
Verantwortung für kindliche Lebenswelten übernehmen wollen.

Gabriele Haug-Schnabel und Ilse Wehrmann (2012)

Raum als erster Erzieher

Angelika von der Beek

Nicht nur Menschen, sondern auch Räume haben erzieherische Wirkung. Den aus der Reggiopädagogik bekannten Satz vom »Raum als dritter Erzieher« abwandelnd, erkläre ich den Raum zum ersten Erzieher, denn ich sehe – bezogen auf die Selbstbildungsprozesse der Kinder – einen unmittelbaren Zusammenhang zwischen

- dem Bild vom aktiven und neugierigen Kind und Räumen, in denen es aktiv sein kann, sowie Materialien, in denen es Stoff zur Befriedigung seiner Neugier findet;
- dem pädagogischen Ziel, der Individualität jedes Kindes Rechnung zu tragen, und Räumen, in denen jedes Kind täglich eine Vielzahl von Wahlmöglichkeiten hat;
- Räumen und der veränderten Rolle der Erzieherin, in der sie Lernprozesse nicht durch Angebote steuern muss, sondern begleiten kann, weil die Räume und Materialien die Kinder zu intensiven Betätigungen einladen;
- der Bedeutung der Kindergruppe und einer Raumgestaltung, die Kindern ermöglicht, sich andere Kinder, den Ort, das Material und die Zeit zum Spielen aussuchen zu können, ohne auf Erwachsene angewiesen zu sein;
- dem Spiel als der zentralen Weise, in der kleine Kinder lernen, und Räumen, die ihnen entsprechende spielerische Entfaltungsmöglichkeiten geben;
- der Förderung naturwissenschaftlicher Kompetenzen der Kinder und einem naturnah gestalteten Außengelände nebst der regelmäßigen Nutzung von Naturräumen;
- dem leichten Zugang zu den Kulturtechniken Lesen, Schreiben und Rechnen sowie geeigneten Materialien, mit denen ein Kind sich selbsttätig, also zu dem Zeitpunkt und in der Weise, die ihm passen, auseinandersetzen kann;
- der Erleichterung von Übergängen, insbesondere von der Familie in die Kita, und attraktiven Betätigungsmöglichkeiten, die den Kindern in einer Situation emotionaler Verunsicherung eine sichere

materielle Basis geben, auf der sich Bindungsbeziehungen zu den Erzieherinnen entwickeln können.

Raum als dritter oder erster Erzieher?

Wenn in Reggio vom »Raum als drittem Erzieher« die Rede ist, dann ist gemeint, dass der Raum neben den beiden Erzieherinnen oder den Erzieherinnen und Kindern eine erzieherische Rolle spielt, die in ihrer Bedeutung dem Einfluss der Menschen gleichzusetzen ist. Es wird also eine Gleichwertigkeit zwischen Mensch und Umwelt, zwischen Subjekt und Objekt postuliert. Insofern ist die Rede vom ersten oder dritten Erzieher nur ein Spiel mit Zahlen, allerdings in der Absicht, die Aufwertung, die die Räume durch die griffige Formulierung aus Reggio erfahren haben, zu verstärken und – stärker noch als in der Reggiopädagogik – die tatsächliche Gleichwertigkeit der menschlichen und der räumlichen Erzieher zu begründen.

Zwischen dem Menschen und dem Raum besteht ein Ursache-Wirkungs-Verhältnis: Der Mensch schafft den Raum. Allerdings finden die Nutzer von Kindertagesstätten in aller Regel die Architektur vor und müssen sich mit der »gebauten Pädagogik« arrangieren. Auf die weitreichenden und tiefgreifenden Konsequenzen, die die Architektur einer Kita für Erzieherinnen und Kinder hat, kann ich hier nicht weiter eingehen. Denn Wirkungen gehen von ihrer städtebaulichen Einbindung aus, ihrer Lage im Umfeld, ihrer Zugänglichkeit, aber auch von der Länge der Wege zwischen den Räumen, der Anzahl der Geschosse, der Verschattung, die tagsüber Kunstlicht erfordert, oder der ungebremsten Sonneneinstrahlung, die zu unerträglichen Raumtemperaturen führt – um nur einige architektonische Faktoren zu nennen.

Um Missverständnissen vorzubeugen, betone ich, dass die Gleichwertigkeit aller drei Erzieher in den Wirkungen auf Kinder nur dann gegeben ist, wenn die Menschen es wollen. Räume in der Kita sind nicht wichtiger als Menschen. Allenfalls ist es so: »Räume sind erste Erzieher, weil sie auch da sind, wenn Menschen nicht da sind.«[1] Ihre gleiche Wertigkeit ist zunächst Ergebnis einer pädagogischen Entscheidung, dann eines längeren Prozesses, in dem die Räume von den Pädagogen gestaltet werden, und schließlich können die Kinder das anregende Potenzial von Räumen erst durch die aufmerksame Anwesenheit der Erzieherinnen ausschöpfen.

Ich konzentriere mich im Folgenden auf die Wirkung von Innenräumen und vernachlässige die Bedeutung der Außenräume, nicht ohne festzustellen, dass Selbstbildungsprozesse der Kinder in der Natur und in naturnahen Außengeländen oft wirkungsvoller unterstützt werden können als in Innenräumen. Die Sinnlichkeit, Komplexität und Differenziertheit der Natur sollte deshalb auch Vorbild für die Gestaltung von Innenräumen sein.

Erkenntnisse über frühkindliches Lernen als Grundlage von Raumgestaltung

Um zu präzisieren, was mit Selbstbildung gemeint ist, beziehe ich mich auf den Zusammenhang, den Gerd Schäfer zwischen Hirnforschung und frühem Lernen herstellt: »Damit Kinder überhaupt die Erfahrungen sammeln können, die in unserer Kultur notwendig sind, müssen sie die verschiedensten Bereiche ihrer Sinneswahrnehmung ausbilden. Wir werden zwar mit funktionierenden Sinnen geboren. Aber ihre Leistungen sind noch grob und undifferenziert. Sie müssen den Bedingungen angepasst werden, die in der gegebenen Umwelt vorherrschen. Dies geschieht in dem Maße und in der Qualität, in der sie tatsächlich gebraucht werden.«[2]

Selbstbildung ist also der Prozess, in dem die Kinder zum einen durch ihre Sinne – »die Fern- und Nahsinne, die Körperwahrnehmungen und die emotionalen Wahrnehmungen«[3] – und zum anderen in ihrer sozialen Umwelt handelnd lernen. In der Auseinandersetzung mit der Umwelt benötigen sie, wie Gerd Schäfer aus den neurobiologischen Erkenntnissen schlussfolgert, »... komplexe Situationen, in welchen sie ein komplexes Muster von Wahrnehmungs-

formen aufeinander beziehen und abstimmen können«[4]. Aus solchen Erkenntnissen der Hirnforschung ziehe ich den Schluss, dass Kindern in der Kita komplexe Räume für all ihre Sinne und Räume zur Verfügung gestellt werden sollten, in denen sie selbstständig handeln können.

Wichtig erscheint mir in diesem Zusammenhang die begriffliche Klärung dessen, was mit Lernen durch die Sinne gemeint ist. Es geht nicht nur um Sehen, Hören, Riechen, Schmecken und Tasten, sondern ebenso um Körpersinne wie den Muskel-, den Gleichgewichts- und den Raumlage-Sinn sowie um Emotionen, die Gerd Schäfer in den Zusammenhang mit den Sinnen stellt, indem er sie als bewertete Wahrnehmungen bezeichnet.

Aus der begrifflichen Differenzierung geht hervor, dass »Räume für die Sinne« keine Extra-Räume sein, sondern dass die Sinnesqualitäten sich auf alle Räume und Materialien beziehen sollten. Darüber hinaus sollte die Erkenntnis, dass Kinder die Welt nicht nur über die bekannten fünf Sinne, sondern vor allem auch durch ihre Körpersinne begreifen, dazu führen, dass den Bewegungsmöglichkeiten der Kinder in Kitas größere Aufmerksamkeit als bisher geschenkt wird. Das betrifft die Veränderung des Turnraums hin zum Bewegungsraum, aber auch die bewegungsfreundliche Gestaltung aller anderen Räume und ein jederzeit zugängliches naturnahes Außengelände. Die große Bedeutung, die die Körpersinne für die kindliche Entwicklung haben, sollte das ausschlaggebende Kriterium für die Auswahl der meisten Materialien sein – nicht nur für Bewegung, sondern auch für Bauen, Rollenspiel und Gestalten.

Wenn wir uns Gerd Schäfer anschließen, der betont, dass zu den Sinnen, durch die von Anfang an gelernt wird, die emotionalen Wahrnehmungen gehören, haben wir einen weiteren Maßstab für die Raumgestaltung: Räume und Materialien müssen emotional positiv wahrgenommen werden können. Das heißt, sie sollten zum Wohlbefinden der Kinder – und selbstverständlich auch der Erwachsenen – beitragen, ihnen Rückzug und den selbstbestimmten Wechsel zwischen Aktivität und Passivität ermöglichen, ihre Sinne, vor allem den akustischen und den visuellen, nicht überfordern und ihr größtes Sinnes-

1 Schäfer, G. E.: Der Raum als erster Erzieher. In: TPS 1/2005, S. 6
2 A. a. O., S. 6
3 A. a. O., S. 6
4 A. a. O., S. 6

organ, den Hautsinn, nicht unterfordern. Vor allem aber sollten sie ihrer Lust am Experimentieren, ihrer Freude am Entdecken und ihrer großen Neugier entsprechen.

Schlussfolgerungen aus den neurobiologischen Forschungen für die pädagogische Praxis heben die Rolle des Alltags – also der konkreten und sich wiederholenden Erfahrungen – für frühkindliche Lernprozesse hervor. Gerd Schäfer spricht von »konkretem Denken« und meint damit einen vorsprachlichen Denkprozess über den Körper, in dem »... das Kind sein Können und Wissen allein aus den konkreten Erfahrungen (erwirbt), die es selbst im Alltag macht. Zunächst und noch lange nach der Geburt erfahren Kinder ihre Welt in konkreten Handlungen, die sie mit Hilfe ihrer Sinne erschließen. Sie entwickeln ein szenisch-handelndes Verständnis von sich und ihrer Umwelt (das ist mehr als sensomotorische Intelligenz bei Piaget). Sie wissen, wie etwas geht oder in welchen Zusammenhängen etwas verwendet wird. Zunehmend werden diese Handlungserfahrungen in inneren Szenen und Bildern repräsentiert. Aus den Mustern erfahrener Handlungen bildet sich eine Vorstellungswelt. Fantasie und Spiel sind die Bildungsprozesse, mit welchen diese Vorstellungswelt dann auch verändert, umgestaltet und neu zusammengesetzt werden kann. Weil dieses Denken eng an die Sinnes- und Handlungserfahrungen gebunden ist, weil es nur durch Formen des Mitmachens oder der Nachahmung weitergegeben werden kann, weil es noch keine Begriffe gibt, mit denen man darüber nachdenken könnte, was hier getan wird, nenne ich dieses Denken konkretes Denken«[5].

Die Einführung des Begriffs »konkretes Denken« in die erziehungswissenschaftliche Diskussion ist für mich ein bedeutsamer Schritt auf dem Wege der Konkretisierung dessen, was mit dem Bild vom »Kind als Forscher« gemeint sein könnte. Am wichtigsten finde ich den Nachweis, dass es sich nicht um eine »Vorläuferkompetenz«, sondern um die Fähig-

---

5   A. a. O., S. 7f.

keit handelt, vom Beginn des Lebens an – zunächst ohne Sprache – differenziert mit dem Körper zu denken. Dadurch wird der Begriff des Denkens aus seiner einseitigen Verbindung mit der Sprache gelöst. Er wird anwendbar auf das, was die Kinder in den ersten Jahren tun, in denen sie noch nicht sprechen können. Die Erkenntnis, dass es sich um Denkprozesse – ohne Sprache, aber mit dem Körper – handelt, gestattet es, in der Praxis ganz andere Schlussfolgerungen für die Pädagogik im Allgemeinen und die Raumgestaltung im Besonderen zu ziehen, als es unter dem Gesichtspunkt, was die Kinder alles noch nicht können, möglich war.

Kinder haben die Fähigkeit, konkret zu denken. Deshalb sollten die Räume für die Jüngsten keine verkleinerten Kindergartenräume sein, und die Räume im Kindergarten sollten dem Lernen der Kinder über den Körper mehr Raum geben, als es in Gruppenräumen in der Regel der Fall ist. Wie bei allen Raumgestaltungsfragen ergibt sich für mich daraus zunächst die Konsequenz, konzeptionelle Überlegungen anzustellen, die organisatorische Folgen haben: nämlich wie Kinder unter und über drei Jahren betreut werden sollen.

Weil das konkrete Denken altersabhängige und entwicklungsspezifische räumliche Bedingungen braucht, muss es für jüngere und ältere Kinder unterschiedliche Räume geben. Löst sich die Einrichtung von Räumen für Kinder unter Drei vom herkömmlichen, durch Kindermöbelfirmen-Kataloge geprägten Schema, bietet sie den Kindern in erster Linie Spiel-, Bewegungs- und Rückzugsmöglichkeiten wie Stufen, Podeste, schräge Ebenen, Wellentreppen, Höhlen, Baumstammabschnitte, Bretter und Kartons.[6] Ein Gruppen- und ein Nebenraum – also kurze Wege, die Bindungspersonen gestatten, sich in Seh- und Hörweite der Kinder aufzuhalten –, überschaubar und attraktiv dargebotenes Material, das Bewegungsmöglichkeiten bietet und die Körpersinne der Kinder befriedigt, ergeben völlig andere raumgestalterische Lösungen als die Anforderungen an Räume für ältere Kinder, in denen Wege weiter oder Podeste höher sein können und in denen die Bezugspersonen nicht immer verfügbar sein müssen.

In der Ganztagsbetreuung von Kindern unter Drei gibt es einen anderen Tagesablauf. Die Kinder schlafen. Sie essen in der Regel früher und müssen gewickelt werden. Essen, Schlafen und Wickeln bilden täglich wiederkehrende Handlungseinheiten. Nicht zuletzt aus diesen pragmatischen Gründen ist es sinnvoll, einer Gruppe junger Kinder einen eigenen Gruppen- und Nebenraum, einen eigenen Sanitärraum und eine eigene Garderobe zuzugestehen.

Der Raum wirkt für Kinder unter Drei als erster Erzieher, weil er überschaubar und anregend ist, so dass sie ihn deshalb selbstständig, wenn auch in Begleitung ihrer Bezugspersonen nutzen können. Räume für Kinder über Drei sollten komplexer sein. Für die Selbstbildungsprozesse dieser Kinder ist eine Erzieherin wichtig, die sie wohlwollend begleitet, aber nicht unbedingt ihre Bezugsperson sein muss.

Erkenntnisse über frühkindliches Lernen lassen sich nicht direkt in Raumgestaltung umsetzen. Eine »Übersetzung« ist nötig. Das Team jeder Kindertagesstätte muss vorhandene Gegebenheiten wie die Anzahl von Kindern und Erzieherinnen, das Alter der Kinder, die Öffnungszeiten, die Zahl und Lage der Räume berücksichtigen und diese Faktoren in Verbindung mit seinem Bild vom Kind bringen.

Vor der Umgestaltung der Räume: ein Konzept entwickeln oder überdenken

In welcher Weise kann der enge Zusammenhang von Erfahrungen, Alltag und Lernen in der Raumgestaltung von Kindertagesstätten wirksam werden? Meine erste Antwort lautet: Nicht allein durch Raumgestaltung, sondern durch Überdenken des Kita-Konzepts.

Beruht das Konzept auf der Organisation in Gruppen, sollte geprüft werden, ob die Öffnung der Gruppen, die engere Zusammenarbeit im Team und die Umwandlung von Gruppenräumen in Funktionsräume möglich ist.

Das Wort »Funktionsräume« ist übrigens missverständlich, denn in der Fachsprache der Architekten sind damit Räume mit nur einer Funktion gemeint, zum Beispiel Heizungsräume. Viele Pädagogen finden den Begriff zu technisch. Ich verwende ihn, bis ich einen besseren gefunden habe, und bestimme ihn inhaltlich folgendermaßen: Funktionsräume sind Räume mit einem thematischen Schwerpunkt, und gleichzeitig sind sie Stammgruppenräume. Diese Verbindung ist wichtig, damit die Räume von den Kindern selbstständig genutzt werden können.

---

6   von der Beek, A.: Bildungsräume für Kinder von Null bis Drei. verlag das netz, Weimar/Berlin 2006

Selbstständig heißt nicht: allein, ohne Erzieherinnen. Dieses verbreitete Missverständnis würde ich gern aufklären: Nur wenn Erzieherinnen in der Lage sind, Räume sorgfältig zu gestalten, und anwesend sein können, entfalten sich die Selbstbildungspotenziale der Kinder.

Der thematische Schwerpunkt der Stammgruppenräume führt konsequent zur Reflexion der Rolle der Erzieherin: Will sie weiterhin für alle Themen zuständig sein oder sich über längere Zeit auf ein Thema konzentrieren? Die Entscheidung muss sorgfältig bedacht werden und hängt nach meiner Erfahrung eng mit den Ressourcen zusammen, die jede Erzieherin mobilisieren kann.

Da wäre zunächst die Quelle des persönlichen Interesses. Kann sich eine Erzieherin für etwas begeistern, ist das eine wichtige Ressource. Hinzu kommt der offene Austausch im Team über Stärken und Schwächen sowie die Bereitschaft, einander anzuerkennen und zu unterstützen. Nicht zuletzt sind Beratung und Fortbildung unverzichtbar, um sich in ein Thema einzuarbeiten und es weiterzuentwickeln.

Unter organisatorischen Gesichtspunkten ist es wichtig, die überschaubare Gruppenraum-Pädagogik nicht durch eine komplizierte Funktionsraum-Pädagogik zu ersetzen. Während es bei Gruppenräumen keine Rolle spielt, für wie viele Gruppen eine Kita eingerichtet wird, weil alle Räume ja gleich eingerichtet werden, gibt es große Unterschiede zwischen einer eingruppigen und einer Kita mit sechs Gruppen, wenn man Funktionsräume einrichten will. Die Lösungen müssen individuell und dadurch unterschiedlich sein. In hohem Maße hängen sie von den baulichen Gegebenheiten ab. Räume in verschiedenen Stockwerken sollten, wenn möglich, zu einer überschaubaren Einheit zusammengefasst werden, so dass sich die gleichen Funktionsräume auf jedem Stockwerk befinden. Zu lange Wege zwischen den verschiedenen Räumen behindern die Selbsttätigkeit der Kinder und die Zusammenarbeit der Erzieherinnen.

Unproblematischer für die Einrichtung von Funktionsräumen sind zwei- und dreigruppige Kitas mit Nebenräumen auf einer Ebene, ohne lange Flure und mit einem Bewegungsraum. In diesen Kitas können die traditionellen »Ecken« aufgelöst werden, und die Materialien können ihre Plätze im Bauraum, im Rollenspielraum und im Atelier finden. Der Extra-Bewegungsraum ermöglicht es, den anderen Themen viel Platz einzuräumen und den Kindern Betätigungsmöglichkeiten beim Gestalten, Bauen und Rollenspiel zu geben, die sie vorher nicht hatten.

Der einzige Knackpunkt ist in der Regel der Essraum für zwei oder drei Gruppen, der notwendig wird, damit die Funktionsräume von Tischen und Stühlen befreit werden und den Charakter von Lernwerkstätten annehmen können. Die Lösungen für dieses Problem sind so unterschiedlich wie die räumlichen Gegebenheiten in den Kitas.[7]

Unbefriedigend ist die Lösung, in den Funktionsräumen zu essen. Sind genügend Räume vorhanden, sollte ein kleinerer Raum – eher ein Nebenraum als ein Gruppenraum – allen Kindern für die Mahlzeiten zur Verfügung stehen, und zwar zu verschiedenen Zeiten.

Eine Lösung, die viel Sorgfalt in der Durchführung erfordert, aber den Raum am effektivsten nutzt und den Kindern die meisten Wahlmöglichkeiten gibt, ist das Büfett. Dabei handelt es sich um einen Essraum, der mit zirka 15 bis 20 Plätzen ausgestattet und für ungefähr eine Stunde geöffnet ist, in der die Kinder wählen können, wann sie essen, mit wem sie zusammensitzen und wie lange sie sich aufhalten. Erfahrungsgemäß kommen innerhalb von 70 Minuten ungefähr 70 Kinder in einem Raum mit 20 Plätzen zum Essen.

Ist kein Extra-Bewegungsraum vorhanden, müssen Prioritäten gesetzt werden. Dazu sind die neuen Erkenntnisse der Forschung über frühkindliches Lernen ebenso hilfreich wie die langjährige Praxis der Psychomotorik. Aus ihnen ziehe ich den Schluss, dass der Bewegungsraum unter den Funktionsräumen erste Priorität hat.

Auch von dieser Regel gibt es selbstverständlich Ausnahmen. Zum Beispiel, wenn es sich um einen Halbtagskindergarten auf dem Land handelt oder um eine Halbtags-Kita in der Stadt, die nur zwei Räume, aber einen Garten hat, den die Kinder jederzeit benutzen können.

Das Außengelände gilt seit den Anfängen der Offenen Arbeit[8] als eigener Funktionsraum und wird in seiner pädagogischen Bedeutung dadurch gewür-

---

7 Siehe dazu das Kapitel zu Kinderrestaurants. In: von der Beek, A.: Bildungsräume für Kinder von Drei bis Sechs. verlag das netz, Weimar/Berlin 2010
8 Regel, G./Wieland, A. J. (Hrsg.): Offener Kindergarten konkret. Ebv, Rissen 1993

digt, dass eine oder – je nach Größe des Teams – zwei Erzieherinnen für den Garten zuständig und eventuell Fachfrauen dafür sind. Trotzdem sehe ich es in der Regel als notwendig an, einen Garten und einen Bewegungsraum einzurichten – und zwar nicht als Turnraum, sondern als Raum, den die Kinder jederzeit aufsuchen können, um sich zu bewegen und das mit Bauen oder Rollenspiel zu verbinden.

Eine der wichtigsten Schlussfolgerungen aus den Erkenntnissen über das Lernen durch den Körper ist die veränderte Nutzung der Räume. Das betrifft vor allem den Bewegungsraum. Diesen Raum sollten alle Kinder während der gesamten Öffnungszeit nutzen können – im Früh- und Spätdienst ebenso wie nach dem Mittagessen sowie als Alternative zum Schlafen oder Ruhen, denn manche Kinder erholen sich durch Bewegung viel besser.

Eine solche Veränderung ist nur möglich, wenn es im Team eine Erzieherin gibt, die die Zuständigkeit für diesen Raum übernimmt und Fachfrau für den Bildungsbereich »Bewegung« wird. Das gelingt unproblematisch, wenn es sich um einen Stammgruppen-Raum handelt, weil eine Erzieherin – oder auch zwei – dann automatisch für den Raum zuständig ist.

Gibt es einen Extra-Bewegungsraum, ist eine Vielzahl von Lösungen für dessen ganztägige Öffnung und für die Betreuung möglich. Doch weil sich nur wenige Erzieherinnen für den Bewegungsraum begeistern können, muss man konzeptionell und materiell in die Raumgestaltung investieren, damit sich nicht nur die Kinder, sondern auch die Erwachsenen dort wohlfühlen.

Ein Bewegungsraum sollte nicht nur grundlegende kindliche Bewegungsbedürfnisse wie Klettern und Springen, Schaukeln und Balancieren befriedigen, sondern auch Gelegenheiten zum Spiel und vor allem Rückzugsmöglichkeiten bieten. Durch multifunktionale Materialien wie der »Bewegungs-Baustelle« nach Klaus Miedzinski[9] können die Kinder Bewegung mit großräumigem Bauen und Rollenspiel in diesem Raum verbinden. Ist der Bewegungsraum im kindorientierten Sinne multifunktional nutzbar und wird nicht für repräsentative Zwecke oder als Ausweichraum für frühes Englisch missbraucht, dann würde ich – bei zwei Gruppen und großem Platzmangel – den Bewegungs-Spiel-Bauraum und das Atelier favorisieren.

Das Atelier sollte die zweite Priorität haben, weil die bildnerischen Gestaltungsprozesse der Kinder ganz andere Möbel und Materialien erfordern als Bauen und Rollenspiel. Obwohl jeder Bewegungsraum die Verbindung mit Bauen und Rollenspiel unterstützen sollte, können eigene Räume Kindern für Bauen und Rollenspiel viel umfangreichere und differenzierte Möglichkeiten eröffnen, um selbst tätig zu werden. Bei Platzmangel würde ich dem Bauen wiederum den Vorzug vor dem Rollenspiel geben, und zwar ganz pragmatisch deswegen, weil Kinder sich überall beim Rollenspiel ergötzen und weil sich Flurecken oder Nischen leichter mit Rollenspielmaterial ausstatten lassen.

Räume für konkretes und symbolisches Denken

In Bewegungs-, Bau- und Rollenspielräumen sowie in Ateliers geht es darum, dass die Kinder im Alltag Erfahrungen mit ihrem Körper machen, also konkret denken können. Das konkrete Denken ist die Grundlage des symbolischen Denkens, also der Sprache, der Mathematik und der Naturwissenschaft.

Gerd Schäfer beschreibt anhand der Sprache, wie konkretes Denken das symbolische Denken beeinflusst: »Man kann seine erste Sprache nur in einem vertrauten Umfeld erlernen, weil man nur dort weiß, welche Erlebnis- und Erfahrungseinheiten gemeint sind, wenn Wörter wie Mama, Papa, Auto oder Wauwau auftauchen. Man kann sinnvoll nur über die Dinge sprechen, mit denen man Erfahrungen hat. Je differenzierter die konkreten Erfahrungen sind, desto differenzierter wird man dann auch darüber sprechen können.«[10]

Konkretes Denken beruht auf Erfahrungswissen in Alltagszusammenhängen. »Indem sie erfassen, wie die Dinge zusammenhängen, in welchen Kontexten sie sich im allgemeinen befinden, wie sie üblicherweise geformt und wozu sie gebraucht werden können, entsteht in ihren Köpfen eine sinnliche Ordnung der Wirklichkeit, mit der Kinder bereits denken, noch bevor sie überhaupt sprechen. Diese Erfahrungen durchlaufen Umwandlungen, bis sie schließlich symbolisch gefasst und sprachlich gedacht werden können.«[11]

9 Miedzinski, K./Fischer, K.: Die neue Bewegungsbaustelle. Borgmann Verlag, Dortmund 2006
10 Schäfer, G. E.: Der Raum als erster Erzieher. In: TPS 1/2005, S. 9
11 Schäfer, G. E./Alemzadeh, M./Eden, H./Rosenfelder, D.: Natur als Werkstatt. verlag das netz, Weimar/Berlin 2009, S. 83

Neue Grundschuldidaktik und kindzentrierte Kita-Praxis

Im Lichte der neuen Erkenntnisse über frühkindliches Lernen müssen alle Räume beides bieten: Möglichkeiten zum konkreten und zum symbolischen Denken. Allerdings zeigt die kritische Auseinandersetzung mit der traditionellen Kindergartenpraxis, dass die Kinder zu wenig Möglichkeiten haben, konkrete Erfahrungen über ihre Körper zu machen, und zu wenig Gelegenheit, sich intensiv mit den Symbolsystemen unserer Kultur – von der Sprache über die Schrift bis zur Mathematik – zu beschäftigen.

Diese Einsicht führte in den letzten Jahren vor allem durch eine bestimmte Interpretation der Ergebnisse der PISA-Studien zu zwei problematischen Entwicklungen in der Kita-Praxis: zur Überbetonung des sprachlichen, kognitiven, logischen Denkens – unter Vernachlässigung der neurobiologischen Erkenntnisse über frühes Lernen – und zur Vorverlegung der Schule in den Kindergarten, vor allem durch den Rückgriff auf schulische Didaktik. Seither werden Programme zur Förderung der Sprache, Kurse für frühes Englisch oder Lehrgänge wie »Zahlenland« von immer mehr Behörden, Trägern und Eltern als Qualitätsmerkmale von Kindertagesstättenarbeit angesehen, und immer mehr Praktikerinnen sehen sich gezwungen, diese Erwartungen zu erfüllen.

Problematisch an dieser Entwicklung ist nicht nur die Vernachlässigung der Erkenntnisse über frühkindliches Lernen, sondern auch die Orientierung an einer schulischen Didaktik, die schon seit Jahrzehnten von Grundschuldidaktikern kritisiert wird. Das betrifft Lesen und Schreiben ebenso wie Rechnen. Seit fast 30 Jahren setzen sich Hans Brügelmann, Erika Brinkmann und Heiko Balhorn wissenschaftlich damit auseinander, wie man kleinen Kindern Lesen und Schreiben beibringen sollte.[12] Sie bezeichnen Schreib- und Lese-Lehrgänge als Krücken und stellen fest, dass die Lehrgänge seit den 1980er Jahren zwar reicher und beweglicher geworden sind, aber: »Die Fibel ist nicht totzukriegen... Allen Versprechungen in den Lehrerhandbüchern zum Trotz hat sich im Aufbau der Lehrgänge, vor allem in ihrem praktischen Gebrauch, kaum etwas geändert: klein- und gleichschrittig werden Buchstaben und Wörter eingeführt, über die Übung isolierter Teilleistungen ›beigebracht‹ und in simplen Texten wieder und wieder ›gelesen‹.«[13]

Die konkreten Handlungen in einer gegebenen Situation bilden Muster in den Köpfen der Kinder. Diese Handlungsmuster können sprachlich gedacht werden, indem die Kinder Vorstellungen entwickeln, die sich von der konkreten Situation lösen. Handlungen und Vorstellungen werden so lange wiederholt, bis die Kinder zufrieden sind, und dann variiert. In den Wiederholungen finden sich oft schon erste und später ausgeprägtere Variationen.

Sprachentwicklung heißt: Die Kinder können ihre sinnlichen Erfahrungen immer mehr »verwörtern«. Früher oder später ist es ihnen möglich, etwas in Worte zu fassen – unabhängig von der erlebten Situation. Dieser Prozess wird in der herkömmlichen Auffassung von Lernen als kognitiver Vorgang der Entwicklung von Sprachkompetenz angesehen. Was Gerd E. Schäfer »konkretes Denken« nennt, wurde in die Erklärung der Sprachentwicklung bisher nicht einbezogen.

Die einseitige Betonung kognitiver Kompetenzen hat eine lange Tradition. Insbesondere von Psychologen wurde sie seit der ersten PISA-Studie wieder verstärkt in die Kita-Arbeit getragen. Meine pädagogische Perspektive hingegen ist zwar entwicklungspsychologisch und neurobiologisch informiert, ich übernehme die Erkenntnisse dieser Disziplinen aber nicht nur, sondern reflektiere sie erziehungswissenschaftlich. Aus dieser Reflexion geht hervor, dass der einseitige Gebrauch des Kopfs ohne den Körper der tatsächlichen Entwicklung des Lernens in der frühen Kindheit nicht entspricht. Für die Praxis des Kindergartens formulierte Loris Malaguzzi, der Begründer der Reggiopädagogik, das schon vor über 40 Jahren: Von den 100 Sprachen, die Kinder haben, nehmen wir ihnen 99 und erkennen nur eine Sprache an, die verbale, weil wir nur diese Sprache beherrschen.

12 Siehe Brügelmann, H./Brinkmann, E.: Die Schrift erfinden. Libelle Verlag, Lengwil 2005. Dieses Buch ist auch für Erzieherinnen empfehlenswert.

Brügelmann und Brinkmann zeigen zwar Verständnis für Lehrerinnen und Lehrer, die sich angesichts zu großer Klassen hilflos und unsicher fühlen, weil sie Anfänger sind, finden sie aber bequem, denn sie »... haben Angst – vor der eigenen Unsicherheit, vor dem Schulrat und den Kollegen, vor den Eltern«[14].

Aufgrund ihrer Forschungen in enger Zusammenarbeit mit Lehrerinnen und Lehrern sind Brügelmann und Brinkmann jedoch sicher, dass es anders geht. Sie plädieren dafür, »... jeden Tag ein bisschen mehr auf die Hilfe der Krücken zu verzichten«[15].

Was Lehrerinnen und Lehrer tun können, wenn sie sich von den Krücken befreien, gleicht in der Grundhaltung und in den didaktischen Einzelheiten den Erkenntnissen über frühkindliches Lernen, die den hier geschilderten Überlegungen zum »Raum als erstem Erzieher« zugrunde liegen. Nach Brügelmann und Brinkmann gilt es, aufmerksam dafür zu sein, was die Kinder schon können, an den Erfahrungen der Kinder anzuknüpfen und ihnen Aktivitäten anzubieten, durch die sie diese Erfahrungen erweitern können. Lehrerinnen und Lehrer sollten den Mut zu eigenen Versuchen und die Bereitschaft aufbringen, von Kindern zu lernen. »Den einen richtigen Weg gibt es eben auch beim Schrifterwerb nicht.«[16]

Die jahrzehntelange Forschungsarbeit und praktische Erprobung im Bereich der Grundschuldidaktik – insbesondere zum Lesen und Schreiben, aber auch zu Mathematik und Naturwissenschaft – sollte von den Verantwortlichen für die Kindertagesstätten, in der Verwaltung, bei den Trägern, in Beratung und Fortbildung sowie in der Praxis von Erzieherinnen und Leiterinnen zur Kenntnis genommen werden. Mir leuchtet es nicht ein, eine Didaktik für die Jahre vor der Schule zu übernehmen, die die Schule überwinden muss. Stattdessen bietet die langjährige kritische Auseinandersetzung mit Theorie und Praxis der Grundschule, die außerhalb der Schule bisher kaum zur Kenntnis genommen wurde, der Kindergartenpädagogik Gelegenheit, breite Übereinstimmung in den praktischen Schlussfolgerungen festzustellen.[17]

Ich beschränke mich auf eine Auswahl, die Brügelmann und Brinkmann bei der Vorstellung einer »didaktischen Landkarte und ihrer acht Lernfelder« vorschlagen. Unter dem Stichwort »V wie Verfassen und Verstehen von Texten« wird festgestellt: »Kinder, denen im Vorschulalter viel vorgelesen worden ist, haben es mit dem Lesen- und Schreibenlernen leichter als andere.«[18] Die Autoren stellen eine Verbindung zwischen dem her, was Kinder in der Kita gemacht haben, und betonen, dass es auf den Ort und die Atmosphäre ankommt – zum Beispiel eine »gemütliche Situation zum Lesen« – sowie darauf, dass die Lehrerinnen sich Zeit nehmen, um längere Geschichten in Fortsetzungen vorzulesen. Sie stellen etwas als didaktisches Mittel heraus – nämlich Ort und Zeit zu gestalten –, das eine Kontinuität zwischen Kita und Schule darstellt.

Die gleiche Bedeutung messen Brügelmann und Brinkmann der Kindergruppe beim Lesenlernen zu: »Durch lautes Denken über Alternativen modellieren sie voreinander Strategien des Lesens. Zugleich erfahren sie, dass derselbe Text mehrere sinnvolle Lesarten hat.«[19] Dies zeigt, dass Grundschuldidaktiker und Frühpädagogen der Kindergruppe beim Ko-Konstruieren von Lernprozessen übereinstimmend hohe Bedeutung zumessen.

Ähnlich verhält es sich bei der Wertschätzung, die dem Lernen am Modell entgegengebracht wird. In den Verfahren im Kindergarten, in denen es nicht um die Bewertung der Kinder anhand von Bögen zum Ankreuzen geht, sondern um das wahrnehmende Beobachten und Dokumentieren[20], geht man davon aus: Es ist wichtig, dass die Kinder die Erzieherin beim Notieren von Beobachtungen und überhaupt beim Schreiben erleben. Brügelmann und Brinkmann schildern, was eine Lehrerin tun kann, um Standards für »gutes« Schreiben zu etablieren. Sie kommen zu folgendem Schluss: »... die Lehrerin, die selbst schreibt und ihre Schwierigkeiten dabei offenbart, ist nicht minder wichtig.«[21]

13 A. a. O., S. 11
14 A. a. O., S. 11
15 A. a. O., S. 12
16 A. a. O., S. 12
17 Siehe dazu auch: TPS 6/2011: Erstes Schreiben. Friedrich-Verlag, Seelze; Dehn, M.: Kinder & Lesen und Schreiben. Klett/Kallmeyer, Seelze 2007; Klein, H.: Kinder schreiben. Kallmeyer bei Friedrich, Seelze 2005; Royar, Th./Streit, Ch.: MATHElino. Klett/Kallmeyer, Seelze 2010; Selter, C./Spiegel, H.: Wie Kinder rechnen. Klett, Leipzig 1997; Wagenschein, M. u. a.: Kinder auf dem Wege zur Physik. Klett, Stuttgart 1973
18 Brügelmann, H./Brinkmann, E.: Die Schrift erfinden. Libelle Verlag, Lengwil 2005, S. 119
19 A. a. O., S. 121
20 Siehe dazu: Schäfer, G. E./Alemzadeh, M.: Wahrnehmende Beobachtung und Dokumentation. verlag das netz, Weimar/Berlin 2012

Anhand eines letzten Beispiels für die mögliche Kontinuität zwischen Früh- und Grundschulpädagogik führe ich wissenschaftliche Untersuchungen in den USA und in Deutschland an, die belegten, dass die Kenntnis von Buchstaben und ihren Lauten zum Schulanfang eine gute Vorhersage des Erfolgs im Lese- und Schreibunterricht erlaubt. Brügelmann und Brinkmann stellen allerdings fest, dass die Erfolge der Programme zur vorschulischen Förderung der Buchstabenkenntnis (»Sesamstraße«) ernüchternd sind.

Ihren Hinweis auf die komplexen Anforderungen, die Lesen und Schreiben an die Kinder stellen, nehme ich auf und bringe ihn in Zusammenhang mit den Angeboten, die die Kita den Kindern in Leseecken und Schreibwerkstätten machen kann, in denen es eben nicht um Programme im letzten Jahr vor der Schule geht, sondern um eine Didaktik, die sich an der Entwicklung kindlicher Fähigkeiten orientiert, vor allem im Bereich des Gestaltens. In diesem Bereich geht es darum, zunächst mit den Händen, dann mit den Fingern, danach mit dicken Pinseln und dann erst mit Stiften zu arbeiten und Erfahrungen zu sammeln. Ein reich ausgestattetes Atelier, in dem die Kinder die Wahl haben, mit flüssigen Farben zu malen, mit Stiften aller Art – Buntstifte, Kohle oder feine Textmarker – zu zeichnen und mit Ton zu formen, ermöglicht es ihnen, gestaltend zu denken. Und das wiederum ist die Basis dafür, dass sie reiche Erfahrungen mit Schrift sammeln können.

In »Bildungsräume für Kinder von Drei bis Sechs« begründe ich, dass man eine Schreib-Werkstatt überall einrichten kann. Man kann sie auch in einem separaten Raum einrichten – wenn es einen solchen Raum gibt – oder im Rollenspielraum. Ich bevorzuge die Variante, die Schreib-Werkstatt im Atelier einzurichten, weil ich die Verbindung von Malen, Zeichnen und Schreiben für bedeutsam halte. Im Atelier erwerben und verfeinern die Kinder ihre sensomotorischen Fähigkeiten[22] zu grafo-motorischen Fertigkeiten.

Petra Zinke sieht den Schreib-Ort ebenfalls im Atelier. Sie grenzt sich von Anleitungen wie dem »Würzburger Programm für phonologische Bewusstheit« ab, das den Kindern vorbereitende Kompetenzen für den späteren Schreiberwerb vermitteln will. Stattdessen plädiert sie dafür, aufmerksam wahrzunehmen, ob und wie Kinder Interesse am Schreiben bekunden, und darauf einzugehen. Ihr Anliegen ist es, die Sensibilität der Erwachsenen »... für Momente zu wecken, in denen sich Kinder von sich aus an das Thema Schreiben heranwagen«[23].

Die Alternative dazu, den Kindern im Rahmen von Programmen etwas beizubringen, besteht darin, mit Wohlwollen und Unterstützung auf das Interesse der Kinder einzugehen: in einem buchstabenfreundlichen Kindergarten mit Freiraum zum Schreiben, mit anregenden Materialien und der Dokumentation der Aktivitäten der Kinder.[24]

Literatur

von der Beek, A.: Bildungsräume für Kinder von Null bis Drei. verlag das netz, Weimar/Berlin 2006

von der Beek, A.: Bildungsräume für Kinder von Drei bis Sechs. verlag das netz, Weimar/Berlin 2010

Brügelmann, H./Brinkmann, E.: Die Schrift erfinden. Libelle Verlag, Lengwil 2005

Dehn, M.: Kinder & Lesen und Schreiben. Klett/Kallmeyer, Seelze 2007

Klein, H.: Kinder schreiben. Kallmeyer bei Friedrich, Seelze 2005

Miedzinski, K./Fischer, K.: Die neue Bewegungsbaustelle. Borgmann Verlag, Dortmund 2006

Regel, G./Wieland, A. J. (Hrsg.): Offener Kindergarten konkret. Ebv, Rissen 1993

Royar, Th./Streit, Ch.: MATHElino. Klett/Kallmeyer, Seelze 2010

Schäfer, G. E.: Der Raum als erster Erzieher. In: TPS 1/2005

Schäfer, G. E./Alemzadeh, M.: Wahrnehmende Beobachtung und Dokumentation. verlag das netz, Weimar/Berlin 2012

Schäfer, G. E./Alemzadeh, M./Eden, H./Rosenfelder, D.: Natur als Werkstatt. verlag das netz, Weimar/Berlin 2009

Selter, C./Spiegel, H.: Wie Kinder rechnen. Klett, Leipzig 1997

Wagenschein, M. u. a.: Kinder auf dem Wege zur Physik. Klett, Stuttgart 1973

---

21 Brügelmann, H./Brinkmann, E.: Die Schrift erfinden. Libelle Verlag, Lengwil 2005, S. 123
22 Auch feinmotorische Fähigkeiten genannt
23 Bostelmann, A./Metze, T. (Hrsg.): Vom Zeichen zur Schrift. Beltz, Weinheim 2005
24 Siehe dazu: Ateliers und Schreibwerkstätten. In: von der Beek, A.: Bildungsräume für Kinder von Drei bisSechs. verlag das netz, Weimar/ Berlin 2010

Raum ist überall – Raumgestaltung in Kindertagesstätten unter dem Aspekt sozialraumorientierter pädagogischer Arbeit

Ute Bendt und Claudia Erler

In den letzten Jahrzehnten hat sich Kindheit auch unter dem Aspekt der Raumnutzung und Raumeroberung durch die Kinder rasant verändert. In den 1950er bis 1980er Jahren konnten Mädchen und Jungen ihre Umgebung – auf dem Land wie in der Stadt – selbst erforschen, erobern und zu Teilen gestalten. Natürlich gab es Regeln, zum Beispiel: Wenn die Laternen angehen, müssen die Kinder nach Hause kommen; auf jüngere Geschwister sollen die Kinder aufpassen und sie zum Spielen mitnehmen. Es gab auch Verbote von Eltern, zum Beispiel: Die Kinder dürfen nicht in leerstehenden Häusern, Ruinen oder auf Heuböden spielen. Solche Vorschriften hielten die Kinder jedoch nicht davon ab, verbotene Orte aufzusuchen und sich dort auszutoben, denn Verbote strahl(t)en eine geheimnisvolle Anziehungskraft aus.

Orte der Kindheit gestern und heute

In unseren Seminaren befragten wir mehr als 600 Erzieherinnen und Tagespflegepersonen, die in den Jahren zwischen 1950 und 1980 geboren wurden, an welche Orte ihrer Kindheit sie sich erinnern und welche davon sie als angenehm oder unangenehm erlebt hatten.[25] Hier die häufigsten Antworten:

Angenehme Orte der Kindheit

- die Natur (draußen),
- der Dachboden,
- das Haus/die Wohnung der Großeltern,
- die Küche,
- Flurnischen,
- die Nähe des Ofens.

Unangenehme Orte der Kindheit

- der Keller,
- die Außentoilette,
- das »gute« Zimmer (ein Esszimmer für besondere Anlässe),
- der Kindergarten.

Bemerkenswert war, welch hohen Stellenwert die Natur mit all ihren Möglichkeiten für Kinder damals hatte und wie wenig bedeutsam das bei vielen Befragten bereits vorhandene Kinderzimmer als Ort war. Als wir wissen wollten, was das Besondere am Spiel im Freien – unabhängig von Stadt oder Land – gewesen sei, nannten die Befragten mehrere Gründe: frei und unbeobachtet zu sein, Erfahrungen mit vielen anderen Kindern unterschiedlichen Alters zu teilen[26], sich ausprobieren zu können, unbekannte Orte zu entdecken und sich einen geheimen Platz, ein Refugium oder eine Höhle zu schaffen – einen Ort, von dem die Eltern nichts wussten.

Schauen wir uns heutige Kindheit unter dem Aspekt der Orte für Kinder an. Bei unseren Fragen an die Kinder ließen wir unberücksichtigt, ob sie sich an den Orten gern oder ungern aufhalten, da diese Formulierung manche Kinder irritierte.

Ganz vorn in der Aufzählung stand das Kinderzimmer mit Computer und diversen Spielkonsolen, gefolgt vom Zuhause. Je nach Familienverbindungen wurden auch die Großeltern genannt und der beste Freund oder die beste Freundin. Der eigene Garten wurde von Kindern angegeben, wenn die Familie ein Haus bewohnt oder über eine Gartenparzelle verfügt. Ansonsten erwähnten die Kinder Ausflugsziele, zum Beispiel den Zoo oder Vergnügungspark. Selten wurden die Natur, der Wald, das Wohngebiet oder die Straße genannt.

---

25 Vgl. Bendt, U./Erler, C.: Spielbudenzauber – Sinnvolle Raumgestaltung in Kita und Krippe. Mühlheim an der Ruhr 2010, S. 12
26 Aus heutiger Sicht die große Altersmischung

Stellen wir nun die Kindheitsorte der Vergangenheit denen der Gegenwart gegenüber, so wird deutlich, dass sie sich in den Innen- oder Nahbereich verlagert haben – zu Lasten der Außenräume vor der Tür. Das bedeutet im wörtlichen und übertragenen Sinne, dass Jungen und Mädchen heute seltener hinaus in die Welt gehen, um ihre eigenen Erfahrungen zu sammeln und zu überprüfen. Darüber hinaus werden die wenigen Schritte, die aus den vier Wänden hinausführen, im Vorfeld meist von Erwachsenen organisiert, also dosiert und kontrolliert. Es gibt langfristige Terminvereinbarungen mit klaren Zeit- und Regelvorgaben, wenn Kinder ihre Freunde besuchen. Absprachen werden getroffen, welche Veranstaltungen und Freizeitaktivitäten sie nutzen dürfen. Berührungen mit der Welt reguliert der volle Terminkalender der Kinder, der dem mancher Manager in nichts nachsteht – und zwar auf Kosten der Erkundung und Eroberung der Welt, die jedes Kind in seinem individuellen Tempo und auf seine eigene Weise vornimmt. Also erlebt das Kind eine Vielzahl von Inseln, von »kleinen Welten«: die Welt der Familie, die Welt der Kita, die Welt der Schulfreunde, die Welt im Verein. In all diesen Teilwelten sammelt das Kind – losgelöst von seinen anderen Erfahrungswelten – Eindrücke, die es deuten und verarbeiten muss.

Wenn das so ist, kommen wir nicht umhin, uns mit der Lebenswelt der Kinder[27] auseinanderzusetzen. Kindereinrichtungen der letzten Jahrzehnte legten Wert darauf, Spielmaterial und Spielzeug anzubieten, die es in den Familien selten oder nicht in erforderlichem Umfang gab. Kinder konnten sich an Sportgeräten ausprobieren, und die Außengelände trugen dem Mangel an öffentlichen Spielplätzen Rechnung. Jungen und Mädchen fanden geeignete Geräte für die motorische Entwicklung ebenso wie Sandkästen vor. Somit glichen die Kindertagesstätten Mängel im Sozialraum aus.

Heute haben Kinder – unabhängig von ihrem sozialen Status – in ihren Spielzimmern nahezu jedes erdenkliche Spielzeug, und in fast jedem Wohngebiet finden sich ansprechende Spielplätze mit vielfältigen Spielgeräten. Das bedeutet: Die Raumgestaltung in den Kindertagesstätten, sowohl innen wie außen, muss dafür nicht mehr vorrangig aufkommen. Worin

besteht dann die Herausforderung an die Raumgestaltung in heutigen Kindertagesstätten?

Als pädagogische Fachkräfte, die dem Betreuungs-, Bildungs- und Erziehungsauftrag in vollem Umfang gerecht werden wollen, müssen wir dieser Frage nachgehen. Damit leisten wir zugleich einen Beitrag für sozialraumorientierte pädagogische Arbeit.

Der Begriff »Sozialraum« beschreibt »… die Wechselwirkung zwischen der sozialen Situation seiner Bewohner und der räumlichen Beschaffenheit: einerseits prägt das ›Soziale‹ den Raum, andererseits wiederum prägt auch der Raum das ›Soziale‹.«[28] »Einer freien Definition nach ist der Sozialraum der Ort, an dem die Menschen leben, einen Teil ihrer Freizeit verbringen, den sie auf ihre eigen(artig)e Weise gestalten, wo sie einkaufen, Kontakte pflegen und ihr Auto abstellen.«[29]

Dem Begriff »Sozialraum« sinnverwandt ist der Begriff »Lebenswelt«. Willy Klawe geht davon aus, »dass Kinder in einem sozialen Raum aufwachsen, der sich

- geografisch (räumlich i. e. S.) beschreiben lässt: zum Beispiel durch seine Grenzen, Aktionsradius, Mobilität, Bewegungsprofil, zentrale Orte und Treffpunkte und ihre Bedeutung usw.;
- durch die in ihm herrschenden Beziehungen kennzeichnen lässt: soziale Kontakte, wichtige Ansprechpartner und Vertrauenspersonen, personale Machtzentren, Netzwerke usw.;
- in dem gemeinsam geteilte Deutungsmuster, Traditionen und akzeptierte Regeln gelten.«[30]

Ein Leitfaden für sozialraumorientierte pädagogische Arbeit

Nach der Begriffsklärung gilt es zu überprüfen, in welchem Sozialraum die Kinder leben, die in den Einrichtungen betreut werden. In vielen Kindertagesstätten setzen sich Erzieherinnen bereits in der pädagogischen Konzeption mit der Lebenswelt der Kinder und den heutigen Herausforderungen an Familien auseinander. Vielen von ihnen ist das Potenzial dieser Analyse für die eigene pädagogische Arbeit jedoch nicht bewusst. Das heißt: Es wird zwar erfasst und formuliert, in welchen Lebenssituationen

27 In der Fachsprache ist das der »Sozialraum«.
28 Vgl. Urban, M./Weiser, U.: Kleinräumige Sozialraumanalyse. Dresden 2006, S. 23
29 Vgl. Diederichs, M. K.: Sozialraummanagement in der Praxis – Sozialraumorientierung. Düsseldorf 2005, S. 4
30 Vgl. Schüttler-Janikulla, K. (Hrsg.): Handbuch für Erzieherinnen. Für einen sozialräumlichen Blick in der Arbeit von Kindertagesstätten. München 1995

sich Familien heute befinden, und häufig wird anhand eines Schaubildes dargestellt, in welchem Wohnumfeld sich die Kita befindet, doch beides erscheint oft losgelöst voneinander. Die Bedeutung der Vernetzung beider Teilaspekte für die eigene pädagogische Arbeit und damit auch für die Raumgestaltung wird nicht erfasst.

Bereits an dieser Stelle sei der Hinweis erlaubt: Je vernetzter ein Sozialraum ist, desto größer ist die Chance eines Kindes, Eindrücke zu vergleichen, zu hinterfragen, in Bezug zueinander zu setzen und sich somit die ganze Welt, in der es lebt, zu verstehen und sie sich Schritt für Schritt selbstbewusst zu erobern – mit all den darin enthaltenen Möglichkeiten für seine Entwicklung.

Eine pädagogische Konzeption, die die Lebenssituationen der Familien berücksichtigt

Durch die sozialraumorientierte pädagogische Arbeit in Kindertagesstätten können Ressourcen vor Ort effektiv genutzt werden, um Kindern umfassende Lernerfahrungen zu ermöglichen und zusätzliche Angebote zu Lernbereichen zu entwickeln, in denen Kinder in ihrem Sozialraum keine ganzheitlichen, sich wiederholenden Lernerfahrungen machen können. Die Vernetzung mit anderen Menschen und Institutionen im Sozialraum gestattet es, die Lebenswelt so zu gestalten, dass solche Erfahrungen künftig möglich sind. Dies wiederum wirkt sich nicht nur positiv auf das jeweilige Kind aus, sondern das Selbstvertrauen und die Handlungskompetenzen aller Beteiligten wachsen.

Die Zusammenarbeit der lokalen Akteure und Akteurinnen macht es darüber hinaus möglich, Pläne zu verwirklichen, die bei knappen Haushaltskassen von den Kita-Trägern allein nicht umzusetzen wären. Das bedeutet: Gelebte Sozialraumorientierung hat auch finanzielle Vorteile. Vor allem aber: Die sozialen Kompetenzen aller Beteiligten – der Kinder, der Eltern, der pädagogischen Fachkräfte, der Institutionen und der Menschen im Umfeld – wachsen. Dies wiederum fördert den Gemeinschaftssinn, die Bereitschaft zur Solidarität, das Sich-verantwortlich-Fühlen für Mitmenschen. Die Öffnung und Vernetzung der Kita bietet allen Kindern notwendige Gegenerfahrungen zum »Inselmodell«. Dadurch können sie sich die Welt zurückerobern.

Um einen ersten Zugang zur sozialraumorientierten pädagogischen Arbeit zu schaffen, möchten wir an dieser Stelle einen Leitfaden vorstellen, der im Rahmen des berufsbegleitenden Studiengangs »Early Education« 2011 von Anja Behnert, Ute Bendt und Kathrin Nowotka an der Hochschule Neubrandenburg entworfen wurde.[31] Der Leitfaden gibt eine Orientierung und soll anregen,

- das Wissen über die Lebenswelt der Kinder in die pädagogische Arbeit einzubeziehen,
- den vorhandenen Sozialraum optimal zu nutzen,
- und damit die Entwicklung der Kinder zu fördern.

Gleichzeitig dient der Leitfaden als Grundlage für eine bewusste Raumgestaltung.

Im Folgenden erläutern wir den Leitfaden von Seite 24, um zu verdeutlichen, wie die Schritte zu verstehen und umzusetzen sind.

Im ersten Schritt des Leitfadens, der Sensibilisierung, geht es darum, dass sich die Fachkräfte mit den Begriffen »Sozialraum« und »Sozialraumorientierung« auseinandersetzen, zum Beispiel mittels der im Literaturverzeichnis genannten Texte, durch das Selbststudium weiterführender Fachliteratur, durch die Teilnahme an themenbezogenen Fortbildungen, die Aufnahme eines Studiums »Soziale Arbeit« oder ähnlicher Fachgebiete. Darüber hinaus können sich Fachkräfte im Austausch miteinander, zum Beispiel bei Dienstberatungen, Hospitationen sowie in Arbeitskreisen zum Thema verständigen und Expertenmeinungen einholen, zum Beispiel von externen Referenten oder Referentinnen. Auslöser solch einer Sensibilisierung sind häufig Fortbildungen, Konzeptionsüberarbeitungen oder ein konkreter Vorfall in der Einrichtung, der zum Nachdenken anregt oder Fragen aufwirft.

Nach der Sensibilisierung für das Thema und dem Aneignen von Fachwissen zur Sozialraumthematik kommt es in der Regel zu einem Umdenken. Zusammenhänge zwischen den Themen der Kinder und ihrer Lebenssituation sowie zwischen Umgebung und Bedarf von Angeboten werden erkannt. In diesem Prozess ist es wichtig, dass die Fachkräfte sich in die Sichtweisen der Kinder hineinversetzen: Wie erlebt ein Kind sein Wohnumfeld? Welchen Herausforderungen muss es sich stellen? Welche Lernerfah-

---

31 Vgl. Bendt, U.: Wie kann in Kindertagesstätten unter Berücksichtigung des Sozialraums pädagogische Arbeit geleistet werden? Neubrandenburg 2011 (unveröffentlichte alternative Prüfungsleistung BBEE 04)

Leitfaden »Sozialraumorientierung« für pädagogische Fachkräfte

1. Schritt:
Sensibilisierung, Aneignung von Fachwissen
- Fachliteratur,
- Fortbildung,
- Studium,
- Fachaustausch und Expertenmeinung.

2. Schritt:
Umdenken
- andere Sichtweisen,
- veränderte Fragestellungen,
- Perspektivenwechsel.

3. Schritt:
Analysieren des Ist-Zustands und anschließende Reflexion – aus Sicht der Eltern, der pädagogischen Fachkräfte, der Kinder und der Öffentlichkeit
- Fragebogen Eltern;
- Kennenlernen: Eltern, Kind, Familie (erstes Gespräch, Entwicklung eines Aufnahmefragebogens);
- Kinder fragen: Sozialraum, der Weg zur Kita;
- eigene Recherchen;
- Reflexion: Was gibt es im Sozialraum, was gibt es nicht? Ziel: Kompensationsschwerpunkte finden.

4. Schritt:
Umsetzung nach dem Leitsatz »Innen und Außen zusammenfügen«
Ideen für »innen«
- Kita als Ort für Kinder (Fachtexte, eigene Erfahrungen auswerten, bewusste Raumgestaltung),

- Anschaffung von Gegenständen (auf dem Flohmarkt oder über Internetportale),
- Gestaltung einer Info-Wand über die Netzwerkpartner.

Ideen für »von innen nach außen«
- Stadtplan von Kindern für Kinder entwickeln;
- Ausleihkisten für Geburtstage oder zu besonderen Themen zusammenstellen;
- Tag der offenen Tür: Tu Gutes und rede darüber;
- Tauschbörsen und Flohmärkte »Rund ums Kind« organisieren;
- Kontakte, Beziehungen, Ausflüge: Wo finde ich was? Bereiche: kulturell, sozial, ökologisch und ökonomisch (Kleingärten, Betriebe, Förster, Bibliothek, Natur);
- Mitarbeit in regionalen und kommunalen Gremien.

Ideen für »von außen nach innen«
- Lesepatenschaften mit Senioren, Experten einladen;
- Drittnutzer für Räume der Kita, zum Beispiel Vereine;
- Ortsführungen, Heimatgeschichte mit Senioren.

Bitte beachten: Partizipation der Kinder und ihrer Familien ermöglichen

5. Schritt:
Regelmäßige Reflexion und Überarbeitung der Maßnahmen zur Sozialraumorientierung

---

rungen kann es mit welchen Methoden sammeln? Welche Lernerfahrungen kann es wiederholen, festigen und miteinander kombinieren?

Aus diesen Fragen ergibt sich der nächste Schritt – das Analysieren. Beantwortet wird die Frage: Was bietet der Sozialraum bereits, was fehlt?

Um dies herauszufinden, ist es wichtig, die Sichtweisen der Eltern, der Kinder, Menschen und Institutionen im Umfeld sowie der pädagogischen Fachkräfte zu erfassen und zusammenzuführen. Verschiedene Sichtweisen führen zu unterschiedlichen Wahrnehmungen, was die Nutzung des Sozialraums betrifft. Die Veränderung des eigenen Blickwinkels ermöglicht es, Ressourcen, Potenziale und Entwicklungsmöglichkeiten zu erkennen, die vorher nicht sichtbar waren.

Der Ansatz »Bildung für nachhaltige Entwicklung« (BNE) bietet mit vier Dimensionen – kulturell, sozial, ökologisch und ökonomisch – eine weitere Herangehensweise, um Möglichkeiten und Defizite der Lebenswelt der Kinder zu erfassen. Elternfragebögen, Kinderinterviews, narrative Interviews mit den Eltern bei der Aufnahme der Kinder in die Einrichtung, Einwohnerbefragungen und Ortserkundungen mit den Kindern sind Anregungen, um den vorhandenen Sozialraum analysieren zu können.

Das Resultat der Analyse wird von Einrichtung zu Einrichtung unterschiedlich ausfallen, da der Sozialraum »Dorfgemeinschaft« andere Ressourcen und Potenziale bietet und andere Bedarfe aufzeigt als der Sozialraum »Neubausiedlung«. Für die pädagogische Arbeit im Kita-Alltag ergibt sich daraus eine Vielzahl von Möglichkeiten: Neues ausprobieren, Überholtes korrigieren.

Ein Beispiel für notwendige Korrekturen aufgrund der Sozialraumanalyse: Eine Kindertagesstätte in einer Dorfgemeinschaft führte in ihrer pädagogischen Konzeption Naturerfahrungen und die Auseinandersetzung mit der Landwirtschaft als Schwerpunktthemen auf. Ganzjährig wurden Naturprojekte durchgeführt, Ausflüge zu den Bauern der Umgebung organisiert, und der tägliche Aufenthalt im Freien war Pflicht. Nach der Sozialraumanalyse stellten die Erzieherinnen fest, dass alle Kinder in die Dorfgemeinschaft integriert waren, sich nachmittags beim Spiel frei im Dorf bewegen konnten und durch Familienangehörige direkten Kontakt zur Landwirtschaft hatten. Andererseits gab es im Dorf keine Einkaufsmöglichkeiten, keine öffentlichen Institutionen wie Arztpraxen, keine Bibliothek oder andere Betriebe. Das, was die Lebenswelt außerhalb der Kindertagesstätte bot, entsprach dem, was die pädagogische Konzeption im Bildungsbereich Natur vorsah. Das heißt: Die Lernerfahrungen der Kinder glichen und überschnitten sich in diesem Bereich. Doch es fehlte den Kindern an sozialen, kulturellen und gesellschaftlichen Erfahrungen, zum Beispiel:

• Was passiert im Theater?
• Wie leihe ich in der Bibliothek ein Buch aus?
• Wie gehe ich einkaufen?
• Wie funktioniert eine Post?
• Wie benutze ich öffentliche Verkehrsmittel?
• Wie verhalte ich mich im Straßenverkehr?
• Wie verhalte ich mich beim Kontakt mit Unbekanntem (Personen, Situationen, Gegenstände)?

Es galt also, bereits vorhandene Lernimpulse im Sozialraum zu nutzen und den Mangel an Erfahrungen zu kompensieren. Das erforderte, Lernzugänge zu ermöglichen, die der Sozialraum nicht oder nicht ausreichend bietet. Außerdem musste geprüft werden, ob und inwiefern der Sozialraum verändert werden könnte.

Als erstes entwickelten die pädagogischen Fachkräfte mit der Leiterin, den Eltern und den Kindern eine Übersicht, was im Ort bereits wie genutzt wird und welche Wünsche oder Bedarfe der Kinder bestehen, ganzheitliche Lernerfahrungen zu sammeln. Diese Übersicht entspricht bereits dem vierten Schritt des Leitfadens.

Die gesamte Phase steht unter dem Thema »Vernetzung«. Es gilt, Ressourcen zu nutzen, Informationen zu bündeln, Arbeit zu teilen, voneinander zu profitieren und damit bei sich selbst anzufangen, also die Kindertagesstätte als einen Ort für Kinder zu gestalten. Dazu ist es notwendig, sich mit Kindheit im Allgemeinen auseinanderzusetzen, zum Beispiel mit Hilfe der Lektüre von Fachtexten wie »Kindheit im Wandel – Kindheit heute«[32] von Prof. Dr. Klusemann.

Des Weiteren muss das Team der Einrichtung sich fragen: Ist unsere Kita ein Ort für Kinder? Es sollte geklärt werden, welche Lernerfahrungen Kinder im Kita-Alltag sammeln können, wie ihre emotionale und soziale Entwicklung unterstützt wird, wie die Bildungs- und Erziehungspartnerschaft mit Eltern gestaltet wird und ob Jungen und Mädchen gleichwertige Entwicklungschancen haben. Praxisanregungen dazu sind: die Umsetzung eines kindorientierten Eingewöhnungsmodells in enger Zusammenarbeit mit der Familie, das Schaffen von Experimentierbereichen, eine Sammlung funktionstüchtiger Alltagsgegenstände vorangegangener Generationen, zum Beispiel eine manuelle Saftpresse, eine Kaffeemühle oder ein Waschbrett.

Die Gestaltung und Pflege einer Informationswand mit Flyern von Netzwerkpartnern unterstützt die Familien und die eigene pädagogische Arbeit. Die Beteiligung der Eltern an der Konzeptionsfortschreibung und der Gestaltung des Kita-Alltags greift den Partizipationsgedanken ebenso auf wie die Entwicklung eines Stadtplans von Kindern für Kinder. Ein Tag der offenen Tür ermöglicht die Kontaktaufnahme zu Netzwerkpartnern und die Vertiefung der Zusammenarbeit mit den Eltern. Eine Pinnwand »Biete – Suche«, Tauschbörsen oder Flohmärkte »Rund um das Kind« und der Verleih von Büchern oder Spielmaterialien entlasten Familien und signalisieren, dass sich die pädagogischen Fachkräfte mit der Lebenswelt der Familien und den damit verbundenen Herausforderungen auseinandersetzen und entsprechend reagieren.

Der Kontakt der Kita zu Unternehmen und Institutionen jeglicher Art, zum Beispiel zum Förster, zum Zahnarzt, zur Post, zur Bibliothek, zum Theater oder Kino ermöglicht den Kindern Einblicke in gesellschaftliche Bereiche, die über den eigenen Sozialraum hinausgehen. Ausflüge bieten vielfältige Lern-

---

32 Vgl. Ministerium für Bildung, Wissenschaft und Kultur Mecklenburg-Vorpommern (Hrsg.): Bildungskonzeption für 0- bis 10-jährige Kinder in Mecklenburg-Vorpommern. Schwerin 2010. Das »Fundament«. S. 1-9

erfahrungen bereits auf dem Weg, zum Beispiel: Mit welchen Verkehrsmitteln gelangt man wohin? Was muss dabei beachtet werden? Wie verhält man sich im Straßenverkehr?

Viele Kinder im ländlichen Raum kommen in ihrem Lebensalltag nicht mit öffentlichen Verkehrsmitteln wie Bus oder Bahn in Berührung. Viele Stadtkinder haben keine Vorstellungen von der Arbeit in einem landwirtschaftlichen Betrieb oder sind das freie Spielen in der Natur nicht gewöhnt. Die Mitarbeit in örtlichen oder regionalen Gremien, zum Beispiel im Gemeinderat, in Tanzgruppen oder Vereinen bietet den pädagogischen Fachkräften Gelegenheit, ihre Blickwinkel zu erweitern, Kontakte zu knüpfen und die Interessen der Kinder zu vertreten.

Viele Kindertagesstätten nutzen inzwischen das Angebot von Lese-Omas, die viel mehr tun als die kindliche Sprachentwicklung zu fördern. Immer weniger Kinder haben Großeltern, die in der Nähe leben, können also weder ausreichend von den Erfahrungen dieser Generation profitieren, noch können sie sich mit Lebensthemen wie Krankheit oder Tod auf natürliche Weise auseinandersetzen. Um den Kontakt der Generationen zu vertiefen, haben viele Einrichtungen Patenschaften mit Seniorenvereinen oder -wohnstätten geschlossen. Dadurch erfahren Kinder, was alte Menschen über die Geschichte des Ortes und der Region wissen; spannende Stadtführungen und gemeinsame Feste werden organisiert.

Eine weitere Möglichkeit, sich im Interesse der Kinder vor Ort stärker zu vernetzen, ist die Nutzung der Kita-Räume durch Dritte. Es gibt gute Erfahrungen, den Sportraum an Vereine zu vermieten, die Räume am Wochenende für Familienfeiern zur Verfügung zu stellen oder in den Abendstunden Kreativkurse für Erwachsene anzubieten. So gewinnen Außenstehende Einblick in die Welt der Kinder, und nicht selten entstehen Verknüpfungen, die Kindern neue Erfahrungen ermöglichen.

Der fünfte Schritt des Leitfadens dient der Reflexion von Veränderungen und Neuerungen. Dazu folgende Fragen:
* Hat diese Maßnahme positive Auswirkungen auf die Lernmöglichkeiten der Kinder?
* Gibt es Netzwerkpartner, die bestimmte Dinge bereits bieten?
* Sprechen die Angebote die Kinder und Familien an?

* Werden die Angebote den vor Ort bestehenden Bedürfnissen der Familien gerecht?
* Können wir Angebote besser vernetzen, anders organisieren, zeitlich verändern?
* Machen wir die Angebote ausreichend bekannt?

Rückschlüsse und Anregungen für die Raumgestaltung

Obwohl in den Ausführungen zum Leitfaden bereits Hinweise und Ideen für die Raumgestaltung genannt wurden, möchten wir an dieser Stelle intensiver darauf eingehen.

Um Veränderungen vornehmen zu können, ist eine Situationsanalyse nötig, denn nur derjenige, der weiß, wo er steht, kann dorthin kommen, wohin er möchte.

Ein von uns entworfener Fragebogen bietet die Möglichkeit, zielgerichtet zu prüfen, wie die Raumgestaltung vor Ort aussieht und ob sie pädagogischen Ansprüchen gerecht wird (siehe Kasten S. 27). Die Situation muss nicht nur hinsichtlich der Räume, sondern auch den Sozialraum betreffend analysiert werden. Dabei hat es sich bewährt, mit Kindern und deren Familien eine Entdeckungsreise zu unternehmen, die zum Ausgangspunkt für einen Stadtplan von Kindern für Kinder oder einen Ortslageplan werden kann.[33] Dies ermöglicht zugleich einen Perspektivwechsel, denn es macht Kindern und Erwachsenen deutlich, welche Bedeutung Orte und Plätze aus Sicht der Kinder haben. Wenn die Kinder Zeichnungen von den für sie bedeutsamen Stätten machen und selbst Fotos für den Lageplan aussuchen, wird klar, welche örtlichen Gegebenheiten für sie wirklich wichtig sind. Die Übersicht von Plätzen, Wegen, Häusern oder Institutionen als Plakat oder großformatige Collage dauerhaft in der Kindertagesstätte zu präsentieren, das drückt die Wertschätzung kindlicher Kompetenzen und das gelebte Mitspracherecht von Kindern im pädagogischen Alltag aus.

Als nächstes werden die Möglichkeiten der Kindereinrichtung und des Sozialraums einander gegenübergestellt. Damit werden folgende Fragen beantwortet:
* Was bieten das Wohnumfeld und die Einrichtung den Kindern?
* Was finden wir ausschließlich im Sozialraum und was ausschließlich in der Einrichtung?
* Was gibt es in beiden Lebenswelten der Kinder nicht?

---

33   Vgl. Reggio Children: Reggio Tutta – A guide to the city by the children. Reggio Emilia 2000

Fragebogen zur aktuellen Raumgestaltung

Die Erzieherin geht durch ihre Räume und überpüft die pädagogische Bedeutung jedes Gegenstands im Raum und wozu er den Kindern, den Eltern und ihr selbst dient.

- Was finden die Kinder in den Räumen vor? (Spielmaterial, Spielzeug, Alltagsgegenstände)
- Was spielen die Jungen und Mädchen? (Welche Spielformen zeigen sie?)
- Wie spielen die Kinder? (Spielpartner, Ausdauer, Variationen)
- Womit spielen die Kinder? Womit spielen sie nicht?
- Wie nutzen Jungen und Mädchen den Raum?
- Wie oft müssen die Kinder nachfragen, um Spielmaterialien nutzen oder den Raum verändern zu können?
- Welche Bildungsbereiche kommen im Alltag wie zum Tragen?
- Welche unterschiedlichen Sinneserfahrungen können Kinder im Raum sammeln?
- Welche Möglichkeiten haben die Kinder, den Raum zu verändern und sich zurückzuziehen?
- Haben die Kinder die Möglichkeit, jederzeit ungehindert aus dem Fenster zu schauen?
- Inwiefern findet sich die pädagogische Fachkraft im Raum wieder?
- Welchen Bezug gibt es zum Sozialraum?
- Welche Spuren von Kindern und deren Familien finden sich in den Räumen?

Solch eine Gegenüberstellung bietet ein gutes Gerüst, um Veränderungen vorzunehmen, Kontakte zu knüpfen und die eigene Raumgestaltung auf den Prüfstand zu stellen. Wir empfehlen, diese Übersicht mit Kindern und Eltern anzufertigen und das Ergebnis zu visualisieren.

Entsprechend Punkt 4 im Leitfaden – »Innen und Außen zusammenfügen« – folgen nun weitere Anregungen für die Raumgestaltung unter dem Blickwinkel sozialraumorientierter pädagogischer Arbeit:
- Gegenstände innen und außen auf ihre Sinnhaftigkeit und Bedeutung für Jungen und Mädchen überprüfen. Zum Beispiel hat der Kaufmannsladen aus unserer Kindheit nicht mehr den gleichen Stellenwert für heutige Kinder, da sie ihn nicht mit der

realen Welt in Verbindung bringen können: Es gibt kaum noch Tante-Emma-Läden. Können die Kinder solch einen Laden wirklich aufsuchen oder in einer gemeinsam gestalteten Zeitreise erfahren, gewinnt der Kaufmannsladen wieder an Bedeutung.
- Schaukästen als »Weltwissenvitrinen« oder »Wunderkammern des Alltags« aufstellen und den Familien die gesammelten Alltagsutensilien oder rar gewordenen Gegenstände zum Ausleihen anbieten[34], zum Beispiel ein altes Waschbrett, eine mechanische Saftpresse, eine Kaffeemühle, ein Schlüsselbund, eine hölzerne Wäscheklammer.
- Gemütliche Elternbereiche einrichten, eventuell als Café, die zum eignen Verweilen anregen und Informationsmaterial über familienrelevante Themen anbieten. Hierfür eigenen sich strukturierte Flyerwände in Kombination mit einer Litfaßsäule.
- Die Außenfassade so gestalten, dass sie signalisiert: Hier ist ein Ort für Kinder (siehe Bild).
- Einen Schaukasten aufstellen, um selbstbewusst über die pädagogische Arbeit in der Einrichtung aufzuklären und zu informieren.
- Die Kinder fotografieren ihre Haustüren. Diese Foto-Sammlung kann Gesprächsanlässe liefern. Jedes Türfoto erhält einen bestimmten Platz in der Kita.
- Mit Kindern ihre schönsten Orte im Sozialraum entdecken. Halten Sie die Orte fotografisch fest und machen Sie diese als Schaubild sichtbar. Suchen Sie die Orte bei Ausflügen in den Sozialraum immer wieder auf.
- Die Jungen und Mädchen können Dinge, die ihnen wichtig sind, von zu Hause mitbringen. Über einen längeren Zeitraum erhalten diese Dinge einen besonderen Platz im Gruppenalltag. Das verbindet die Welt der Familie mit der Welt der Kindertagesstätte. Lassen Sie »pädagogisch nicht wertvolles«

---

34   Vgl. Elschenbroich, D.: Die Dinge – Expeditionen zu den Gegenständen des täglichen Lebens. München 2010, S. 18 ff.

Spielzeug wie Sammelkarten oder Monsterfiguren dabei unbedingt zu.

- Die Eltern bitten, ein »Erinner-mich-Buch«[35] für ihre Kinder anzufertigen, damit die Kinder ihre Familien in der Kita um sich haben, obwohl sie abwesend sind.
- Mit Kindern auf Spurensuche in die Vergangenheit gehen: Wie sah es früher hier aus? Wie konnten Kinder früher hier spielen? Kontakte zu älteren Menschen herstellen, Gesprächsanlässe schaffen, alte Spiele oder Materialien neu entdecken und auf diese Weise mit den Kindern eine eigene Chronik zu ihrem Sozialraum gestalten – mit Platz für Geschichten, Fotos und Fantasie.
- Den Jungen und Mädchen in den Räumen und auf dem Außengelände »Kram-Ecken« zugestehen, also Bereiche, die unfertig und frei vom ästhetischen Empfinden Erwachsener sind. Die Kinder können sie gestalten, zum Beispiel: eine Stelle mit ausrangierten Möbelstücken und Alltagsgegenständen im Gebüsch, eine Höhle unter der Treppe oder in einer ungenutzten Kammer.

- Im Außenbereich Schwerpunkte setzen, die es so im Sozialraum nicht gibt, zum Beispiel: im Sozialraum »Stadt« ein Stück Natur schaffen, eine Wildblumenwiese oder einen Nutzgarten anlegen, ein Kräuterlabyrinth pflanzen, große Feldsteine zum Ausruhen integrieren. Sinnvoll ist es, dabei die Erfahrung von Experten zu nutzen (siehe Bild oben).

35 Vgl. Bendt, U./Erler, C.: Willkommen in der Krippe! Mühlheim an der Ruhr 2011, S. 21 ff.

- Im Rollenspielbereich Kleidungsstücke und Gegenstände anbieten, die von Vätern, Müttern und Großeltern tatsächlich genutzt wurden. Lassen Sie die geschlechtsuntypische Nutzung ebenso zu wie die Verbindung von Vergangenheit und Gegenwart (Schlips, Aktentasche, ausrangiertes Handy, altes Drehtelefon, Absatzschuhe, Schmuck, Mützen und Hüte, Portemonnaie, Muff).
- Visuelle Herausforderungen für Kinder und Erwachsene schaffen, indem zum Beispiel ein Fenster im Erdgeschoss über längere Zeit zugeklebt wird und nur wenige kleine Gucklöcher in verschiedenen Höhen dazu anregen, von draußen herein und von drinnen herauszugucken.
- Dinge aus dem Sozialraum in den Kita-Bereich holen (Naturmaterialien, fortgeworfene oder ausrangierte Dinge), damit die Kinder sie erforschen können (siehe Bild S. 28).
- Ist im Sozialraum eine Bibliothek vorhanden, nutzen Sie diese regelmäßig mit den Kindern. Falls es keine gibt, schaffen Sie eine Kinder-Bibliothek in der Kita.

Diese Liste ließe sich natürlich fortsetzen und vielleicht sind Ihnen beim Lesen eigene Ideen gekommen. Mit den Beispielen und unserem Beitrag möchten wir Ihnen zeigen, welche vielfältigen Möglichkeiten es gibt. Wir wollen Sie neugierig machen und Ihre Lust wecken, sich im Interesse der Kinder auf eine sozialraumorientierte Raumgestalt einzulassen. Und wir möchten Sie ermutigen, eigene Sichtweisen zu hinterfragen.

Eine sozialraumorientierte Raumgestaltung gewährt den Kindern Chancengleichheit in Bezug auf Bildung. Vernetzungen zwischen den Bereichen im Sozialraum und der Kita ermöglichen es den Kindern, sich ein eigenes Bild von dieser Welt zu machen, Erfahrungen aus einem Teilbereich ihres Lebens in andere Teilbereiche zu transportieren und dadurch Mitgestalter ihrer Welt zu werden.

Lassen Sie die Kinder teilhaben am Leben. Schaffen Sie keine künstliche Welt in der Kita, sondern sorgen Sie dafür, dass Ihre Einrichtung viele Bezüge zum wirklichen Leben zulässt. Nutzen Sie das Potential der Kindertagesstätte, ein Ort der Begegnung zu werden, ein Marktplatz der Möglichkeiten, der durch die Dinge wächst, die Menschen hineinbringen und mitnehmen können.

Der Beitrag entstand auf der Grundlage einer Hausarbeit, die Ute Bendt im Rahmen ihres derzeitigen Studiums »Early Education« an der Hochschule Neubrandenburg verfasste.

Literatur

Bendt, U./Erler, C.: Willkommen in der Krippe! Verlag an der Ruhr, Mühlheim an der Ruhr 2011

Bendt, U./Erler, C: Spielbudenzauber – Sinnvolle Raumgestaltung in Kita und Krippe. Verlag an der Ruhr, Mühlheim an der Ruhr 2010

Ministerium für Bildung, Wissenschaft und Kultur (Hrsg.): Bildungskonzeption für 0- bis 10-jährige Kinder in Mecklenburg-Vorpommern. Schwerin 2010

Elschenbroich, D.: Die Dinge – Expeditionen zu den Gegenständen des täglichen Lebens. Verlag Antje Kunstmann, München 2010

Reggio Children (2000): Reggio Tutta – A guide to the city by the children. Reggio Emilia 2000

Schüttler-Janikulla, K. (Hrsg.): Handbuch für Erzieherinnen. Moderne Verlagsgesellschaft, München 1995

Urban, M./Weiser, U.: Kleinräumige Sozialraumanalyse. Saxonia-Verlag, Dresden 2006

Diederichs, M. K.: Sozialraummanagement in der Praxis – Sozialraumorientierung. GRIN-Verlag, Düsseldorf 2005

16 Länder – 16 Raumvorgaben: Föderalismus als Chance oder Risiko?

Joachim Bensel und Gabriele Haug-Schnabel
unter Mitarbeit von Mirjam Maier und Sarah Weber

Quantität und Qualität von Innen- und Außenräumen sind ein wichtiges Merkmal der Strukturqualität in Kindertageseinrichtungen, das nachweislich Einfluss auf die Qualität der Prozesse zwischen Fachkräften und Kindern sowie zwischen den Kindern untereinander hat.[36]

Die räumlichen Rahmenbedingungen von Kitas werden auf Länderebene und nicht auf Bundesebene gesichert. Hier wird die Crux des föderalen Systems sichtbar: Jedes Bundesland befindet nach eigenen Maßstäben – die vorwiegend an finanziellen Gesichtspunkten orientiert sind –, was notwendig und richtig ist.

Eine Synopse der Länderrichtlinien bezüglich gesetzlich festgelegter Raumvorgaben wurde – anders als für andere Strukturmerkmale – bislang noch nicht erarbeitet, ist aber die Voraussetzung, um eine Diskussionsgrundlage dafür zu schaffen, inwiefern dieser wichtige Qualitätsaspekt bundesweit bereits ausreichend berücksichtigt und gesichert wird. Dies erscheint im Zuge zunehmender Deregulierung gesetzlicher Vorgaben mehr und mehr fraglich.

Raumvorgaben sollten nicht nur die Mindestgröße von Gruppenräumen und die Quadratmeter pro Kleinkind betreffen, sondern Raum und Ausstattung auch mit Bildungsfeldern wie »Körper und Gesundheit«, »Kognition und Sprache«, »Wahrnehmen, Entdecken und Forschen« und »Soziale Erfahrungen: Ich und die Gruppe« in Verbindung bringen, weil dies wichtige Kernaspekte der aktuellen Bildungsdiskussion sind, die auch in den 16 Bildungsplänen Niederschlag fanden.

Der zweite Teil des Beitrags beschäftigt sich deshalb mit einer Analyse der Bildungspläne hinsichtlich der dort angesprochenen Merkmale zu Raum und Ausstattung. Darüber hinaus geht er der Frage nach: Wie weit ist das Wissen um die Wichtigkeit von Räumen bereits in der Bildungsdiskussion angekommen und findet sich in den Bildungsplänen wieder? Hierfür wurden die Bildungspläne und die zugehörigen Handreichungen der Länder gesichtet, vergleichend gegenübergestellt und ausgewertet.

Am Ende des Beitrags werden die pädagogischen Wünsche und Visionen der Bildungspläne den einforderbaren Raumvorgaben der Landesgesetze und -verordnungen gegenübergestellt. Denn was nützen die schönsten Wunschvorstellungen der Kultusminister, wenn sich Träger und Kommunen – angesichts leerer Kassen und anderweitiger Prioritätensetzung – hinter gesetzlichen Minimalrichtlinien verschanzen?

Qualität zählt

Qualität in der außerfamiliären Betreuung zahlt sich aus. In den letzten Jahrzehnten konnte die Forschung viele Belege dafür liefern, dass bessere Rahmenbedingungen in Krippen und Kindergärten bessere Prozesse zwischen Erzieherinnen und Kindern ermöglichen und damit bessere Entwicklungsbedingungen schaffen.[37]

Forschungsergebnisse zeigen beispielsweise, dass die soziale, kognitive und die Sprachentwicklung der Kinder in kleinen Gruppen und bei einer guten Erwachsenen-Kind-Relation besser verlaufen.[38] »In zahlreichen internationalen Studien und in der nationalen Studie von Tietze und anderen[39] finden sich starke Belege für einen Zusammenhang zwischen der Fachkraft-Kind-Relation und der globalen Prozessqualität einer Gruppe bzw. Einrichtung. Je günstiger die Fachkraft-Kind-Relation, desto positiver fallen

---

36 Tietze et al. 1998
37 Vgl. Roßbach 2005, Tietze et al. 1998
38 Vgl. Übersicht in Textor 1999
39 1998, Tietze/Völkel 2005

pädagogische Interaktionen, bildungsanregende Impulse und Aktivitäten sowie räumlich-materiale Arrangements aus.«[40]

Gute pädagogische Prozessqualität wird dabei meist in Abhängigkeit vom »Eisernen Dreieck der Strukturqualität«, also von Fachkraft-Kind-Relation, Gruppengröße und Qualifikation des Personals gesehen und diskutiert. Raum- und Ausstattungsstrukturen treten in der öffentlichen Diskussion noch häufig in den Hintergrund, obwohl wissenschaftliche Untersuchungen den Einfluss der Raumgröße auf die pädagogische Qualität in Kitas und auf die kindliche Entwicklung belegen können[41] und obwohl bei der Erarbeitung der konzeptionellen Grundlagen des nationalen Bildungsberichts vor wenigen Jahren Raumgestaltung ausdrücklich als eines der wichtigen Qualitätskriterien neben dem zentralen Qualitätsindikator »Personalschlüssel« benannt wurde.[42]

Wissenschaftlich empfohlener Raumbedarf

Räume sind Erzieher. Sie bilden den Rahmen zur Gestaltung kindlicher Bildungsprozesse und müssen deshalb in einem öffentlich verantworteten Erziehungssystem hinsichtlich Größe und Ausstattung bestimmten Standards genügen.[43]

Zu kleine Räume wirken sich negativ auf das Interaktionsklima zwischen Betreuungsperson und Kind aus und erhöhen allein durch gegenseitige Störung die Anzahl aggressiver Auseinandersetzungen. Mehr Raum führte laut der »European Child Care and Education Study« (ECCE) und der nationalen Studie von Tietze und anderen[44] zu einer höheren Prozessqualität in den untersuchten Einrichtungen und damit folglich auch zu positiven Effekten auf kindliche Sozialkompetenz und Alltagsfertigkeiten von Kindern bis zum Alter von acht Jahren. Raum ist dabei ein eigenständiges Strukturqualitätsmerkmal, unabhängig von anderen Qualitätsparametern wie zum Beispiel die Qualifikation der Erzieherinnen oder der Personalschlüssel. Mehr Raum für Kinder wirkt sich über die verbesserte pädagogische Prozessqualität auch günstig auf die kindliche Sprachentwicklung aus.[45]

Die vorhandenen Expertenempfehlungen liegen meist bei 6 Quadratmetern pro Kind für den Innenraum (Tabelle 1). Die empfohlenen Standards für das Außengelände schwanken zwischen 6 und 12 Quadratmetern pro Kind. Für Säuglinge empfiehlt die AAP etwas niedrigere Werte.

Ein Blick auf die europäischen Nachbarländer zeigt, dass es durchaus Staaten gibt, die derartige von Experten geforderte Richtwerte gesetzlich verankert haben. So fordert Italien je nach Region zwischen 6 und 8,5 Quadratmeter Innenraum pro Kind unter drei Jahren und 6,7 Quadratmeter pro Kindergartenkind. Für das Außengelände schreibt die nationale (italienische) Regelung für Kinder zwischen drei und sechs Jahren 18 Quadratmeter pro Kind vor.[46]

Gesetzesvorgaben der Länder

Das Wissen über die Qualität in den über 47.000 Krippen und Kindergärten Deutschlands ist sehr beschränkt: »Über die tatsächlichen Gegebenheiten lassen sich auf der Grundlage der Statistik kaum bzw. nur sehr ungenaue Angaben machen. Angaben zu dem den Kindern zur Verfügung stehenden Raum bzw. zu den Gruppengrößen werden nicht erhoben.«[47]

Wo Qualitätsmessungen vorgenommen wurden, liegen die Ergebnisse meist unter dem pädagogisch empfehlenswerten Standard. So kommt auch der 12. Kinder- und Jugendbericht der Bundesregierung zu einer kritischen Einschätzung: »Bei einer Bewertung ... fällt die Erzieherinnen-Kind-Relation meist ungünstiger aus als das, was internationale Expertinnen und Experten als Mindeststandard fordern...«[48]

Um die Qualitätsunterschiede zwischen den bildungssouveränen und deshalb auch stark bildungsdivergenten Bundesländern zu beschreiben, werteten wir die vorhandenen Kitagesetze und zugehöri-

40 Viernickel/Schwarz 2009, S. 2
41 Tietze/Völkel 2005
42 BMBF 2004
43 Tietze/Völkel 2005
44 1998
45 Tietze/Wessels 2000
46 Vgl. Tietze/Völkel 2005
47 BMFSFJ 2005, S. 208
48 BMFSFJ 2005, S. 209

	Krippe (0-3)		Altersmischung (0-6)		Kindergarten (3-6)	
	Innenraum qm/Kind	Außenfläche qm/Kind	Innenraum qm/Kind	Außenfläche qm/Kind	Innenraum qm/Kind	Außenfläche qm/Kind
Kinderbetreuungsnetzwerk der Europäischen Kommission (1995)	6	6			4	6
American Academy of Pediatrics (AAP) et al. (2002)	4,6	3,1 (0-1,5 J.) 4,6 (1,5-2 J.) 7 (2-3 J.)			4,6	7
Riemann und Wüstenberg (2004)			5-5,6			
Deutsche Liga für das Kind (2008)	5-6					
GEW Baden-Württemberg (2011)					6,5	10-12
Deutsche Gesellschaft für Sozialpädiatrie und Jugendmedizin (DGSPJ) (Horacek et al. 2008)	6					
Bertelsmann Stiftung (2005)	4,5					

Tabelle 1: Von Experten und Fachgremien empfohlene Standards für Raumgrößen in Tageseinrichtungen

gen Ausführungsverordnungen nach raumbezogenen Anforderungen aus.

Die Gesetze und Verordnungen beschreiben die gesetzlich vorgeschriebenen Mindestansprüche an die Kitas, die nötig sind, um eine Betriebserlaubnis zu erwirken. Sie geben keine Auskunft über die tatsächlich vorhandene Raumqualität in den Krippen und Kindergärten, die ja durch Kommunen- und Trägerentscheid gesteuert werden und deshalb bessere Rahmenbedingungen bieten könnten als gefordert, was angesichts ökonomischer Zwänge aber kaum zu erwarten ist. Tatsächlich könnte die vorhandene Raumqualität in einigen Kitas auch unter den gesetzlichen Raumvorgaben liegen, da nach Erteilung der Betriebserlaubnis Räume mitunter anders genutzt werden als geplant und eine Vorortprüfung

durch die Aufsichtsbehörden – etwa die Landesjugendämter – oft nicht mehr stattfindet.

Der Bereich der Raumqualität ist im Vergleich zu anderen Qualitätsmerkmalen wie dem Personalschlüssel durch die Kitagesetze der Länder weit weniger reguliert. Die wenigen vorhandenen Vorgaben folgen auch nicht demselben Schema. Es gibt keine einheitliche Linie, welche Räume genannt werden, ob genaue Flächenangaben (in Quadratmetern) erfolgen, ob die Quadratmeter auf den Raum oder das einzelne Kind bezogen werden und ob es sich um Forderungen, Empfehlungen oder Möglichkeiten handelt.

Anders als beim Personalschlüssel stehen keine statistischen Meldedaten zur Verfügung, die darüber Auskunft geben könnten, wie die Raumsituation in

33

	Kitagesetz und/oder Ausführungsverordnung	Empfehlung des Landesjugendamts
Baden-Württemberg	-	0-3, 3-6, 0-6
Bayern	-	-
Berlin	Kita allg.*	-
Brandenburg	Kita allg.	Kita allg.
Bremen	0-3, 3-6, 0-6	-
Hamburg	0-3, 3-6	-
Hessen	-	-
Mecklenburg-Vorpommern	Kita allg.	-
Niedersachsen	0-3, 3-6, 0-6°	-
NRW	-	0-3, 3-6, 0-6
Rheinland-Pfalz	-	2-6
Saarland	-	0-3, 3-6
Sachsen	0-3, 3-6	-
Sachsen-Anhalt	Kita allg.*	-
Schleswig-Holstein	-	-
Thüringen	0-3, 3-6	-

Tabelle 2: Vorhandensein gesetzlicher Richtlinien bzw. von Empfehlungen der Landesjugendämter zu Kitaräumen. Die Differenzierung des Gruppentyps ist – wo vorhanden – berücksichtigt (Krippe 0-3, Kindergarten 3-6, Altersmischung 0-6).

* nur sehr vage, ° nur kurze Hinweise, kein eigener Abschnitt

den Krippen und Kindergärten tatsächlich aussieht. Die vorhandene Raumqualität in deutschen Kitas ist ein großes Dunkelfeld.

Der Ländermonitor der Bertelsmann Stiftung liefert bislang nur eine oberflächliche Bestandsaufnahme zu Raumqualitätsrichtlinien in den Bundesländern[49], da die Erfassung vermutlich um ein Vielfaches komplizierter ist als die der Personalschlüssel oder der Berufsausbildung von Fachkräften. Zum Thema »Raumqualität« wird lediglich berichtet, ob eine Regelung vorliegt, und wenn ja, ob sie präzise oder allgemein definiert ist.

Mit Hilfe einer detaillierten Recherche aller Landesgesetze und Ausführungsverordnungen sowie der Empfehlungen der Landesjugendämter prüften wir, wo und in welcher Form sich Aussagen zu Raum und Ausstattung finden lassen. In den Kitagesetzen finden sich bei sieben der Bundesländer überhaupt keine Aussagen zu Räumen. Nur knapp ein Drittel der Länder differenziert dabei zwischen den verschiedenen Altersgruppen, berücksichtigt also die besonderen Raum- und Ausstattungsansprüche der Kinder unter drei Jahren. Baden-Württemberg, NRW, Saarland und Rheinland-Pfalz nahmen zwar keine gesetzliche Verankerung ihrer Raumanforderungen vor, formulierten aber zumindest über ihre jeweiligen Landesjugendämter Empfehlungen. Bayern, Hessen und Schleswig-Holstein haben nicht einmal das (Tabelle 2).

---

49 http://www.laendermonitor.de/grafiken-tabellen/indikator-12c-zurstrukturqualitaet/indikator/20/indcat/12/indsubcat/11/index.nc.html?no_cache=1

Bundesland	Gruppenraum qm/Kind	Nebenraum qm/Kind	Schlafraum qm/Kind	Mehrzweck-/ Bewegungs- raum qm/Kind	Außenfläche qm/Kind
Baden-Württemberg[o]	1,8[c] (3)	0,8 (1,5)	1,5 (1,5)	50[a] (50)[a]	8 (10)
Bayern	-	-	-	-	-
Berlin	3 (3)	-	-	-	-
Brandenburg	3,5 (3,5)	x (x)	~ (~)	x (x)	10 (10)
Bremen[o]	2,5[b] (3,5)	-	0,5 (x)	-	10 (10)
Hamburg	2,2 (3,3)[R]	-	-	-	-
Hessen	-	-	-	-	-
Mecklenburg-Vorpommern	2,5 (2,5)	1 (1)	- (2)	x[a] (x)[a]	10 (10)
Niedersachsen[o]	2[b] (3)	~ (-)	x (x)	x[a] (x)[a]	12 (12)
Nordrhein-Westfalen[o]	1,8[d] (4,5)	0,7[e] (1,8)	0,8 (1,8)	55[a] (55)[a]	12 (30)
Rheinland-Pfalz	-	-	- (x)	-	-
Saarland	2 (3,5)	-	- (x)	x (x)	x (x)
Sachsen	2,5 (3)	-	-	X[60] (x)[60]	10 (10)
Sachsen-Anhalt	-	-	-	-	-
Schleswig-Holstein	-	-	-	-	-
Thüringen	2,5 (5)	-	- (x)	-	10 (10)
Anzahl der Länder mit Regelung	11 (11)	4 (4)	4 (8)	7 (7)	9 (9)
Anzahl der Länder mit konkr. Angaben	11 (11)	3 (3)	3 (3)	2 (2)	8 (8)
Mittelwert der Quadratmeterangaben	2,4 (3,4)	zu wenig Werte	zu wenig Werte	zu wenig Werte	10,3 (12,8)

Tabelle 3: Zusammenschau der landesgesetzlichen Richtlinien und/oder Empfehlungen der Landesjugendämter zu Quadratmeterangaben von fünf Raumbereichen. Die Aussagen ohne Klammer beziehen sich auf den Kindergarten, die zu Krippen stehen in Klammern. Die Quadratmeter-Angaben pro Kind mussten teilweise errechnet werden, da nur pauschale Raumgrößen genannt wurden. Dieser Gesamt-Flächenwert wurde dann für eine Pro-Kopf-Angabe durch die maximal erlaubte Gruppengröße geteilt.

[o] eigene Richtwerte für altersgemischte Gruppen, [a] nur mehrgruppige Einrichtungen, [b] in altersgemischten Gruppen gelten für die Kinder unter drei Jahren die Krippenvorgaben und für die Kinder über drei Jahren die Kindergartenvorgaben, [c] 3 Quadratmeter für Kinder in altersgemischten Gruppen, [d] 2,25 Quadratmeter für Kinder in altersgemischten Gruppen, [e] 0,9 Quadratmeter für Kinder in altersgemischten Gruppen, ~ nicht zwingend, [R] inklusive Ruheraum, [60] für mehr als 60 Kinder

Flächenanforderungen

In einem nächsten Schritt wurden die konkreten Flächenvorgaben der Bundesländer – wenn vorhanden – zu verschiedenen Raumarten und der Außenfläche ermittelt und gegenübergestellt (Tabelle 3).

Für die Zusammenschau gewichteten wir die vorhandenen gesetzlichen Richtlinien und die Empfehlungen der Landesjugendämter gleich – wohl wissend, dass die Durchsetzungskraft einer Empfehlung um ein Vielfaches geringer ist als die einer gesetzlichen Regelung.

Eine erste generelle Sichtung der Richtlinien und Empfehlungen ergab:
- neun der 16 Bundesländer fordern oder empfehlen bestimmte Räumlichkeiten, geben aber für die meisten Räume keine Quadratmeter-Vorgaben;
- nur drei der 16 Bundesländer machen genaue Angaben für wichtige Räumlichkeiten (Gruppenraum, Nebenraum, Schlafraum, Außenfläche);
- nur sechs Bundesländer: Baden-Württemberg, NRW, Sachsen, Brandenburg, Saarland und Hamburg erwähnen zumindest 50 Prozent der relevanten Raumtypen in ihren Richtlinien bzw. Empfehlungen;
- acht der elf Bundesländer, die Quadratmeter-Vorgaben für den Gruppenraum machen, haben unterschiedliche Werte für Krippe (0-3) bzw. Kindergarten (3-6); davon differenzieren nur vier Bundesländer auch zwischen Kindergarten (3-6) und erweiterter Altersmischung (2-6), und zwar Baden-Württemberg, Bremen, Niedersachsen und NRW.

Die Auswertung zeigt, dass nur für wenige Raumarten, nämlich Gruppenraum und Außenfläche, ausreichend konkrete Quadratmeterangaben vorliegen, um einen aussagekräftigen Mittelwert zu errechnen.

Für den Gruppenraum im Kindergarten liegen die Vorgaben zwischen 1,8 und 3,5 Quadratmetern pro Kind, im Mittel 2,4 Quadratmeter und für die Krippengruppe deutlich höher bei durchschnittlich 3,4 Quadratmetern (zwischen 2,5 und 5 Quadratmetern). Auch hier sind die großen Unterschiede zwischen den Bundesländern, die um 100 Prozent differieren, wieder erstaunlich.

Bis auf eine Ausnahme kommt keine der Richtlinien auch nur in die Nähe des empfohlenen Richtwerts von 6 Quadratmetern für den Gruppenraum[50]; die Landesgesetze fordern stattdessen weniger als die Hälfte. Eine Ausnahme findet sich in NRW für die Krippenkinder, für die eine stimmige Gruppenraumfläche (plus Nebenraum) von 6,3 Quadratmetern gefordert wird.

Die Ländervorgaben bezüglich des Außengeländes stellen sich etwas homogener dar: Die Schwankungsbreite für den Kindergarten liegt zwischen 8 und 12 Quadratmetern Außenfläche pro Kind, der Mittelwert beträgt 10,3 Quadratmeter. Die Werte für die Krippen(gruppen) sind nahezu identisch, nur Baden-Württemberg (10 Quadratmeter) und NRW (30 Quadratmeter) gestehen den bewegungshungrigen Krippenkindern mehr Außenfläche zu (Mittelwert 12,8 Quadratmeter). Es handelt sich dabei aber nur um Empfehlungen der Landesjugendämter.

Forderungen in Bezug auf spezifische Raumarten und Raumaspekte

Ziel der Analyse war es aber nicht allein, Flächenvorgaben der Länder zu prüfen, sondern auch den Fragen nachzugehen, inwieweit die weiteren pädagogisch notwendigen Raumarten wie Gruppennebenraum und Bewegungs- oder Schlafraum in den Gesetzen und Empfehlungen überhaupt gefordert werden und ob darüber hinaus weitere Aspekte der Raumgestaltung wie Lärmdämmung, Temperaturregulation oder gefordertes Mobiliar benannt werden (Tabelle 4).

In dieser Analyse zur Berücksichtigung detaillierter Raumvorgaben fällt das heterogene Feld der Bundesländer noch weiter auseinander. Während Baden-Württemberg als Spitzenreiter alle Raumaspekte berücksichtigt – wenn auch nur als Empfehlung des Landesjugendamts – und Sachsen, Bremen, NRW und Mecklenburg-Vorpommern immerhin noch cirka zwei Drittel im Blick haben, zeigen Bayern, Berlin, Hessen, Sachsen-Anhalt und Schleswig-Holstein (so gut wie) kein Bemühen, den Raum zu regulieren. Über alle Bundesländer hinweg werden im Mittel nur 41 Prozent der Kriterien erfüllt.

Am meisten beachtet werden das Außengelände und der Gruppenraum. Das Vorhandensein eines Schlafraums, weiterer Räume, bestimmten Mobiliars und die Differenzierung der Raumbedürfnisse zwischen den unterschiedlichen Altersgruppen werden von der

---

50 Siehe Tab. 1

	Außengelände	Außengelände Gestaltung	Gruppenraum	Gruppennebenraum	Schlafraum	Mehrzweck-/Bewegungsraum	Pflegebereich im Sanitärbereich	weitere Räume	Altersdifferenzierung	Aufenthaltsdauerdifferenzierung	Lärmdämmung	Temperaturregulation	Beleuchtung	Mobiliar	Raumaspekte berücksichtigt (Anzahl)	Raumaspekte berücksichtigt (%)
Baden-Württemberg	x	x	x	x	x	x	x	x	x	x	x	x	x	x	14	100%
Bayern	o	o	o	o	o	o	o	o	o	o	o	o	o	o	0	0%
Berlin	x	o	x	o	o	o	o	o	o	o	o	o	o	o	2	14%
Brandenburg	x	o	x	x	x	x	o	x	o	o	o	o	o	o	6	43%
Bremen	x	x	x	o	x	o	x	x	x	o	x	o	o	x	9	64%
Hamburg	x	o	x	o	o	x	x	x	x	x	o	o	o	x	8	57%
Hessen	o	o	o	o	o	o	o	o	o	o	o	o	o	o	0	0%
Mecklenburg-Vorpommern	x	x	x	x	x	x	o	x	o	x	o	o	o	x	9	64%
Niedersachsen	x	o	x	o	x	x	o	x	x	x	o	o	o	o	7	50%
Nordrhein-Westfalen	x	o	x	x	x	x	x	x	x	x	o	o	o	x	9	64%
Rheinland-Pfalz	o	o	o	o	o	x	o	o	o	x	o	o	o	x	3	21%
Saarland	x	o	x	o	x	x	x	x	x	o	o	o	o	x	8	57%
Sachsen	x	o	x	o	o	x	x	x	x	o	o	x	x	x	10	71%
Sachsen-Anhalt	x	o	o	o	o	o	o	o	o	o	o	o	o	o	1	7%
Schleswig-Holstein	o	o	o	o	o	o	o	o	o	o	o	o	o	o	0	0%
Thüringen	x	o	x	o	x	o	x	o	x	o	o	o	o	o	5	36%
Bundesländer (Anzahl)	12	3	11	4	9	7	7	9	8	5	5	2	2	8		
Bundesländer (%)	75%	19%	69%	25%	56%	44%	44%	56%	50%	31%	31%	13%	13%	50%		

Tabelle 4: Zusammenschau der landesgesetzlichen Richtlinien und/oder Empfehlungen der Landesjugendämter zu 14 verschiedenen Raumarten und Raumaspekten

Körper und Gesundheit	Wahrnehmen, Entdecken und Forschen
• körperliche Herausforderungen/Bewegungsanreize (31/34) • Feinmotorik (22/12) • körperliches/psychisches Wohlbefinden (41/13)	• Sinneserfahrung/Wahrnehmung (34/28) • Konstruktion (15/5) • experimentelle Natur(wissenschaftliche)-, Technik- und Materialerfahrungen (23/19)
Kognition und Sprache	Soziale Erfahrungen: Ich und die Gruppe
• kognitive Anregungen (22/15) • sprachliche Anreize/Literacy (19/8)	• Selbsterfahrung/Selbstwirksamkeit (16/12) • Rückzugsmöglichkeiten/Allein-Sein (20/13) • Orte der Begegnung/Gemeinsam-Sein (15/22) • Partizipation und Autonomie (30/21) • Anders-Sein (Geschlecht/Kultur/Fähigkeiten, Fertigkeiten/Inklusion) (17/4)

Tabelle 5: Raumbildungsmerkmale. In Klammern steht die Anzahl der in der Fachliteratur gefundenen konkreten Beispiele für Qualität im jeweiligen Bereich (Innenräume/Außenräume). Es wurden für die Innenräume insgesamt 305 beispielhafte Qualitätskriterien gefunden, für die Außenräume 206. Die Kriterien wurden nur dann in die Liste aufgenommen, wenn ein eindeutiger Bezug zur Raumpädagogik erkennbar war. Ein einfacher Bezug zum Thema »Bildung« reichte dafür nicht aus.

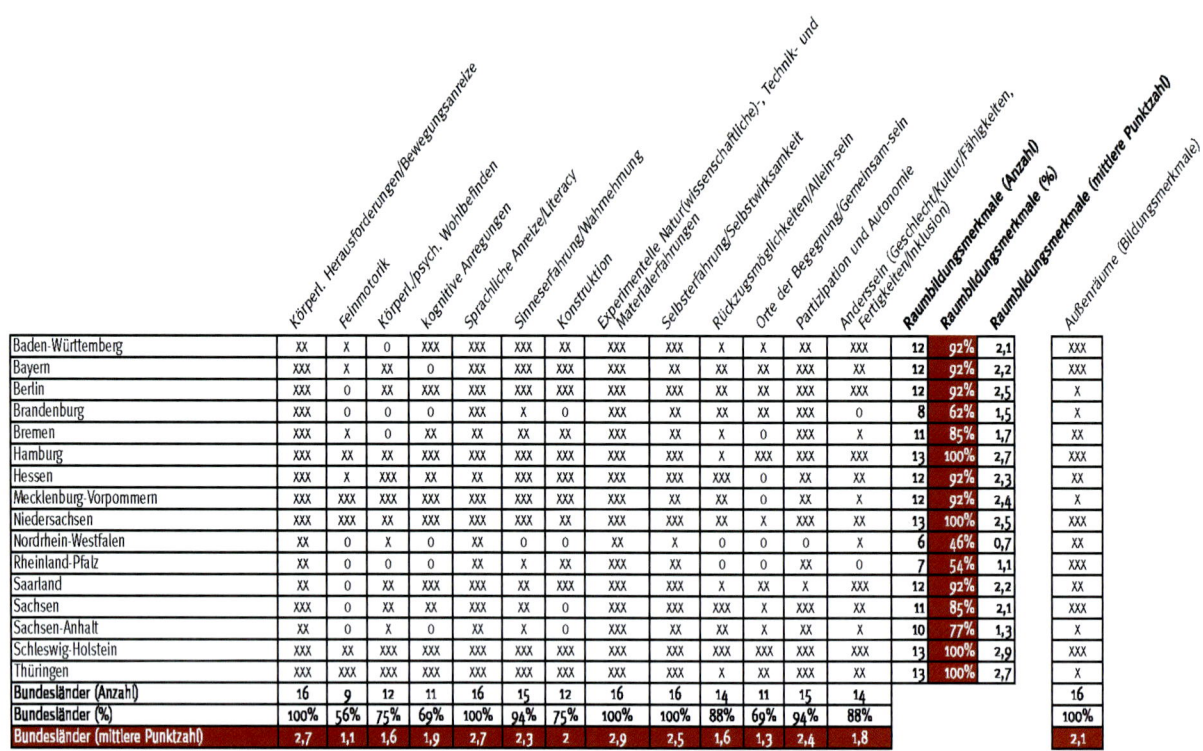

	Körperl. Herausforderungen/Bewegungsanreize	Feinmotorik	Körperl./psych. Wohlbefinden	kognitive Anregungen	Sprachliche Anreize/Literacy	Sinneserfahrung/Wahrnehmung	Konstruktion	Experimentelle Natur(wissenschaftliche)-, Technik- und Materialerfahrungen	Selbsterfahrung/Selbstwirksamkeit	Rückzugsmöglichkeiten/Allein-sein	Orte der Begegnung/Gemeinsam-sein	Partizipation und Autonomie	Anderssein (Geschlecht/Kultur/Fähigkeiten, Fertigkeiten/Inklusion)	Raumbildungsmerkmale (Anzahl)	Raumbildungsmerkmale (%)	Raumbildungsmerkmale (mittlere Punktzahl)	Außenräume (Bildungsmerkmale)
Baden-Württemberg	XX	X	0	XXX	XXX	XXX	XX	XXX	XXX	X	X	XX	XXX	12	92%	2,1	XXX
Bayern	XXX	X	XX	0	XXX	XXX	XXX	XXX	XX	XX	XX	XXX	XX	12	92%	2,2	XXX
Berlin	XXX	0	XX	XXX	XXX	XXX	XXX	XX	XXX	XX	XX	XXX	XXX	12	92%	2,5	X
Brandenburg	XXX	0	0	0	XXX	X	0	XXX	XX	XX	XX	XXX	0	8	62%	1,5	X
Bremen	XXX	X	0	XX	XX	XX	XX	XXX	XX	X	0	XXX	X	11	85%	1,7	XX
Hamburg	XXX	XX	X	XXX	XXX	XXX	XXX	XXX	XXX	X	XXX	XXX	XXX	13	100%	2,7	XXX
Hessen	XXX	X	XXX	XX	XX	XX	XXX	XXX	XXX	XXX	0	XX	XX	12	92%	2,3	XX
Mecklenburg-Vorpommern	XXX	XXX	XXX	XXX	XXX	XXX	XXX	XXX	XX	XX	0	XX	X	12	92%	2,4	X
Niedersachsen	XXX	XXX	X	XXX	XXX	XXX	XX	XXX	XXX	XX	X	XXX	XX	13	100%	2,5	XXX
Nordrhein-Westfalen	XX	0	X	0	XXX	0	0	XX	X	0	0	0	X	6	46%	0,7	XX
Rheinland-Pfalz	XX	0	0	0	XX	X	XX	XXX	XXX	0	0	XX	0	7	54%	1,1	XXX
Saarland	XX	0	XX	XXX	XXX	XX	XXX	XXX	XXX	X	XX	X	XXX	12	92%	2,2	XX
Sachsen	XXX	0	XX	XX	XXX	XX	0	XXX	XXX	XXX	X	XXX	XX	11	85%	2,1	XXX
Sachsen-Anhalt	XX	0	X	0	XX	X	0	XXX	XX	XX	X	XX	X	10	77%	1,3	X
Schleswig-Holstein	XXX	XX	XXX	XXX	XXX	XXX	XXX	XXX	XXX	XXX	XXX	XXX	XXX	13	100%	2,9	XXX
Thüringen	XXX	XXX	XXX	XXX	XXX	XXX	XXX	XXX	XXX	X	X	XXX	XXX	13	100%	2,7	X
Bundesländer (Anzahl)	16	9	12	11	16	15	12	16	16	14	11	15	14				16
Bundesländer (%)	100%	56%	75%	69%	100%	94%	75%	100%	100%	88%	69%	94%	88%				100%
Bundesländer (mittlere Punktzahl)	2,7	1,1	1,6	1,9	2,7	2,3	2	2,9	2,5	1,6	1,3	2,4	1,8				2,1

Tabelle 6: Angaben der Bildungspläne zu Raummerkmalen mit explizitem Bildungsbezug.

Für den Bereich der Innenräume wurde im Einzelnen geprüft, welche der gelisteten Kriterien in den Plänen erwähnt und ob sie (detailliert) erläutert wurden. Für die Einstufung wurde folgende vierstufige Skalierung vorgenommen:

o   kein Kriterium wird erwähnt;

x   Kriterium/Kriterien werden (vage) erwähnt, jedoch nicht (detailliert) erläutert;

xx   ein bis drei Kriterien des Merkmals werden erwähnt, mindestens eins davon wird erläutert;

xxx   mehr als drei Kriterien des Merkmals werden erwähnt, mindestens drei davon werden erläutert.

Hälfte der Bundesländer berücksichtigt. Nur jeweils zwei der 16 Bundesländer interessieren sich für die Themen »Temperaturregulation« und »Beleuchtung«.

Forderungen in Bezug auf Raumbildungsmerkmale

Um dem modernen Bildungsanspruch im Elementarbereich gerecht zu werden, sind allerdings erweiterte Qualitätsansprüche an Raum und Ausstattung nötig, die über Quadratmeterzahlen, das Vorhandensein eines Schlafraums und eine gute Lärmdämmung hinausgehen.

Um den Status quo der Expertise zum Thema »Raumpädagogik im Elementarbereich« zu erfassen, wurde die relevante Fachliteratur auf konkret benannte Qualitätskriterien überprüft, die 13 neu gebil-

deten Raumbildungsmerkmalen zugeordnet wurden. Sie verteilen sich auf vier Großgruppen (Tabelle 5).

Bildungsräume: Was thematisieren die 16 Bildungspläne?

Die neu konzipierten Raumbildungsmerkmale und die ihnen zugrunde liegenden Kriterien wurden benutzt, um die in den letzten Jahren erarbeiteten Bildungspläne der 16 Bundesländer zu überprüfen und miteinander zu vergleichen. Die Auswertungsfragen waren:

• Wie umfassend werden die Raumbildungsmerkmale bereits im Rahmen der Bildungspläne erkannt und benannt?
• Wie stellen sich die Unterschiede zwischen den Bundesländern dar?

	Körperl. Herausforderungen/Bewegungsanreize	Feinmotorik	Körperl./psych. Wohlbefinden	kognitive Anregungen	Sprachliche Anreize/Literacy	Sinneserfahrung/Wahrnehmung	Konstruktion	Experimentelle Natur(wissenschaftliche)-, Technik- und Materialerfahrungen	Selbsterfahrung/Selbstwirksamkeit	Rückzugsmöglichkeiten/Allein-sein	Orte der Begegnung/Gemeinsam-sein	Partizipation und Autonomie	Anderssein (Geschlecht/Kultur/Fähigkeiten, Fertigkeiten/Inklusion)	Raumbildungsmerkmale (Anzahl)	Raumbildungsmerkmale (%)
Baden-Württemberg	X	0	X	X	0	X	X	X	X	0	X	X	0	9	69%
Bayern	0	0	0	0	0	0	0	0	0	0	0	0	0	0	0%
Berlin	0	0	0	0	0	0	0	0	0	0	0	0	X	1	8%
Brandenburg	X	0	X	0	0	0	0	0	X	0	0	0	0	3	23%
Bremen	X	0	X	0	0	0	0	0	0	0	0	X	0	3	23%
Hamburg	X	0	0	0	0	X	0	0	X	0	0	0	X	4	31%
Hessen	0	0	0	0	0	0	0	0	0	0	0	0	0	0	0%
Mecklenburg-Vorpommern	X	0	0	0	0	0	0	X	0	X	X	X	0	5	38%
Niedersachsen	0	0	X	0	0	0	0	0	0	X	0	0	0	2	15%
Nordrhein-Westfalen	0	0	0	0	0	0	0	0	0	0	0	0	0	0	0%
Rheinland-Pfalz	X	0	X	0	0	0	X	X	X	X	0	0	0	6	46%
Saarland	0	0	0	0	0	0	0	0	0	X	0	0	0	1	8%
Sachsen	0	0	X	0	0	X	0	X	0	X	0	0	X	5	38%
Sachsen-Anhalt	0	0	0	0	0	0	0	0	0	0	0	0	0	0	0%
Schleswig-Holstein	0	0	0	0	0	0	0	0	0	0	0	0	0	0	0%
Thüringen	0	0	X	0	0	0	0	0	0	0	0	0	0	1	8%
Bundesländer (Anzahl)	6	0	7	1	0	3	2	4	4	5	2	3	3		
Bundesländer (%)	38%	0%	44%	6%	0%	19%	13%	25%	25%	31%	13%	19%	19%		

Tabelle 7: Zusammenschau der landesgesetzlichen Richtlinien und/oder Empfehlungen der Landesjugendämter zu 13 Raummerkmale mit explizitem Bildungsbezug

In der Gesamtschau zeigt sich eine recht gute Berücksichtigung von »Bildungsräumen« in den Bildungsplänen der Länder (Tabelle 6). Die über alle 13 Merkmale gemittelte Punktzahl ergab 2,1 von maximal 3 möglichen Punkten. Das bedeutet: Meist wurden die Raumkriterien für den Bereich der Innenräume nicht nur erwähnt, sondern auch näher beschrieben. Für den Außenbereich wurde nur ein Gesamtwert ermittelt, der nicht nach den einzelnen Merkmalen differenziert wurde. Er lag bei der gleichen mittleren Punktzahl wie der Gesamtwert der Innenräume (2,1).

In der Zusammenschau offenbaren sich die Bildungspläne von Schleswig-Holstein, Hamburg, Thüringen und Niedersachsen als am differenziertesten. Sie berücksichtigen nicht nur alle 13 Merkmale, sondern tun dies auch mit einem hohen Detailgrad. Schlusslichter sind die Bildungspläne von NRW und Rheinland-Pfalz, die nur etwa die Hälfte der Merkmale beschreiben – und dies auch nur mit wenigen Kriterien.

Unterschiede zeigten sich auch bezüglich der jeweiligen Berücksichtigung der einzelnen Raummerkmale.

Die Merkmale »Experimentelle Natur(wissenschaftliche)-, Technik- und Materialerfahrungen«, »Körperliche Herausforderungen/Bewegungsanreize«, »Sprachliche Anreize/Literacy« und »Selbsterfahrung/Selbstwirksamkeit« wurden in allen Bildungsplänen erwähnt – und dies meist detailliert. Am häufigsten fehlten die Merkmale »Feinmotorik«, »kognitive Anregungen« und »Orte der Begegnung/Gemeinsam-Sein« im Zusammenhang mit Raum und Ausstattung in den Bildungsplänen.

Bildungsräume: Was sichern die Landesgesetze?

Qualitätsansprüche an Räume werden in den Bildungsplänen also deutlich sichtbar. Um zu überprüfen, ob dieser gestiegene Bildungsanspruch sich auch in den Landesvorgaben und -empfehlungen wiederfindet, wurde das identische Auswertungsraster auf die Landesgesetze, Ausführungsverordnungen und die Empfehlungen der Landesjugendämter angewandt.

Dabei zeigte sich ein ganz anderes Bild (Tabelle 7).

Erwartungsgemäß finden sich von den umfassenderen und Bildungsqualität stärker fokussierenden Raummerkmalen nur wenige in den Landesrichtlinien und -empfehlungen wieder. Die verschiedenen Merkmale werden jeweils im Mittel nur von jedem fünften Bundesland thematisiert. Am häufigsten werden körperliche Merkmale wie »Körperliches/psychisches Wohlbefinden« (44 Prozent) oder »Körperliche Herausforderungen/Bewegungsanreize« (38 Prozent) im Zusammenhang mit Raumvorgaben erwähnt. Von untergeordneter Rolle sind die Merkmale »Konstruktion«, »Orte der Begegnung/Gemeinsam-Sein« oder »Feinmotorik« und »Sprachliche Anreize/Literacy«, die beide in keiner der Richtlinien auftauchen. Lediglich Baden-Württemberg hat zwei Drittel der Raumbildungsmerkmale im Blick. Am anderen Ende des Spektrums liegen neun Bundesländer unterhalb der 20 Prozent-Grenze.

In den meisten Bundesländern findet sich also keine Deckung zwischen bindenden Qualitätsrichtlinien für die Betreuung der Kinder und den in den Bildungsplänen geforderten Ansprüchen an die Bildungsumgebungen.

Föderalismus und Deregulation

Die Bildungschancen in Deutschland sind ungleich verteilt. Ein Kind, das z.B. in eine ostdeutsche Kita geht, findet durchschnittlich schlechtere Rahmenbedingungen vor als ein Kind, das im Westen außer Haus betreut wird. So gibt es in den ostdeutschen Bundesländern beispielsweise keinerlei Obergrenze bei der Gruppengröße, was insbesondere für Kinder unter drei Jahren ein massives Stress- und Überlastungsmoment darstellen kann, denn auch wenn genügend Personal für die große Gruppe zur Verfügung stehen sollte – was in Ostdeutschland nicht

sondern lediglich das Kindeswohl: »... Aufgabe des Staates ist es ... nicht, optimale Bedingungen der Betreuung zu gewährleisten, sondern sicherzustellen, dass Mindestanforderungen beachtet werden.«[53]

Auch Viernickel und Schwarz betonen: »In keinem Bundesland werden die aus wissenschaftlicher Sicht notwendigen Mindeststandards bezüglich der Fachkraft-Kind-Relation erreicht. Damit ist in Frage gestellt, ob die in den Bildungsprogrammen ehrgeizig formulierten Ansprüche an die frühkindliche Bildung in Kindertageseinrichtungen überhaupt eingelöst werden können.«[54]

der Fall ist –, bleibt die große Kinderzahl ein eigenständiger, auch stressphysiologisch messbarer[51] Belastungsfaktor.

Dass es nicht nur aus pädagogischer Sicht, sondern auch aus ökonomischer Sicht kontraproduktiv ist, ein föderales Prinzip walten zu lassen, sieht das Familienministerium ebenso: »Dass Standards zum Bildungs- und Erziehungsauftrag, zur Qualifikation der Fachkräfte oder zu Bau und Ausstattung von Land zu Land variieren, dafür lassen sich kaum Gründe anführen. Da das Setzen von Standards mit Kosten verbunden ist, erscheint auch aus ökonomischen Gründen eine zentrale Regelsetzung effizienter.«[52]

Die Bundesländer sehen es vielerorts nicht als ihre Aufgabe, die Bildung im Elementarbereich zu sichern,

Von Seiten der regulierenden Landesbehörden wird oft betont, dass die Deregulation der Rahmenbedingungen zu mehr Gestaltungsfreiheit und Verfahrensökonomie in den einzelnen Kitas führt. Vor diesem Hintergrund haben Hessen und Niedersachsen ihre Landesjugendämter sogar ganz aufgelöst. Ein Argument, das nie besonders zwingend war, denn auf der Basis eines wissenschaftlich begründeten Mindestkonsenses bleibt immer noch genügend Spielraum, um pädagogisch und strukturell optimierende Anpassungen lokal vorzunehmen. Ohne gesetzliche Regulation besteht jedoch keine Handhabe mehr, Träger und Einrichtungen, die unverantwortlich handeln, zu stoppen.

51 Legendre 2003
52 BMFSFJ 2003, S. 206
53 Sozialministerium Mecklenburg-Vorpommern, Referat IX 220. Handreichung zur Erlaubniserteilung für den Betrieb von Kindertageseinrichtungen vom 06.10.2006
54 Viernickel/Schwarz 2009

Fazit

Die von Expertenseite geforderten Raumgrößen für den Innenbereich[55] finden sich in den Landesrichtlinien nicht wieder. Die dort geforderten Quadratmeter pro Kind liegen weit unter den pädagogisch empfehlenswerten Richtwerten. Lediglich Nordrhein-Westfalen fordert für den Krippenbereich mit 6,3 Quadratmetern pro Kind für Gruppen- und Gruppennebenraum einen verantwortbaren Wert.

Wenn die Bundesländer nicht sogar ganz auf eine Regulierung der Raumqualität verzichtet haben, sind ihre Raumvorgaben meist wenig konkret, umfassen nur einen Teil der relevanten Räumlichkeiten oder Raumaspekte und nennen selten konkrete Größenangaben. Die umfassendsten Angaben liefert das baden-württembergische Landesjugendamt, aber leider nur auf der Empfehlungsebene.

Selten finden sich spezielle Raumvorgaben für die erweiterte Altersmischung oder eine besondere Berücksichtigung der räumlichen Bedürfnisse von Ganztagskindern. Gerade die Altersmischung benötigt für die sinnvolle Arbeit mit allen Altersgruppen und die immer wieder notwendige Binnendifferenzierung mehr Raum.[56] Dem kommen aber nur vier Bundesländer nach: Bremen und Niedersachsen gestehen dem einzelnen null- bis zweijährigen Krippenkind in der Altersmischung 1 Quadratmeter mehr an Fläche zu. In Baden-Württemberg und NRW erhöhen sich die Raumwerte pro Kind für die altersgemischte Gruppe zwangsläufig ein wenig gegenüber dem Kindergarten, da die Gruppengrößen hier bewusst geringer angesetzt sind.

Die größte Kluft zwischen Bildungsanspruch und gesicherter Qualität zeigte sich bei der Auswertung von Gesetzen und Empfehlungen bezüglich anspruchsvollerer Raummerkmale mit explizitem Bildungsbezug. In den meisten Landesvorgaben findet sich hierzu nur wenig. Demgegenüber nehmen die meisten Bildungspläne das pädagogisch anspruchsvolle Thema »Raum« sehr differenziert in den Blick.

Dieser Vergleich macht deutlich, dass in den Bildungsplänen viel gewünscht wird, was von gesetzlicher Seite nicht abgesichert ist. Dadurch bleiben die guten Absichten, Räume zu Bildungsräumen werden zu lassen, unverbindlich.

Literatur

American Academy of Pediatrics/American Public Health Association/National Resource Center for Health and Safety in Child Care: Caring for our children. National Health and Safety Performance Standards: Guidelines for Out-of-Home Child Care. American Academy of Pediatrics, Elk Grove Village, IL, 2002

Bertelsmann Stiftung: Qualität für Kinder unter Drei in Kitas. Empfehlungen an Politik, Träger und Einrichtungen. Bertelsmann Stiftung, Gütersloh 2005. www.bertelsmann-stiftung.de/bst/de/media/xcms_bst_dms_16338__2.pdf

BMBF (Hrsg.): Konzeptionelle Grundlagen für einen Nationalen Bildungsbericht. Non-formale und informelle Bildung im Kindes- und Jugendalter. Bundesministerium für Bildung und Forschung, Berlin 2004

BMFSFJ (Hrsg.): Auf den Anfang kommt es an. Perspektiven zur Weiterentwicklung des Systems der Tageseinrichtungen für Kinder in Deutschland. Beltz, Weinheim 2003

BMFSFJ (Hrsg.): Zwölfter Kinder- und Jugendbericht »Bildung, Betreuung und Erziehung vor und neben der Schule«. Bericht über die Lebenssituation junger Menschen und die Leistungen der Kinder- und Jugendhilfe in Deutschland. Bundestagsdrucksache 15/6014, Berlin 2005

Deutsche Liga für das Kind: Gute Qualität in Krippe und Kindertagespflege. Positionspapier der Deutschen Liga für das Kind, Berlin 2008

GEW Baden-Württemberg: Plattform für ein Kita-Gesetz der GEW Baden-Württemberg. GEW Baden-Württemberg, Stuttgart 2011

Horacek, U./Böhm, R./Klein, R./Thyen, U./Wagner, F.: Positionspapier der Deutschen Gesellschaft für Sozialpädiatrie und Jugendmedizin (DGSPJ) zu Qualitätskriterien institutioneller Betreuung von Kindern unter 3 Jahren (Krippen). 2008 www.dgspj.de/media/Stellungnahme-Krippenpapier-Lang.pdf

Kinderbetreuungsnetzwerk der Europäischen Kommission: Qualitätsziele in Einrichtungen für kleine Kinder 1995. Nachdruck in: Kinder in Europa. Berlin 2004, S. 14-17

Legendre, A.: Environmental features influencing toddlers' bioemotional reactions in day care centers. Environment and Behavior 4. 2003, S. 523-549

---

55   Siehe Tab. 1
56   Nied et al. 2011

Nied, F./Niesel, R./Haug-Schnabel, G./Wertfein, M./ Bensel, J.: Aufnahme 1- und 2-jähriger Kinder in altersgemischte Gruppen. WIFF-Expertise. Deutsches Jugendinstitut, München 2011

Riemann, I./Wüstenberg, W.: Die Kindergartengruppe für Kinder ab einem Jahr öffnen? Eine empirische Studie. Frankfurt am Main 2004

Roßbach, H.-G.: Effekte qualitativ guter Betreuung, Bildung und Erziehung im frühen Kindesalter auf Kinder und ihre Familien. In: Sachverständigenkommission 12. Kinder- und Jugendbericht (Hrsg.): Bildung, Betreuung und Erziehung von Kindern unter 6 Jahren. München 2005, S. 55-174.

Textor, M. R.: Qualität der Kindertagesbetreuung: Ziele des Netzwerks Kinderbetreuung der Europäischen Kommission. Nachrichtendienst des Deutschen Vereins für öffentliche und private Fürsorge 79/1999, S. 17-24

Tietze, W./Meischner, T./Gänsfuß, R./Grenner, K./ Schuster, K.-M./Völkel, P./Roßbach, H.-G. (Hrsg.): Wie gut sind unsere Kindergärten? Eine Untersuchung zur pädagogischen Qualität in deutschen Kindergärten. Luchterhand, Neuwied 1998

Tietze, W./Völkel, P.: Expertise Raumangebot als Qualitätsmerkmal. Freie Universität Berlin, FB Erziehungswissenschaft und Psychologie. Berlin 2005

Tietze, W./Wessels, H.: Zusammenhänge von räumlichen Bedingungen in Familie und Kindergarten mit pädagogischen Prozessen und kindlicher Entwicklung. Eine Reanalyse von Daten der Untersuchung »Wie gut sind unsere Kindergärten«. Unveröffentlichtes Manuskript. Institut für angewandte Familien-, Kindheits- und Jugendforschung. Universität Potsdam, Potsdam 2000

Viernickel, S./Schwarz, S.: Schlüssel zu guter Bildung, Erziehung und Betreuung – Wissenschaftliche Parameter zur Bestimmung der pädagogischen Fachkraft-Kind-Relation. Expertise im Auftrag des Paritätischen Gesamtverbandes, der Diakonie und der GEW Berlin. Berlin 2009

Die Baupiloten oder Geschichten für Häuser erfinden

Erika Berthold

Seit 2003 entwickelt die Architektin Susanne Hofmann an der Technischen Universität Berlin mit einer Gruppe Studierender und lehrenden Architekten – den Baupiloten[57] – Entwürfe für Um- und Neubauten von Kindergärten und Schulen, die mit großem Erfolg in die Tat umgesetzt werden, weil die Baupiloten ein besonderes Konzept verfolgen. Es beruht auf Partizipation und ermöglicht sie.

Der spielerische Zugang

In der Erika-Mann-Grundschule in Berlin-Wedding lernen Kinder, deren Eltern aus vielen Ländern stammen. Das Schulhaus, ein riesiger Gründerzeitbau, bewohnt ein Silberdrachen. In den ehemals düsteren Fluren sieht man ihn – hier ein paar Schuppen, dort spannt er einen Flügel aus. Seit die Baupiloten das Haus veränderten, reißen sich die Kinder förmlich darum, Besucher durch ihre Schule führen zu dürfen. Sie sind stolz wie Oskar, denn der Silberdrachen war ihre Idee.

Kinder sind manchmal poetisch. Trotzdem hatten sie den Baupiloten nicht gesagt: Macht, dass ein Silberdrachen in unserer Schule wohnt. Es war anders, wie Susanne Hofmann weiß: »Um die Verkehrsräume der Grundschule ging es hauptsächlich, um die langen Flure in allen Etagen. Hätten wir die Kinder lediglich gefragt, wie sie ihre Flure haben wollen, wäre wahrscheinlich nicht viel herausgekommen. Wir sagten also: ›Stellt euch einen Weg durch den Garten der Zukunft vor. Wie könnte er aussehen?‹ In zwei Schulstunden entstanden Collagen zu diesem Thema, denen die Kinder Titel gaben, zum Beispiel ›Spurengarten‹ oder ›Das rote Chamäleon‹. Sie erklärten uns auch, was sie damit meinten, beschrieben ihre Absichten. Es war erstaunlich, wie anschaulich sie das taten. Wir Erwachsene haben da viel

mehr Hemmungen. Kinder sagen ganz ungescheut, wie sie sich etwas vorstellen, weisen mit dem Finger auf die Collage und erzählen. Meine Baupiloten reagierten mit Modellen und Versuchsreihen darauf, zum Beispiel mit Lichtstudien. Später bauten wir 1:1-Prototypen und testeten, wie sie im Schulhaus wirken. Wir experimentierten mit Edelstahlflächen und Spiegeln, um Licht in die dunklen Schulflure zu bringen. So entstanden atmosphärische Qualitäten – der wichtigste Ausgangspunkt, um Architektur zu entwickeln.«

Ein Student aus der Gruppe der Baupiloten ging auf das Chamäleon ein, dieses seine Farbe wechselnde Tier. Darüber sprach er mit den Kindern, die das spannend fanden und weiter fabulierten. Danach baute der Student ein erstes Modellchen. Als die Kinder es sahen, war plötzlich vom Kuss des Glücksdrachens die Rede. Durch das Spiel mit dem Material, das die Kinder entzückte, wurde das Chamäleon zum Drachen und schließlich zum Silberdrachen. »Es gefiel den Kindern«, erinnert sich Susanne Hofmann, »dass wir mit ephemeren Mitteln arbeiteten, also mit Licht und Bewegung, so dass sich etwas verändert, dass ein lebendiger Geist durchs Haus schwebt. Das war die Voraussetzung, um die Geschichte vom Silberdrachen zu entwickeln, der seine Spuren im Haus hinterlässt.« Geht morgens die Sonne auf, wirken die Flure anders als nachmittags. Licht und Bewegung, von den Baupiloten aufgenommen und geschickt umgesetzt, verändern sie: Der geheimnisvolle Silberdrachen zeigt etwas von sich, aber immer anders.

Die damals entstandene Arbeitsweise prägt die Baupiloten, die immer noch ein Studienprojekt der TU sind, doch inzwischen auch ein Architekturbüro. »Wir sind mittlerweile für unseren spielerischen Zugang zu Architektur bekannt und dafür, dass wir

---

57   Kontakt: hofmann@baupiloten.com, www.baupiloten.com

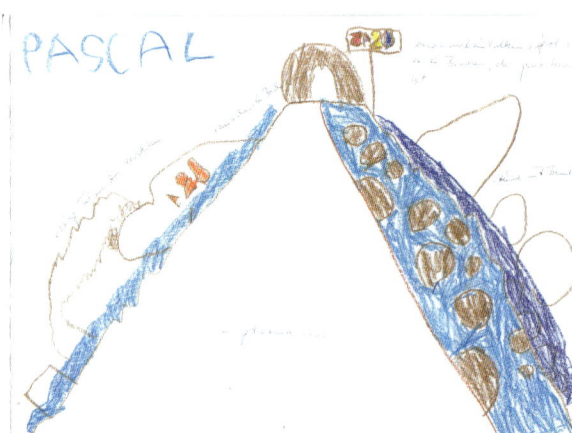

die Nutzer einbinden«, sagt Susanne Hofmann. »Das sind unsere beiden Säulen. In unterschiedlichen Größenordnungen haben wir sie gestestet, und sie bewähren sich.«

Die Nutzer einbinden

Ein Projekt in Leipzig, der Neubau der Kindertagesstätte Lichtenbergweg, entstand nicht mit Studierenden, sondern im Architekturbüro. Es gibt offen und leicht wirkende Gruppenräume, die sich nach Süden öffnen. Dieser Herangehensweise liegt ebenfalls eine Geschichte zugrunde. Susanne Hofmann: »Wir beschäftigten uns mit dem Tagesablauf des Nutzers – also der Kinder – und versuchten, Themen herauszukristallisieren, die den Kindern und dem Kita-

Team wichtig waren. Bei unseren Besuchen in der Kita – noch im alten Haus – hatten wir gemerkt, dass die Kinder gern draußen sind, oft mit anderen Kindern kommunizieren, die drinnen sind, und zwar durch die Fenster. Auffällig war auch, dass sie viel forschten und experimentierten, gemeinsam und einzeln, dann völlig in sich versunken. Sie bauten Raketen und einen Ballon, der mittels heißer Luft aufstieg. Heiße Luft ist leichter als kalte, merkten sie dabei. Diese Experimentierfreude der Kinder griffen wir auf, als wir einen Workshop über Reflektoren konzipierten. Workshops mit den Nutzern hatten sich inzwischen als brauchbares Medium der Ideenfindung herausgestellt.«

Die Baupiloten hospitierten, zwei Tage lang. Um in Erfahrung zu bringen, was die Kinder machen. Um dies für den Neubau zu nutzen, damit er den Kindern Möglichkeiten bietet, die sie kennen und – womöglich verbessert – weiterhin gebrauchen können.

Haben Sie schon mal gehört, dass Architekten hospitieren? Ich nicht.

»Gleichzeitig führten wir Gespräche mit den pädagogischen Experten, also mit der Kita-Leitung. Auch mit dem Kita-Träger, dem Jugendamt und dem Bauherren nahmen wir Kontakt auf«, berichtet Susanne Hofmann, »um alle Verantwortlichen ins Gespräch zu bringen, so dass wir gemeinsam Prioritäten festlegen können. Denn: Dem Bauherren ist das wichtig, der Kita-Leitung jenes und dem Träger noch etwas anderes. Also: Alle an einen Tisch. Das waren zwar anstrengende drei, vier Stunden, die wir miteinander verbrachten. Aber es waren nur Stunden, keine Monate! Es war super effektiv. Was wir mit den Kindern überlegt hatten, bezog sich vor allem auf die atmosphärischen Qualitäten. Beides konnten wir wunderbar zusammenbringen.«

Die Erwachsenen erklärten den Baupiloten die pädagogischen Leitideen; man trug die wichtigsten Aktivitäten im Kita-Alltag zusammen und vermerkte, wo sie stattfinden. Als es um die atmosphärische Qualität ging, also vor allem um das, was der Beobachtung der Kinder und ihren Erzählungen entsprang, verständigte man sich auf »lichtdurchflutet«, »geborgen« und »gemütlich«.

Danach kamen die Kinder wieder an die Reihe: In der Kita fand eine Projektwoche zu natürlichen Phänomenen statt. Mit ihren Erzieherinnen gingen sie Wetter-Phänomenen nach und dachten sich aus, wie sie zustande kommen könnten, malten Bilder und zeigten sie den Baupiloten: Gewitterwolken, ein Vulkan, ein Regenbogen, eine Kletterpyramide. Die Architekten baten die Kinder, einige Bilder auszusuchen, aus denen Architektur-Ideen entstehen könnten. Das taten die Kinder.

»Die Erzieherinnen waren gar nicht dabei, als die Kinder uns ihre Prioritäten nannten: Gewitterwolken, der Regenbogen und Vulkanwelten, die zu Raketenstationen werden könnten«, sagt Susanne Hofmann. »Wir hörten zu. Später fragten wir uns: Was sind das eigentlich für Qualitäten, die die Kinder so spannend finden? Schließlich entwickelten wir erste Modelle, zum Beispiel: der gemütliche Teil – eine Vulkanlandschaft, die Experimentierlust – ein Regenbogengarten und ein Baumlabor. Und überall Rückzugsorte.«
Wie auch immer die Baupiloten starten, sie landen

bei den Fragen: Wie soll die Atmosphäre sein? Wie könnte eine Architektur aussehen, die diese Atmosphäre fasst, ihr Raum gibt? Im Winter braucht ein Raum warme Beleuchtung, im Sommer kühle, wenn er angenehm wirken soll. Große, hohe Räume brauchen Schallschutz, der sie nicht einengt, sondern originell gliedert. Sitzlandschaften können in Höfe wachsen, um Drinnen und Draußen zu verbinden. Solche Baupiloten-Landschaften sind inzwischen so beliebt, dass die Nutzer alle möglichen Tische dazustellen. Das sieht dann zwar nicht mehr »konsequent architektonisch« aus, zeigt aber: Die Idee war gut, wurde angenommen und wird von den Nutzern erweitert. Das freut die Baupiloten.

Partizipation

Mir scheint, es ist ein Glücksfall für Kita-Teams und Grundschul-Kollegien, von Architekten als Experten wahrgenommen zu werden. Architekten sind Experten, niemand zweifelt daran. Erzieherinnen und Kita-Leiterinnen werden neuerdings zwar gern so genannt, aber wahrscheinlich wagen nur wenige Frauen, ihre Expertise ins Feld zu führen, wenn es um Architektur geht. Gefragt werden sie kaum.

»Für mich ist das eine Selbstverständlichkeit«, sagt Susanne Hofmann. »Es ist doch eine unglaubliche Win-win-Situation, wenn man so arbeitet. Erst recht für unsere Studierenden. Zwar ist diese Art der Arbeit anstrengend, weil man sich einem Entwurf gemeinsam nähern muss, aber das hat bisher immer sehr gut geklappt und war beflügelnd für alle Beteiligten.«

Besonders für die Kinder, nehme ich an. Wenn Kinder das Gefühl haben, dass sie ihre Kita oder das Schulhaus quasi entworfen haben – Donnerwetter! Dann sind auch die Eltern und Großeltern stolz. Eine Wirkung sondergleichen.

»Ja, die Kinder erleben Selbstwirksamkeit«, bestätigt Susanne Hofmann. »Und sie üben sich in demokratischem Handeln.« Gehört es zum Konzept der Baupiloten, dies zu ermöglichen? »Auf jeden Fall. In den Projekten der Studierenden ist Partizipation Gegenstand, und in die Arbeiten meines Architekturbüros werden Nutzer und Bauherren auch immer eingebunden. Gerade haben wir den Partizipationsprozess bei einem Projekt in der Heinrich-Nordhoff-Gesamtschule in Wolfsburg abgeschlossen. Beteiligt waren Schüler, Eltern, Lehrer und die Stadt, also alle, die es anging. Als es um das Atrium und die

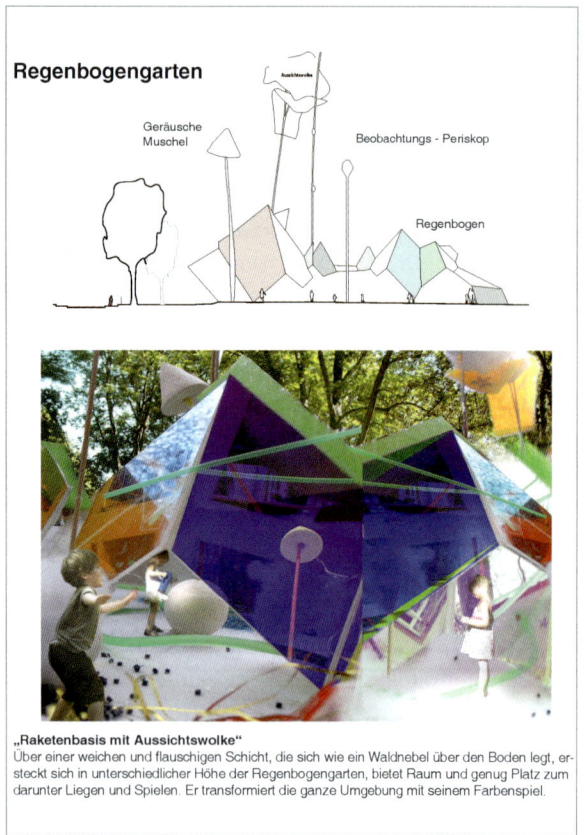

Regenbogengarten

„Raketenbasis mit Aussichtswolke"
Über einer weichen und flauschigen Schicht, die sich wie ein Waldnebel über den Boden legt, erstreckt sich in unterschiedlicher Höhe der Regenbogengarten, bietet Raum und genug Platz zum darunter Liegen und Spielen. Er transformiert die ganze Umgebung mit seinem Farbenspiel.

Faltungen und Lichtreflexe

„Raketenbasis mit Aussichtswolke"
Der Regenbogengarten ist mal unter den Füßen der Kleinen und mal über Ihren Köpfen und scheint leicht und farbenfroh über Ihnen zu schweben.

Mensa ging, machten wir Planspiele: Was für Aktivitäten sollen in diesen Räumen stattfinden? Sollen die Aktivitäten zusammenwirken? So näherten wir uns der Architektur und präsentierten schließlich Modelle von Mensa und Atrium. Alle Beteiligten konnten sie anschauen und überlegen, ob sie sie gut finden oder nicht.«

Die Nutzer – Schülerinnen und Schüler – wollten »eine ruhige Riesenwiese. Auf dieser Wiese soll man sich wohlfühlen und austauschen können. Man soll sich zwischen den Unterrichtsstunden entspannen können. Es soll eine Aufenthaltswiese sein, in Pausen und Freistunden. Blütenblätter sollen den Lärm abschirmen«.

Mit dieser Vorstellung, die den Ideen der erwachsenen Beteiligten nicht widersprach, arbeiteten die Baupiloten, nannten das Atrium »Ruhige Riesenwiese« und entwarfen es entsprechend. »Hier sieht man das Planspiel für das Atrium, das wir auf der Basis eines großen Grundrisses, der ausgedruckt dalag, aufgebaut hatten«, erklärt Susanne Hofmann. »Wir versuchten, Aktivitäten und atmosphärische Qualitäten darin anzuordnen, und diskutierten pädagogische Leitideen, die den Erwachsenen wichtig waren. Das dauerte zwei, drei Stunden, wurde zusammengefasst, die Ergebnisse wurden ausge-

wertet, und wir hatten die wichtigsten Gesichtspunkte für unsere Arbeit: So müssen die Lufträume und Laufwege konzipiert werden; von daher kommt das Tageslicht. Wieder näherten wir uns mit Collagen, kleinen Modellen und kamen dann zum großen Modell, also der Vorstellung, wie der Raum tatsächlich aussehen soll.«

Tatsächlich hat die »Riesenwiese« verschiedene Bereiche, denn sie ist zweigeteilt. Unten gibt es einen Marktplatz, der Austausch und Gruppenarbeit ermöglicht, und eine ruhige Zone. Oben gibt es Lern- und Arbeitsplätze, weil es dort heller und abgeschiedener ist.

»In der Heinrich-Nordhoff-Gesamtschule hatten wir es mit vier Nutzer-Gruppen zu tun, deren Mitglieder ihre Ideen oder Vorstellung vorbrachten und unsere Entwürfe besprachen. Ich führte die Gruppen immer wieder zusammen. So ein Vorgehen ist zwar komplex, aber wirkungsvoll, da viele Menschen mitgenommen werden. Andererseits: Wir setzen unsere Arbeit der kritischen Betrachtung aus. Zwar freuen wir uns, wenn sie konstruktiv ist, aber wir müssen auch wissen, was gar nicht passt. Passt es, detaillieren wir den Entwurf, holen Preise ein und schauen, dass wir im Budget bleiben, das der Bauherr vorgeschrieben hat. Geld ist am Ende nicht unwichtig.«

Erkenntnis ist auch wichtig: »Die Projekte funktionieren am besten, wenn Pädagogik und Architektur zusammenpassen. Wir können noch so viele Lerninseln oder Sitzlandschaften bauen – es nützt nichts, wenn sie sich nicht in ein gemeinsames gedankliches Konstrukt fügen. Sie werden zwar benutzt, können ihre Wirkung aber nicht entfalten«, weiß Susanne Hofmann.

Das gemeinsame Konstrukt

Als kreative Architektin kann Susanne Hofmann mit ihren Baupiloten natürlich alles Mögliche entwerfen. »Viel toller finde ich aber«, sagt sie, »wenn ich sehe: Die Nutzer nehmen gern an, was wir gemacht haben, weil es passt. Als wir in der Taka-Tuka-Land-Kita in Berlin-Spandau anfingen, hatten sie dort nur 40 Kinder. In der Bauphase waren es dann 75, mit Warteplätzen. Jetzt platzt die Kita aus allen Nähten. Die Erzieherinnen haben die ›Pippi-Langstrumpf‹-Geschichte, auf die wir uns damals verständigten, mit den Kindern weitergebaut, bewegen sich in dieser Geschichte, streichen Regale in einer bestimmten Farbe, damit sie zu den Wänden passen, und man merkt: Sie sind froh, dass ihre Kita ein Taka-Tuka-Land ist.«

Wer hatte die Idee? Astrid Lindgren, deren Bücher Kinder und Erwachsene lieben. Wer hat umgebaut? Die Baupiloten mit Susanne Hofmann: »Ich als Architektin würde sagen: Das ist ein Haus, das ich gebaut oder umgebaut habe. Dann verknüpft sich meine Idee aber mit den Vorstellungen der Nutzer und verändert sich. Mich fragten schon Leute, ob sie auch einen Silberdrachen kriegen könnten. Ich sagte ihnen, dass sie keinen Silberdrachen bekommen, denn sie haben ihn nicht erfunden. Sie können mit uns ja was anderes erfinden…«

Raumteilung, Raumgestaltung und Materialangebot in Gruppen für Kinder bis zu drei Jahren

Inga Bodenburg

Seit einigen Tagen kann Winnie, zehn Monate alt, sich in Bauchlage auf den aufgestützten Unterarmen vorwärts ziehen. Sie genießt die neue Möglichkeit, sich ganz allein und ungehindert von dem Ort weg-zubewegen, zu dem Maren, ihre Erzieherin, sie ge-bracht hat. Eifrig benutzt sie ihre Arme und Hände, stemmt die Beine und Füße gegen die Unterlage, um vorwärts zu kommen. Als sie beobachtet, dass die älteren Kinder weit oben auf der zweiten Ebene des Gruppenraumes mit etwas Interessantem beschäftigt zu sein scheinen, robbt sie zielbewusst zur schrägen Ebene, die auf das untere Podest führt.

Winnies Weg

Fasziniert beobachtet Winnie, was da oben vor sich geht. Sie entdeckt, dass hinter dem Krabbelloch Zei-tungspapierstücke liegen. Die kennt sie schon und scheint herausfinden zu wollen, was daran so span-nend für die älteren Kinder ist. Ungeduldig ruft sie den Kindern ein fragendes »Öh, öh, öh?« zu, wippt

hin und her, hebt den Po und senkt ihn wieder. Wahrscheinlich möchte sie einen sicheren Halt auf der festen Unterlage der schrägen Ebene finden. Erst wenn sie den hat, kann sie die diffizile Koordinati-onsleistung erbringen, die eine wichtige Vorausset-zung zum Krabbeln ist: gleichzeitig je ein Bein und einen Arm über Kreuz nach vorn bewegen. Bis dahin muss sie noch viel üben, und das tut sie – zielbe-wusst, beharrlich und ohne sich ablenken zu las-sen. Mühsam zieht und drückt sie sich auf Händen, Brust, Bauch und Beinen die glatte, warme Holz-fläche der schrägen Ebene hinauf.

Oben angekommen, stutzt Winnie: Ihre Finger ertasten etwas Neues, offenbar Unangenehmes: rauen, kratzigen Teppichboden. Sie verzieht das Gesicht. Vor Schreck? Gleich darauf drückt sie gegen den Boden und merkt: Er hält dem Druck ihrer Hand stand. Ihre Finger ertasten die Oberfläche, gleiten darüber, kratzen, bohren und pulen an den Teppich-fasern. Offenbar probiert sie aus, wie viel Druck sie mit Hand und Fingern aufwenden muss, damit der Teppichboden sich deformieren oder anderweitig

verändern lässt – wie Brei, Seifenschaum oder Brot. Vergeblich. Sie hat es mit einer festen Unterlage zu tun, die Gegendruck ausübt, Bohren und Zerteilen nicht zulässt. Sichtlich hat sie erkannt, dass es sich um eine weitere, unverrückbar feste Fläche zum Abstützen handelt, und traut sich, den Bauch zu heben, um mehr Bewegungsmöglichkeiten zu erhalten. Obwohl es schwierig ist, sich im Gleichgewicht zu halten, behält Winnie das begehrte Objekt, die Papierstücke, beharrlich im Blick. Angucken reicht ihr nicht mehr: Jetzt braucht sie ihre Hände. Dafür muss sie den Bauch von der stabilen Unterlage heben und kurzzeitig auf die sichere Stütze beider Hände verzichten. »Oh, Winni! Was machst du da oben?« ruft Maren überrascht. »Ooooh!« antwortet Winnie strahlend und schaut hinunter. »So hoch oben bist du! Und ich bin hier unten!« ruft Maren. Winnie wendet sich wieder ihrem Papier zu und lässt einen Spuckefaden darauf tropfen. Interessiert bohrt sie darin herum. Was passiert, wenn das Papier nass wird? Wie verändert es seine Konsistenz? Ohne es zu merken, hat sie sich dabei auf die Knie aufgerichtet und braucht nur eine Hand zum Abstützen. Mit dieser Hand zerknüllt sie das feuchte Zeitungspapier und versucht, ein Stückchen davon abzureißen. Weil das mit einer Hand nicht geht, zerdrückt sie es in der Handfläche. Sie führt den faserigen Fladen zum Mund, beißt drauf, leckt mit der Zunge daran, und spuckt ihn gleich wieder aus. »Winnie, das schmeckt doch nicht!« ruft Maren von unten hinauf. »Äääh«, bestätigt Winnie und streckt die Zunge weit heraus, damit das Papier aus dem Mund fallen kann.

Jetzt dreht sie sich, wirft das Knäuel nach hinten und beobachtet, wie es auf der schrägen Ebene hinabrutscht. Maren reagiert. Sie gibt Winnie das Papierknäuel wieder herauf. Winnie lässt es glückstrahlend nach unten rutschen, wieder und wieder...

Als Maren das Heraufreichen einstellt, wendet Winnie ihre gerade erworbenen Fertigkeiten an, um noch zwei Ebenen höher zu gelangen und von dort aus zu beobachten. Maren bestätigt Winnies neue Erfahrungen: »Jetzt bist du schon fast ganz oben!« ruft sie. »Und ich bin hier ganz tief unten!« Winnie ist begeistert. Sie will noch höher. Dabei macht sie eine neue Erfahrung: Sie gewinnt zusätzliche Sicherheit, weil eine »stabile Seite« ihren ganzen Körper von hinten stützt: eine Zwischenwand in der Bewegungslandschaft mit Löchern zum Durchsteigen und Durchgucken. Zuverlässig an drei Punkten ihres Körpers gehalten, wagt Winnie das nächste Abenteuer. Winnie hat das Forschungsvorhaben »Papierknäuel« offenbar ausgeschöpft und erarbeitet sich augenscheinlich einen neuen Bereich: die Perspektiven des Raums erkunden, von einer jeweils neuen Warte in der Bewegungslandschaft aus. Dass ihre Hände dabei wiederum einen stabilen Untergrund ertasten – diesmal kühle, holprige, glatte Kieselsteine im rauen Mörtelbett –, erhöht offensichtlich ihre Motivation. Immer sicherer, gewandter und flexibler werden ihre Kletterbewegungen, immer seltener rutscht sie aus, immer zielsicherer setzt sie Finger und Zehen ein, um dahin zu gelangen, wohin sie will. Unterwegs fesseln Gegenstände – der dicke, widerstandsfähige, fransige Seilknoten, das weiche Kissen – ihre Aufmerksamkeit.

Augenscheinlich will sie noch höher hinaus. Dabei richtet sie sich auf die Knie auf – ohne diesen neuen Fortschritt direkt zu registrieren. Aber Maren bemerkt ihn. Gespannt beobachtet sie, wie Winnie sich weiterbewegt – von Nische zu Nische, von Widerstand zu Widerstand, immer neue Herausforderungen suchend, immer mit der sicheren Stütze von unten und von den Seiten.

Jetzt macht Winnie eine ganz neue Entdeckung: die Löcher in der Zwischenwand. Wieso setzt diese massive Begrenzung, dieses Hindernis auf ihrem Weg nach oben ihren Händen an einigen Stellen keinen Widerstand entgegen? Was lässt sich mit dieser neuen Erfahrung anfangen?

Sie benutzt das Loch als Haltegriff und beginnt ... in Schräglage prüfend an der Zwischenwand zu rütteln, dagegen zu klopfen, den Widerstand von unten und von der Seite zu testen ... den Rumpf so weit wie möglich zu strecken, verschiedene Haltepositionen zu erproben ... sich anzuklammern, zu ziehen, sich festzuhalten, zu stemmen, zu drücken, sich hochzuziehen... und aufrecht zu stehen – stolz und befriedigt. »Seht bloß mal, was Winnie kann!« ruft Maren.

Winnie beginnt den Abstieg rückwärts: wachsam, achtsam, mit Händen, Bauch und Beinen tastend, den stabilen Widerstand der Stufen nutzend, sich im Gleichgewicht haltend, vorsichtig um die Ecken heruntersteigend. Sie erfühlt verschiedene Untergründe, sieht verschiedene Farben und Formationen und erkennt daran, auf welcher Höhe sie sich befindet. Und sie hört Marens Stimme, die ihr rückmeldet, was sie gerade tut.

Fortlaufend sichert Winnie sich beim Hinabklettern. Wo es – wie auf der glatten Wellentreppe – schwierig wird, ruft sie Maren. Aber sie schafft es allein. Erst als der feste Untergrund des Gruppenraum-Fußbodens in Sicht kommt, lässt sie sich glücklich und kopfüber die schräge Ebene hinunter gleiten.

Winnie im Kontakt

Winnie lernt durch Wahrnehmen und Bewegen. Auf diese Weise setzt sie sich fortlaufend und wechselseitig mit den Lebewesen und Dingen ihrer Welt auseinander.

Durch Bewegung verändert Winnie sich selbst, ihren Erfahrungsradius, ihre Fähigkeiten und Kompetenzen. Und sie beeinflusst ihre Umwelt: In der Kita weiß ihre Erzieherin Maren nach der Beobachtung des Bewegungsabenteuers beispielsweise, welche Herausforderungen und welche Art der Unterstützung Winnie in naher Zukunft (nicht) brauchen wird, um in ihrer Entwicklung weiter voranzugehen.

Fortlaufend nimmt sie Kontakt auf und hält Kontakt – zu den Kindern und Erwachsenen, zu anderen Lebewesen, zu Dingen, zu Vorgängen, zu Sachverhalten, – oder bricht ihn ab, falls es ihr notwendig erscheint. Jede Kontaktaufnahme ist zuerst einmal Berühren: antippen, betasten, anfassen, zugreifen, festhalten, hantieren und dabei »lautieren«. Dazu sagt Fèlicie Affolter, eine Schweizer Psychologin, Therapeutin und Schülerin des Entwicklungspsychologen Jean Piaget: »Ich bewege mich so lange, bis ich einen Widerstand spüre, der meinen Bewegungen entgegensteht. Ich erhalte den Eindruck, etwas zu berühren. Wir sprechen von Kontakt (Mit-Spüren). Indem ich berühre, stoße ich auf Widerstand. Dieser Widerstand ist die Grundlage der Erkenntnis.«[58]

Nach Affolter ist diese Erfahrung die verlässliche Größe, die Kindern im ersten und zweiten Lebensjahr Halt und Orientierung vermittelt. Affolter unterscheidet vier wichtige Erfahrungsbereiche:
• den verlässlichen Halt der »stabilen Unterlage«: zum Beispiel beim Liegen, Aufstützen, Balancieren;

• der Wechsel von Stabilität und Instabilität beim Berühren und Loslassen der stabilen Unterlage: zum Beispiel beim Kopfheben, Oberkörperheben, Krabbeln, Laufenlernen;
• die Wahrnehmung der »stabilen Seite« beim Hochziehen an Gegenständen;
• das »Umschlossensein«: zum Beispiel im Arm eines Erwachsenen, im Körbchen, in einer Holzkisten-Ecke, in einem Spielfass.

Ihr erstes Wissen über sich selbst erwerben kleine Kinder nach Meinung vieler Entwicklungspsychologen vorwiegend über kinästhetische Eigenwahrnehmung. Ihr Körperschema – das Wissen um die Ausdehnung und Begrenzung der Teile und des Ganzen unseres Körpers, über dessen Empfindungsqualitäten, Nutzungsmöglichkeiten und Belastbarkeitsgrenzen – entsteht über Kontakt.

Kontakt findet an den Grenzen statt: zum Beispiel an den Körpergrenzen, an den Wahrnehmungsgrenzen, den Belastungsgrenzen, überwindbaren und unüberwindbaren Hindernissen, an den Grenzen eigener Einschränkungen, aber auch an den Sperren, die Wille und Motivation aufrichten können.

Genau betrachtet, gewinnt ein Kind fast alle Informationen über eigene sensible Bereiche des Erlebens, über eigene Stärken, Schwächen und Vorlieben durch Erfahrungen mit Widerstand. Das können geglückte Grenzerfahrungen sein – zum Beispiel Winnies Besteigung der Bewegungslandschaft –, aber auch missglückte Erfahrungen mit Gegendruck: wenn das selbst gesteckte Ziel zu hoch oder der Weg zu weit ist, wenn Erwachsene bestrafend, entwertend oder gleichgültig reagieren.

Grenzen auszutesten und dabei eigene Wirksamkeit in vielfacher Hinsicht zu erleben, das scheint der Hauptanziehungspunkt der Umweltaneignung der Jüngsten zu sein. Und es bringt – wie bei Winnie, die immer höher hinaus will – oft auch die beteiligten Erwachsenen an ihre Grenzen.

Gleichwohl: Innerhalb dieser fortlaufenden Auseinandersetzung erfährt ein Kind sein Selbst im Unterschied und in der Beziehung zur dinglichen Umwelt, es gewinnt (Selbst-)Sicherheit, es orientiert sich eigenständig in Raum und Zeit, es gewinnt Selbst-Bewusstsein.

Auch soziale Kompetenzen wie Aufmerksamkeit und Mitgefühl für andere Menschen, Wartenkönnen,

---

58   Affolter 1991, S. 19

Anfänge von Rücksichtnahme und die Fähigkeit, sich abzugrenzen, entfalten sich nur im Kontakt: auf der Basis geglückter oder nicht geglückter Grenzerfahrungen in den ersten Lebensjahren.

Sich anzustrengen und sich zu entspannen, sich einer Sache intensiv zuzuwenden oder von vornherein aufzugeben, zwischen verschiedenen Alternativen entscheiden oder etwas Unzuträgliches ablehnen zu können, das setzt voraus, dass ein Kind genügend vielfältige Gelegenheiten hatte, sich handelnd mit mehreren Aspekten ein und derselben Sache, mit dem Für und Wider, mit den unterschiedlichen Möglichkeiten auseinanderzusetzen.

Winnie will wirksam sein

Über Wahrnehmen und Handeln gleicht Winnie in jedem Augenblick ihrer Klettertour bewusst und unbewusst den Zug der Schwerkraft aus. Die wechselnden Anreize, die sie dabei erhält, sind entscheidende Anstifter ihrer Lernprozesse in der Kita. Sie vervollkommnet nicht nur ihre körperlichen Fertigkeiten – sich zum Beispiel geschickt und sicher zu bewegen –, sondern sie erarbeitet sich in kurzer Zeit eine Fülle von Wissen über sich selbst in der Beziehung zu den Dimensionen und Qualitäten des Raums um sie her, zu den Dingen, die ihr begegnen, und zu ihren eigenen Einwirkungsmöglichkeiten. All das tut sie in wechselseitiger Resonanz mit ihrer Erzieherin und den anderen Kindern. Während sie klettert und entdeckt, verknüpfen sich Bewegungsabläufe, Wahrnehmungsprozesse und sozialer Austausch in der Kindergemeinschaft und mit den Erwachsenen. All das festigt sich zu neuen Erkenntnisprozessen.

Maren hat in diesem Prozess eine entscheidende Schlüsselfunktion. Ohne zielsteuernde »Bildungsabsicht« ermöglicht sie Winnie freie Forschung. Sie verzichtet so weit wie möglich auf gängige Anweisungen wie »Fall da bloß nicht runter!«, »Nein!« und »Lass das!«. Sie hat gelernt, die Gefahr, dass ein Kind sich bei seinen Entdeckungstouren verletzt, schädigt oder Gegenstände zerstört, realistisch einzuschätzen. Wenn sie zu müde oder zu angespannt ist, um Erfahrungen zuzulassen, bittet sie eine Kollegin um Ablösung und geht für einige Zeit aus der Situation. Vor allem aber: Sie versucht hinter der vermeintlichen »Zweckfreiheit«, »Sinnlosigkeit« oder »Banalität« der frühkindlichen Aktivitäten den »heimlichen Selbst-Lehrplan« zu entdecken. So fragt sie sich zum Beispiel, warum Winnie die Papierkugel wieder und wieder die schräge Ebene hinunterkullern lässt: Bis sie die Fallgesetze begriffen hat? Oder weil sie die Veränderungen des Papiers beobachten will?

Es gibt viele Gründe. Maren versucht durch Beobachtung, Winnies Handlungen als Aussagen über ihre momentanen Erfahrungsprozesse zu verstehen und ihre Bedeutung zu entschlüsseln. Und Winnie weiß: Wenn sie sich und andere gefährdet, wird ein klares »Nein« ihr Orientierung geben und Alternativen eröffnen.

Was Winnie weiß

Winnies Lernzuwachs an diesem Vormittag: eine Fülle naturwissenschaftlichen Grundwissens

- über ihre Kraft in Beziehung zur Höhe und Breite und zum Neigungswinkel der Stufen, die sie überwinden muss, um nach oben zu gelangen;
- über die Zeit und Geschwindigkeit ihrer Bewegungen, über die Beschleunigung der Dinge beim Hinunterfallen und -rutschen;
- über Mechanik: Masse und Kraft müssen im Gleichgewicht gehalten werden, um Dinge verändern zu können, zum Beispiel das Zeitungspapier in einen feuchten Klumpen zu verwandeln. Sie lernt, dass Impulsstärke und Muskelspannung erforderlich sind, wenn sie sich aufrichten will. Sie begreift, wie viel Energie und Überwinden von Widerstand notwendig sind, um höher und höher zu klettern, und erfährt dabei im ganzen Körper die Wirkung von Spannung, Entspannung, Druck und Gegendruck;
- über Licht und Farben, die sie optisch wahrnimmt. Die Lichtwellen, die von den Gegenständen auf ihrer Klettertour ausgehen, treffen den Bereich des schärfsten Sehens auf ihrer Netzhaut, optische Sensoren tasten die Bewegungslandschaft ab. Auf der Netzhaut werden durch Lichtwellen Stäbchen und Zapfen erregt, die einen starken, aber kurzzeitigen, also schnell vorübergehenden Eindruck von Umrissen, Formen und Farben im Kurzzeitgedächtnis veranlassen[59];
- über auditive oder akustische Wahrnehmung, denn sie nimmt Schallwellen mit unterschiedlicher Frequenz auf, die durch Luft, Holz oder Teppiche

---

59   Vgl. Bodenburg/Kollmann 2011, S. 151 ff.

im Gruppenraum übertragen wurden. Jede Faser ihrer Hörnerven wird mit bestimmten Informationen über einen bestimmten Frequenzbereich versorgt. Winnie braucht zwei Ohren, damit sie hören kann, aus welcher Richtung das Rascheln des Zeitungspapiers, das Fallen des Papierklumpens, das Kratzgeräusch auf dem rauen Teppichboden und die ermunternden Kommentare Marens kommen;

• über Gerüche und Geschmacksqualitäten, denn Winnie probiert den Teppichboden, leckt das Papier ab und fährt mit der Zunge prüfend über die Trennwand. So nimmt sie nicht nur verschiedene Geschmacksarten, sondern auch wechselnde Gerüche wahr. Wie jedes Kleinstkind prüft sie jeden erreichbaren Gegenstand sofort über den Mund – nicht nur, um ihn zu ertasten, sondern auch, um den Gegenstand zu beriechen und abzufühlen. Jeder Bereich in der Kita riecht anders. Vielleicht wird Winnie sich später dunkel an Klettertouren in ihrer ersten Kindergruppe erinnern, wenn sie irgendwo den Duft von Sisal, Holz, Gumminoppen und Wachs erschnuppert;

• die haptische[60] oder Oberflächensensibilität. Mit ihr kann Winnie die Oberflächenbeschaffenheit und Ausdehnung, die Konturen, aber auch die Temperatur und die Konsistenz der Materialien erfassen, mit denen sie in Kontakt ist. Klopfen und Festhalten, Drüberstreichen und Anklammern, Zupfen und Reißen, Hantieren und Probieren – jedes Mal sind unverwechselbare Tasterfahrungen damit verbunden. Der Tastsinn liefert Informationen darüber, ob der Untergrund warm oder kühl, rau oder glatt ist. Wenn Winnie auf dem unebenen Kieselboden robbt, in den rauen Teppichboden oder die struppige Sisalmatte greift, sich irgendwo stößt, meldet der Tastsinn sanften oder heftigen Druck, Kitzeln oder Schmerz. Lässt sie dagegen Spucke auf das trockene Papier laufen, behandelt es anschließend mit Fäusten und Fingern, hantiert mit Rasierschaum, Wasser oder Kleister, erhält ihr Gehirn ganz andere taktile Informationen. So lernt sie – im Austausch mit und durch die Rückmeldung von Maren –, mechanische Reize und Temperaturreize zu orten, zu unterscheiden und zu bewerten.

Was Winnie kann

Jede der eben geschilderten Einzelwahrnehmungen ist ein wichtiger Teil von Winnies Abenteuer in der Bewegungslandschaft. Aber: Jede für sich genügt als Einzel- Erfahrung nicht, um als dauerhafte, vollkommene und tiefgreifende Lernerfahrung im Langzeitgedächtnis gespeichert werden zu können. Dazu braucht es weitere grundlegende Sinneseindrücke, die dem Sehen, Ertasten, Hören, Riechen und Schmecken erst Sinn und Bedeutung geben.[61]

Gemeint sind die Gleichgewichtswahrnehmung[62] und die Muskelempfindungen[63]. Der Gleichgewichtssinn gibt Winnie Aufschluss über ihre Körperhaltung und Orientierung im Raum, über das Oben und Unten, über den Neigungswinkel, den ihr Körper jeweils einnimmt, über die Neigung ihres Kopfs beim Blick nach unten oder in die Richtung, aus der Marens Stimme kommt. Die Sinneszellen für den Gleichgewichtssinn liegen in der Nähe der Rezeptoren für das Richtungshören. So kann Winnie ihre Körperhaltung optimal auf Marens begleitende Bekräftigungen und das Ziel einstellen, das sie gerade anstrebt. Sie kann die notwendige Muskelspannung auf die Stellung ihres Körpers im Raum einstellen, genau die richtige Dosierung von Energie zum Handeln aufbringen und auf die selbst gewählten Herausforderungen mit steigendem Schwierigkeitsgrad angemessen reagieren.

Wie gesagt: Taktile, visuelle und auditive Reize, aber auch Geruchs- und Geschmackswahrnehmungen werden für Winnie erst vor dem Hintergrund einer Vielzahl unterschiedlicher Widerstandserfahrungen bedeutsam, die sie auf den verschiedenen Ebenen der Bewegungslandschaft machen kann.

Was auch immer Winnie in der Kita unternimmt, erforscht und ausprobiert: Bei jedem Lernvorgang entscheiden das reibungslose Ineinandergreifen ihrer Körpersinne mit den anderen Wahrnehmungsleistungen darüber, wie harmonisch, flexibel und geschickt sie ihre Handlungen auf das Erreichen ihres Ziels abstimmt.

Am Ende ihrer Klettertour hat Winnie ihre motorischen Fertigkeiten beträchtlich erweitert:

60 Griech.: haptikos = greifbar
61 Vgl. Bodenburg 2011, S. 68 ff.; Neuß et al., S. 205 ff.
62 Vestibuläre Sinneserfahrungen
63 Propriozeptive oder kinästhetische Sinneserfahrungen

- Sie ist vom Robben zum Erproben des Krabbelns gelangt, hat sich in alle Richtungen bewegt und mehrmals bewusst aufgerichtet. Am Ende konnte sie sogar auf den eigenen Füßen stehen – mit Seitenhalt.
- Sie hat viel über die räumlichen Beziehungen und Raumdimensionen auf den verschiedenen Ebenen der Bewegungslandschaft im Gruppenraum gelernt.
- Sie hat wieder einmal erlebt, dass Maren verlässlich da ist, auch wenn sie die Erzieherin aus verschiedenen Perspektiven oder vorübergehend nicht mehr sieht.[64]
- Sie hat intensive Erfahrungen mit einer bestimmten Sorte Papier gemacht. Wenn sie sich in Zukunft mit steifer, harter Pappe oder zartem Seidenpapier beschäftigt, wird sie die Unterschiede bereits erfahren haben.[65]
- Ihr Wissen über die Welt hat sich beträchtlich erweitert: Sie weiß jetzt, wie Sisal, Filzteppichboden und Zeitungspapier schmecken und welche Geräusche sich damit erzeugen lassen.
- Sie hat den Raum aus vielen unterschiedlichen Blickwinkeln gesehen und nebenbei ihren Bestand an sprachlichen Begriffen erweitert, die ihr fortlaufend von Maren mitgeteilt wurden. Sie kann jetzt mehr mit Wortpaaren wie unten-oben, höher-tiefer, weiter weg-näher dran, dahinter-davor anfangen. Winnie wird diese Vorstellungsinhalte von den Erwachsenen immer wieder sprachlich anders mitgeteilt bekommen, wenn sie sich im Alltag bewegt und in ihrem Gruppenraum mit einer Vielzahl unterschiedlich fester und flüssiger, harter und weicher Materialien hantiert.

Winnies Welt in der Kita

Bevor die Einrichtung eröffnet wurde, sorgten Maren und ihren Kolleginnen trotz des beschränkten Raumangebots für Bewegungsfreiräume und eine sinnesanregende Ausstattung. Zunächst planten sie die Bereiche, die den Kindern zur Verfügung stehen sollen:

- ein abgeteilter Raum für die Mahlzeiten mit niedrigen Schränken und Regalen für das Zubehör zum Tischdecken;
- ein Ruheraum in drei Ebenen, in dem jedes Kind seinen festen Schlafplatz hat. Die Jüngsten schlafen unten in großen Körben, im Nest oder im Hängekorb. Kinder, die schon krabbeln können, bewohnen mit ihren Matratzen und Kuscheltieren die mittlere Ebene. Die Ältesten ruhen sich ganz oben aus;
- ein behaglich gestalteter Bereich zum Gepflegt-Werden, in dem das intime Zusammensein von Kind und Bezugserzieherin nicht gestört wird und der gleichzeitig die Sicht in den Gruppenraum zulässt, wenn eine Erzieherin kurzfristig allein arbeiten muss;
- ein Nassbereich zum Waschen, Pflegen, Plantschen und Experimentieren mit Wasser und feuchten Materialien;
- eine Kindergarderobe mit Eigentumsfächern, die mit den Fotos der Kinder gekennzeichnet sind;
- großräumige Flächen für bewegungs- und lärmintensive Aktivitäten in einem Bewegungsraum mit Sprossenwand, vielen Schaukeln und einer Sammlung von Hengstenberg-Materialien;
- ein Bereich mit Werkstattcharakter für den Umgang mit Materialien wie Holz und Maschendraht, mit Hammer, Schrauben und dicken Nägeln;
- das Atelier für Erfahrungen mit nassen und trockenen Farben, Papieren, Textilien und formbaren Materialien wie Ton, Sägemehlteich und Papiermaschee.

Heute gibt es sowohl Freiflächen, die zum Rennen, zum Bewegen, Überqueren und zu Bewegungsspielen im Raum auffordern, zum Beispiel beim Musikmachen, aber auch Nischen, Unterschlupfe und Verstecke als Rückzugsmöglichkeiten zum Ausruhen, Bilderbuchbetrachten, für Fingerspiele, für das Zu-zweit- und für das Alleinspiel. Jeder Winkel ist bewusst gestaltet.

Weil auch Svenja, sechs Monate alt, und der zweijährige Daniel, ein Kind mit verzögerter motorischer Entwicklung, zur Gruppe gehören, gibt es Liegeflächen, die von drei Seiten begrenzt sind, damit sie Geborgenheit und Sicherheit vermitteln. Sie bestehen aus einer elastisch-festen Unterlage mit waschbarem Bezug und sind mit Lammfellen belegt, die die Temperatur regeln. Svenja und Daniel liegen am liebsten auf der Matte und beobachten das Geschehen von dort aus. Sie haben Ausblick zur Seite wie nach oben und sind gleichzeitig vor Überforderung und Überrollen geschützt. Ihrem Bedürfnis nach rhythmischem Geschaukeltwerden entsprechen zwei

---

64   Objektkonstanz
65   Kategorienbildung

Hängematten, ein Hängekorb, in dem Svenja schläft, eine Wiege und für Daniel ein zur Seite gelegtes Bettchen – Kuschelhöhlen, Nischen und Nester zum Rückzug, die gleichzeitig Kontakt ermöglichen.

Für Kinder, die robben oder krabbeln, gibt es Bewegungsanreger auf dem Boden und auf der Bewegungslandschaft: Schon bei der Planung des Raums sorgte man dafür, dass unterschiedliche Oberflächenstrukturen den Kindern beim Krabbeln und Robben möglichst viele verschiedene Tastqualitäten bieten. Hier einige Beispiele:

- glatt und kühl: Linoleum;
- rau und kühl: Filzteppichboden;
- struppig und rauhaarig: Sisalmatte;
- glatt und warm: Spannteppich, oben Kunststoff, darunter Schaumgummipolsterung;
- hart und warm: Holzdielen;
- weich und warm: Baumwollflokati;
- rau, weich und warm: Schlaufenteppichboden;
- holperige Flächen: Kiesel in Mörtelfläche, Fläche aus Korbgeflecht in der Bewegungslandschaft, Gummibelag mit Noppen, Dellen im Podest, schräge Ebenen mit aufgeschraubten Querleisten.

Außerdem finden die Kinder auf den niedrigen Podesten der unteren Ebene eine Mulde mit Kissen, eine Mulde mit Deckel, in der Kastanien aufbewahrt werden, und auf dem Fußboden Hindernisse zum Drumherumkrabbeln: Balken- und Baumstammabschnitte, eine selbst genähte Riesenschlange und ein Schiffstau mit fast 10 Zentimetern Durchmesser.

Das Bild links zeigt einen Teil der Bewegungslandschaft in Winnies Gruppenraum. Die Teilungsprinzipien sind: Höhendifferenz, Vernischung, Verbindung, Transparenz. Die einzelnen Bereiche sind für die Kinder klar erkennbar, weil sie sich nach spezifischen Merkmalen unterscheiden, zum Beispiel: die Nische für die Kuscheltiere, die Fläche für die Kugelbahn, die Bilderbuchhöhle. Winnie weiß immer, was wo zu finden ist, weil alles übersichtlich strukturiert und gestaltet ist. Was es zu entdecken gibt, ist auf Eigenaktivität ausgerichtet und mit sensorisch anregenden Materialien ausgestattet. Fünf Ebenen in unterschiedlichen Höhen mit steigendem Schwierigkeitsgrad des Erreichens ermöglichen es Kindern von sechs Monaten bis zu drei Jahren, sich – entsprechend ihren entwicklungsbedingten Bewegungsbedürfnissen – an den eigenen Grenzen zu erproben und dabei gefahrlos Risiken einzugehen. Sie sind eine beständige Einladung, die Welt zu explorieren und damit etwas anzufangen.

»Durch Einziehen von Emporen, Spielflächen, Balkons, Zwischen- und Hochebenen, Auf- und Abgängen, Rutschen und Verbindungsstegen, Brücken, Tunneln und mit Hilfe nachträglich eingebauter Podeste, durch Stufenlandschaften, schiefe Ebenen und Sitzmulden erhalten wir geeignete Differenzierungsmöglichkeiten zum Alleinspiel oder für Kleingruppen«, berichtet Maren (Bild rechts oben).

Zusätzlich installierte Spielwände mit Löchern zum Durchgucken und Durchschlüpfen (Bild S. 59 rechts unten), an deren Rückwand Activity-Wände, Spiegel und Maltafeln angebracht werden können, fest montierte Regale, Rollos, Perlenvorhänge, Stoffbahnen, Theken, Puppentheater und Pflanzgitter zum Abteilen sind weitere Raumteiler.

Das Außengelände in Winnies Kita (Bild oben) ist nach den gleichen Prinzipien aufgebaut wie die Innenräume: Es gibt unterschiedliche Höhen, freie Flächen für weiträumiges Spielen, aber auch Verstecke, Tunnel und Höhlen. Hier können die Kinder bei jedem Wetter Erfahrungen mit dem Wandel der Jahreszeiten, mit dem Säen und Pflanzen von Sträuchern, Blumen und Kräutern machen. Sie beobachten Tiere in der Trockenmauer und das Wachstum der Bohnen auf dem Hügelbeet, sie klettern auf dem Knick und drücken sich hinter der Buschgruppe oder der Hecke am Haus entlang, am liebsten dort, wo der Abgang in den Keller durch ein Gitter begrenzt ist. In unterschiedlichen Zonen finden die Kinder – entsprechend ihren entwicklungsgemäßen Bedürfnissen – Möglichkeiten zum Schaukeln, Balancieren, Drehen, Klettern,

Hüpfen, Springen, Kriechen, Laufen, Rennen und zum Spielen in größeren Kindergemeinschaften.

Der wunderbar große, vor Sonne und Regen geschützte Wasserspielplatz (Bild unten links) bietet nicht nur alle Erfahrungsmöglichkeiten mit Sand, Wasser und Matsch auf großen Flächen. Die Kinder können auch Erfahrungen mit den Fließeigenschaften und Gebrauchsmöglichkeiten von Wasser machen – in der Wasserrinne, mit der Pumpe, mit vielerlei Gefäßen und anderen Hohlkörpern. Bei großer Kälte und Regen verlegen sie diese Aktionen nach drinnen.

»In unserem Waschraum (Bild unten rechts) ist genügend Platz für sechs Kinder. Wir haben die traditionellen Waschbecken abbauen und stattdessen eine Waschrinne einbauen lassen. Statt der aufwändigen Kinderbadewanne und einer Dusche haben wir ein Kachelbecken bekommen. Wir gehen davon aus, dass die Erfahrungen mit Wasser und nassen, glitschigen Materialien zu den wichtigsten und beliebtesten gehören«, sagt Maren.

Nagelneu und noch nicht vollständig ausgestattet: der Nassraum im Waschraum. Das Wasser und seine

Eigenschaften ziehen Kinder wie ein Magnet an, denn es gibt viel zu erfahren und zu lernen. Außerdem hat Wasser eine beruhigende therapeutische Nachwirkung.

Ohne Einschränkungen, nur mit der Windel bekleidet, experimentieren die Kinder im Waschraum mit dem ganzen Körper. Vorsichtsmaßregeln wie »Gieß dir das Wasser nicht auf den Pullover!« sind überflüssig, weil der Raum eine Temperatur von 24 Grad hat. Hohlkörper schwimmen zu lassen, Wasser aus- und umzufüllen – am liebsten in Gefäße mit Maßeinteilung – gehören zu den bevorzugten Aktionen der Kinder. Maren hat ein Sortiment an Gefäßen und Schläuchen, Trichtern und Sieben, Gießkannen, Messbechern und Schüsselsätzen bereitgestellt, das künftig im Regal über dem gefliesten Becken seinen Platz haben wird. Dort finden sich auch aufblasbare Spielsachen und ganze Sätze von ineinander zu steckenden oder stapelbaren Schüsseln, Bechern, Würfeln, Trichtern und Töpfen. Neben dem klassischen Buddelspielzeug – Schaufeln, Wasserrad und Förmchen – gibt es ein faszinierendes Sortiment unterschiedlich durchlässiger Siebe, einen Kasten, der mit Deckeln aller Größen gefüllt ist, Gießkannen und transparente Flaschen zum Spritzen.[66]

Was finden Winnie und die anderen Kinder in den unterschiedlichen Bereichen ihrer Kita? In jedem Raum gibt es spezielle Dinge zum Untersuchen und Kombinieren: fest und flüssig, hart und weich, riesengroß wie die Waschmaschinenkartons und winzig wie Erbsen und kleine Glasperlen. Neben traditionellen Spielwaren wie Kuscheltieren, Teddys, Puppen, Baumaterialien und Autos bestimmen Alltagsmaterialien und Gebrauchsgegenstände das Angebot. Dazu sagt Affolter: »Umwelt ist noch nicht Wirklichkeit. Damit die Umwelt zur Wirklichkeit wird, muss ich mich mit Ursachen und Wirkungen auseinandersetzen. Wie wirkt die Umwelt auf mich, wie wirke ich auf die Umwelt? Wie wirken die Teile der Umwelt aufeinander, seien es Dinge oder Personen? Erst das Wissen über solches Wirken innerhalb meiner Umwelt einerseits und zwischen der Umwelt und mir andererseits lässt mir die Umwelt zur Wirklichkeit werden.«[67]

Maren und ihre Kolleginnen verbrachten viele Stunden damit, das Materialangebot sorgfältig zu planen und auszuwählen. »Kinder wollen groß sein wie Erwachsene. Sie wollen sich nicht mit Kinderspielzeug abspeisen lassen. Alles, was nach Babyzeug aussieht, besonders das grellbunte Plastikspielzeug, wird ihnen schnell langweilig. »Unsere Kinder wollen das, was die Erwachsenen haben. Aus dem Haushalt, aus dem Baumarkt, aus der Drogerie und das, was wir aus der Natur mitbringen. Wenn ich alles zusammenzähle, was wir in den letzten beiden Jahren bei den Eltern gesammelt und zusätzlich angeschafft haben, komme ich bestimmt auf mehr als 300 verschiedene Gegenstände«, erklärt Maren. »Unsere Kunst besteht darin, den Kindern dieses Angebot zu machen, aber sie nicht in Reizvielfalt ertrinken zu lassen. Deshalb gibt es für jedes Material einen Kasten mit Sichtstreifen. Weil die Wände von oben bis unten mit Regalen ausgestattet sind, können wir den Kindern diese Vielfalt anbieten, ohne sie zu verwirren. Es ist uns wichtig, dass sie durch das Sehen einen Anreiz zum Handeln bekommen.«

Torsten Lübke, der Leiter der Kita Tornquiststraße in Hamburg, fasst das so zusammen: »Was nicht sichtbar ist, ist nicht da.« Es kann den Forschungsdrang der Kinder nicht herausfordern.

Dass sich durch Eigenaktivität fast jedes Ding in Bewegung setzen lässt, dass manche Dinge dem Druck standhalten, dass sich die Beziehung der Dinge zum eigenen Selbst durch Loslassen und Wegwerfen verändert, all das leitet die Kinder zu neuen, grundlegenden Erkenntnissen über Beschaffenheit, Dichte und Konsistenz von Flüssigkeiten und Massen, über Zustände des Getrennt- und Zusammenseins, über Mengen, Längen und Gewichte.

Durch ständiges Wiederholen erwirbt Winnie Wissen über die Regelhaftigkeit von Ereignissen und Sachverhalten, von Ursache und Wirkung. Die Vielfalt des Angebots gestattet ihr, ihre Erkenntnisse laufend zu überprüfen und zu erweitern.

Beispielsweise ermöglicht das reichhaltige Angebot an Farben, formbaren Materialien und Werkzeugen den Kindern, die Beschaffenheit und Brauchbarkeit von Gestaltungsmaterialien zu testen. Erste Töne und Klänge lassen sich in großer Variationsbreite mit Gebrauchsmaterialien erzeugen und erfahren. Ersten Erfahrungen mit Printmedien lassen sich beim Zerreißen, Zerknittern und Umblättern von Bilderbüchern sammeln. Erst dann wächst die Einsicht: Hier sind Dinge abgebildet, die ich in der Realität erlebt habe.

66   Vgl. Bodenburg 2011, S. 179 ff.
67   Affolter 1991, S. 18

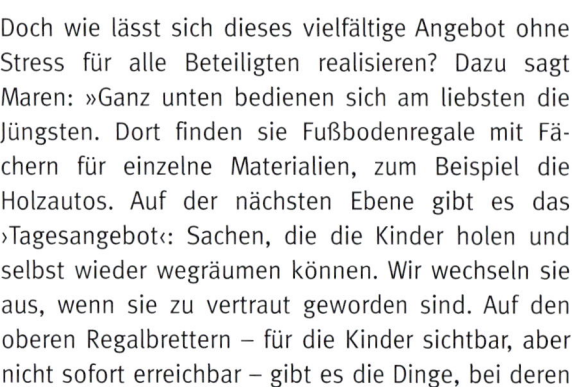

Doch wie lässt sich dieses vielfältige Angebot ohne Stress für alle Beteiligten realisieren? Dazu sagt Maren: »Ganz unten bedienen sich am liebsten die Jüngsten. Dort finden sie Fußbodenregale mit Fächern für einzelne Materialien, zum Beispiel die Holzautos. Auf der nächsten Ebene gibt es das ›Tagesangebot‹: Sachen, die die Kinder holen und selbst wieder wegräumen können. Wir wechseln sie aus, wenn sie zu vertraut geworden sind. Auf den oberen Regalbrettern – für die Kinder sichtbar, aber nicht sofort erreichbar – gibt es die Dinge, bei deren Benutzung sie Begleitung brauchen, zum Beispiel flüssige Farben, Kleister, Kleinmaterialien. Und ganz oben, aber noch sichtbar, sind Dinge untergebracht, die selten gebraucht werden. So haben die Kinder alles im Blick und überfordern weder sich selbst noch uns. Wollen sie mit einem Ding auf den oberen Regalen etwas machen, sagen sie uns das. Haben wir genug Zeit zur Begleitung, bekommen sie es. Wenn nicht, sagen wir, wann wir Zeit haben. Und das halten wir auch ein.«

Jedes Kind setzt sich auf seine individuelle Herangehensweise mit dem Materialangebot auseinander. Die Beschleunigungsgrade und die Variationsbreite der Inhalte und Ausführungen sind sehr unterschiedlich. Besonderheiten in der Auswahl sind nicht nur den unterschiedlichen Entwicklungsniveaus der Kinder geschuldet – und haben in der U3-Gruppe eine so große Spannweite wie in keinem anderen Bereich der Kita –, sondern werden im individuellen Spielverhalten, im Zeitpunkt des ersten Krabbeln- und Laufenwollens, in der Intensität des Kletterns und Balancierens ebenso bemerkbar wie beim Sprechenlernen oder der Entwicklung von Geschicklichkeit und Ausdauer. Jedes Kind entfaltet sich anders und »richtig«, denn seine Entwicklung ist ein individuelles, kontinuierliches Voranschreiten, bei dem sich eine Fähigkeit und Erkenntnis aus der anderen ergibt. Selbst bei intensivstem Einwirken wird kein Kind einen wichtigen Entwicklungsschritt tun, bevor nicht sein Nervensystem signalisiert, dass es emotional, geistig und körperlich dazu bereit ist. Nichts muss nach einem festen Fahrplan beigebracht, erzwungen oder »anerzogen« werden.

Funktionsorientierte Förderpläne erübrigen sich, wenn wir davon ausgehen, dass jedes Kind weiß, was es braucht, um die nächste Zone seiner Entwicklung zu erreichen. Die entsprechenden Entwicklungsreize organisiert es sich selbst – vorausgesetzt, die Palette an Möglichkeiten ist groß genug. Dazu gehören Herausforderungen, Widerstände, Freiräume und Zeit, um Erfahrungen zu Ende machen zu können.

Das Gehirn jedes Kindes ist bei jeder neuen Erfahrung bestrebt, sich über alle Sinneskanäle gleichzeitig möglichst viele Informationseinheiten zu verschaffen, sie – miteinander verbunden – als vieldimensionales Erleben in eine umfassende Erfahrung zu verwandeln und abzuspeichern. Auf vielen Sinneskanälen gleichzeitig ist das Kind auf Input angewiesen. Erst die Vernetzung aller Areale des Gehirns während einer neuen Erfahrung ergibt eine vollständige Lernerfahrung, die im Langzeitgedächtnis verankert wird.

Lernen vollzieht sich nur mit vielerlei verschiedenen Einsichten in ein und dieselbe Sache. So – und nur so – können neue Verknüpfungen fundiertes, nachhaltiges Lernen ermöglichen.

Literatur

Bachmann, R.: Ökologische Außengestaltung in Kindergärten. Praktisches Handbuch für Neubau und Umgestaltung. Juventa, Weinheim/München 1994

Beek, A./ Buck, M./Rufenach, A.: Kinderräume bilden. Ein Ideenbuch für Raumgestaltung in Kitas. 2. Auflage, Cornelsen Scriptor, Berlin 2007

Beswick, Cl./Featherstone, S./Hardy, M.: Bildung von Anfang an – Kinder unter 3. Starke Kinder. Bildungsverlag EINS, Köln 2007

Bodenburg, I./Kollmann, I.: Frühpädagogik. Arbeiten mit Kindern von 0 bis 3 Jahren. 2. Aufl. Bildungsverlag EINS, Köln 2011

Bodenburg, I./Kollmann, I.: Frühpädagogik. Arbeiten mit Kindern von 0 bis 3 Jahren. Arbeitsheft. Bildungsverlag EINS, Köln 2010

Bodenburg, I./Stoltenberg, U.: Erfahrung durch Bewegung. FIPP, Berlin 1993

Hüther, G.: Bedienungsanleitung für ein menschliches Gehirn. Vandenhoeck & Ruprecht, Göttingen 2006

Pauen, S.: Was Babys denken. Eine Geschichte des ersten Lebensjahres. Beck, München 2006

Pikler, E.: Lasst mir Zeit. Die selbständige Bewegungsentwicklung des Kindes bis zum freien Gehen. Pflaum Verlag, München 1988

Schneider, K.: Krippenbilder. Gruppen-Erfahrungs-Spielräume für Kleinkinder. Fortbildungsinstitut für die pädagogische Praxis, Berlin 1989

Schneider, K.: Von der Anstalt zum Bezugsraum. Wie vor 35 Jahren die Pädagogik Einzug in den Krippen-Raum hielt. In: KiTa spezial 4/2008, S. 25-33

Siegler, R./DeLoache, J./Eisenberg, N.: Entwicklungspsychologie im Kindes- und Jugendalter. Spektrum Akademischer Verlag Elsevier, München 2005

Simonis, Ch.: Mut zur Wildnis. Naturnahe Gestaltung von Außenflächen an Kindergärten, von öffentlichen Spielflächen und Schulhöfen. Luchterhand, Neuwied/Berlin 2001

Sommer, B.: Kinder mit erhobenem Kopf. Kindergärten und Kinderkrippen in Reggio Emilia. Luchterhand, Neuwied/Berlin 1999

Tardos, A./Szántó, A.: Sich frei bewegen. Video mit Textheft. Pikler Gesellschaft, Budapest 1996

Winner, A.: Kleinkinder ergreifen das Wort. Sprachförderung mit Kindern von 0 bis 4 Jahren. Cornelsen Scriptor, Berlin/Düsseldorf/Mannheim 2007

Zimmer, R.: Handbuch der Sinneswahrnehmung. Grundlagen einer ganzheitlichen Erziehung. Herder, Freiburg/Basel/Wien 2005

Bedingungen für gelingende Bildungsprozesse am Beispiel der Licht- und Farbgestaltung

Matthias Buck

In der biblischen Schöpfungsgeschichte ist Licht das erste Werk Gottes. Das Wort »Licht« als Synonym für Intelligenz und Redewendungen wie »Licht ins Dunkle bringen«, »Sachverhalte beleuchten« oder »Lichtblicke haben« deuten an, welch enorme Bedeutung das Licht im Leben des Menschen hat.

Ähnlich verhält es sich mit Farbe. Redensarten wie »sich schwarz ärgern«, »Rot sehen«, dem »grauen Alltag entfliehen« oder »noch grün hinter den Ohren sein« belegen die Symbolträchtigkeit und Wirkung der Farben. Wörter wie »düster« und »blass« verweisen darüber hinaus auf einen Zusammenhang zwischen Farbe und Licht.

Betrachtet man den Umgang mit Licht und Farbe in den meisten unserer Bildungseinrichtungen unter solchen Aspekten, möchte man vor Scham im Boden versinken. Selbst unter funktionalen Gesichtspunkten ist der Umgang mit den beiden Gestaltungswerkzeugen, bildhaft gesprochen, farblos und unterbelichtet.

Ist das wirklich so dramatisch? Ja, wenn man bedenkt, für wen wir diese Räume planen.

Bedeutung der Gestaltung

Kinder sind von Anfang an sinnliche und emotionale Wesen. Sie erschließen sich die Welt unaufhörlich und aus eigenem Antrieb. Stets sind sie mit ausgestreckten Fühlern auf der Suche nach Reizen, sind empfänglich für Anregungen und Resonanzen.

Aus den quantitativen und qualitativen Resonanzen entstehen Erfahrungen, die das Gehirn speichert, (ein)ordnet, sortiert und ergänzt. So schafft sich jeder Mensch sein Bild von der Welt. Doch letztlich ist es die Qualität der Sinneseindrücke, die die Bedeutung der Bildungsprozesse und den Erfolg der Selbstbildung maßgeblich mitbestimmt.

Die Wirkung von Licht und Farbe beeinflusst unseren Stoffwechsel, verändert unseren Herzschlag und den Hormonhaushalt, veranlasst Gehirntätigkeiten. Deshalb sollte am Beginn jeder beabsichtigten Wahrnehmungsförderung die intensive Auseinandersetzung mit der Licht- und Farbgestaltung von Lernumgebungen stehen.

Die Qualität von Sinneseindrücken besteht nicht nur in ihrer Intensität. Es geht nicht um das Anreihen von Phänomenen, also um die sinnliche Wahrnehmung von Ereignissen. Vielmehr ist der Bezug zur Handlung – das Sinnhaftsein – von Bedeutung.

Da Bildungsprozesse im Focus stehen, ist Wahrnehmen kein Konsum, sondern aktive Auseinandersetzung, Tätigsein. Mehr noch: Nach Gerd E. Schäfer handelt es sich beim Wahrnehmen bereits um einen Denkprozess. Das Gehirn strukturiert, was die Sinne wahrnehmen. Es entstehen Muster und differenzierte Qualitäten von Wahrnehmungen. Daraus folgt, dass nur das, was tatsächlich wahrgenommen wird, später auch gedacht werden kann.

Kontextbezogene Sinneswahrnehmungen erleichtern den Ausbau von Denkstrukturen. Also weg von der Tastwand, hin zum sinnreichen, sinnvollen Alltag. Nicht nach Effekten haschen, sondern Prozesse ermöglichen und sie in Szene setzen, denn: Durch die Leidenschaft lebt der Mensch, durch die Vernunft existiert er bloß.[69]

Ziele der Gestaltung

Erfahrungen und Denken finden nicht im luftleeren Raum ihren Ursprung. Von Nichts kommt nichts, sagt der Volksmund. Als unentrinnbare Lernumgebung sind das Material mit seinen Eigenschaften und der Raum mit seinen Beschaffenheiten, Strukturen und Qualitäten – zum Beispiel mit der Licht- und Farbgestaltung – unmittelbar an den Selbstbildungsprozessen beteiligt, sind also nicht davon zu trennen.

Das Gelingen von Lernprozessen hängt von ihren Rahmenbedingungen ab. Im Hamburger Raumgestaltungsmodell[70] sprechen wir davon, dass Räume wirken, und zwar immer. Man kann nicht nicht Raum gestalten![71]

Vornehmlich sind wir Erwachsene es, die Räume für Kinder gestalten und deren Umgebung vorbereiten. Wir haben die Wahl, ob wir die Bedingungen so ausbilden, dass sie die Prozesse unterstützen, die wir erwarten, oder ob wir Bedingungen schaffen, die diese Prozesse behindern, ihnen entgegenwirken, sie gar unterbinden.

Es gilt, den Raum zum Verbündeten zu machen, mindestens zum dritten Erzieher, wie in der Reggiopädagogik beschrieben. Durch gute und überlegte Gestaltung kann er zum zweiten oder sogar zum ersten Erzieher werden. Noch einmal: Bei der Licht- und Farbgestaltung geht es nicht um das »Verhübschen« der Räume, sondern um eine auf die Prozesse Bezug nehmende Qualitätsoptimierung.

Wege der Gestaltung

Bevor ich als Planer und Gestalter an die Umsetzung gehe, frage ich mich: Wozu und für wen? Welche Zielsetzung habe ich, was will ich mit der Maßnahme erreichen?

Folge ich diesem Weg, komme ich zu dem Schluss, dass unterschiedliche Bedarfe unterschiedlicher Lösungen bedürfen. Klar ist, dass eine Garderobe oder ein Flur eine andere Farbgestaltung benötigen als eine Bewegungshalle. Klar ist auch, dass ein Kinder-

69 Nicolas Chamfort
70 Das Hamburger Raumgestaltungsmodell basiert auf einem interdisziplinären Austausch zwischen Theorie und Praxis. Es wurde in den 1990er Jahren von Angelika von der Beek, Matthias Buck und Hamburger Kita-Mitarbeiterinnen gegründet und mit dem Buch »Kinderräume bilden« dokumentiert.
71 Siehe auch: Kinderräume bilden! Cornelsen Verlag Scriptor, Berlin 2006

restaurant anders gestaltet werden muss als ein Essenraum. Es geht also um die entscheidende Frage, was ich eigentlich will, was ich mit und in dem Raum oder Ort bezwecke.

Will ich Essenkultur vermitteln oder lediglich Nahrungsaufnahme ermöglichen? Spreche ich von einem Restaurant, muss ich auch ein Restaurant gestalten. Ich muss mit ansprechenden Pendelleuchten, Lichtinseln oder indirekter Lichtführung arbeiten, statt herkömmliche Deckenraster- oder Aufbauleuchten zu installieren, die jeden Raum in gleichförmiges, undifferenziertes Licht tauchen und lediglich das Reinigen des Fußbodens erleichtern. Ich muss dem Raum warme, freundliche und gemütliche Farbtöne geben, statt nichtssagende, unverbindliche und belanglose Farben zu wählen, die sich wohlmöglich noch durch alle anderen Räume ziehen. Schaue ich mir die Möblierung an, könnte ich schlussfolgern: In deutschen Bildungseinrichtungen herrscht Kantinenkultur – quasi als Vorbereitung auf das wirkliche Leben.

Je stärker man Bezug auf die zu erwartenden Prozesse nehmen kann, desto besser gelingen sie. Die Erfahrungen der letzten 20 Jahre lehrten mich: Je eindeutiger Räume gestaltet und vorbereitet sind, umso besser funktionieren sie. Beliebigkeit ist der Tod der Qualität.

Konsequenterweise ergibt sich daraus das Arbeiten – also das Spielen der Kinder – in Funktionsräumen, zum Beispiel in der Offenen Arbeit. Zum einen kann man ein wesentlich breiteres und differenzierteres Materialangebot bereitstellen und dadurch die notwendigen Gelegenheitsstrukturen schaffen. Zum anderen bieten solche Räume und Strukturen die Möglichkeit, Rahmenbedingungen so zu gestalten, dass sie Bildungsprozesse optimal unterstützen. In gleichem Maße nimmt gute Gestaltung auch Bezug

auf den Raum und seine Lage. Das heißt: Größe, Höhe, Proportionen, Form und Oberflächenbeschaffenheiten – sprich: die Architektur des Raums – fließen in die Entscheidung über die Gestaltung ein. Schon allein dieser Sachverhalt macht deutlich, dass es nicht die Raumgestaltung für Kinderräume gibt. Selbst bei gleichen Voraussetzungen findet sich immer mehr als nur eine gute Lösung.

Es bietet sich an, Erkenntnisse aus der Farbpsychologie in die Überlegungen zu Raumgestaltungskonzepten einzubeziehen. Beispielsweise führen unterschiedliche Farbeindrücke zu unterschiedlichen Empfindungen und Verhaltensweisen. Ein ziegelrot gestrichener Raum wirkt wärmer als ein mit weißer Farbe versehener, obwohl kein messbarer Unterschied besteht.

Ich halte es für sinnvoll, die Farbwahl auch in Räumen für Kinder in einen assoziativen Kontext zu stellen. Schließlich ist unser Zusammenleben reich an Konventionen. Natürlich arbeiten wir schon bei jungen Kindern mit Signalfarben, beispielsweise den drei Ampelfarben, obwohl sie diese Farben noch nicht verinnerlicht haben.

Harmonische Gestaltung

Schon in Goethes Farbenlehre geht es um Harmonie. Viele andere bedeutende Künstler und Forscher haben sich seitdem mit der Ästhetik der Farben beschäftigt. So beschreibt Harald Küppers eine harmonische Farbkomposition als »das visuelle Erscheinungsbild, welches uns ästhetisch berührt«. Dennoch ist solch eine Komposition nicht zwangsläufig schön. Erst der sinnvolle Bezug zum Kontext ist das Salz in der Suppe. Das heißt: Eine harmonische Farb-

komposition sollte sich auf die Inhalte des Raums beziehen.

Stellen wir uns ein knusprig braun gebratenes Hähnchen einmal in Grün mit rosa Pünktchen vor. Das mag vielleicht lustig klingen, aber sinnvoll ist es nicht, denn die Farbwirkung ist nicht nur von der Farbwahl abhängig. Farbassoziationen, die Verteilung der Farbe auf die Flächen und das Formendesign spielen eine wichtige Rolle. Harmonisch wirkt Farbgestaltung in diesem Sinne erst dann, wenn sie zu den Kontexten passt.

Gestalten im Bestand

In bereits bestehenden Gebäuden gibt es naturgemäß weniger Spielräume für die Gestaltung. Diverse Grundpfeiler sind bereits gesetzt. Durchgängig abgehängte Rasterdecken oder zu wenige Schaltkreise erschweren den Entwurf eines differenzierten Beleuchtungskonzepts. Doch die meisten Schallschutzdecken ermöglichen, die Stromkabel zwischen Rohdecke und Schallschutzdecke frei zu verziehen. Dadurch lässt sich der Befestigungspunkt einer Aufbau- oder Pendelleuchte relativ frei bestimmen. Bei abgehängten Rasterleuchten ersetzt man die leichten und weichen Schallschutzplatten durch weiß gestrichene Platten aus Holzwerkstoff, um für ausreichende Befestigungsmöglichkeiten zu sorgen.

Fußböden und Türen geben bereits eine Richtung vor. Die Farbgestaltung der restlichen Flächen – Wände, Möbel, Podeste und Vorhänge – sollte ein harmonisches Ganzes ergeben, denn zu starke Kontraste lassen einen Raum unruhig wirken.

Vermeidbare Gestaltung

Natürlich kann man über Gestaltungsvarianten unterschiedlicher Meinung sein. Die meisten Diskussionen beziehen sich allerdings auf Einzelfälle, die man an den konkreten Raumsituationen messen muss. Ein paar wenige klassische Irrtümer gibt es meines Erachtens dennoch:

• Die Vorliebe mancher Architekten für blaue Fußböden missachtet den Tatbestand, dass es sich bei den Räumen um Lebensumgebungen der Kinder handelt. Die leere Architektur wirkt durch blaue Böden zwar klar und offen, von Erwachsenen wird sie häufig als ästhetisch empfunden. Tendenziell entstehen aber kalte Farbtöne, die den Bedürfnissen nach Geborgenheit und Begrenzungen entgegenstehen. Die Farbe Blau gilt als still und entspannend, jedoch nicht im Sinne von ruhig und erholsam. Das Unterbewusstsein assoziiert mit blauen Flächen am Boden Wasser oder Eis, also Zustände, die Unsicherheit hervorrufen können. Auf einem blauen Fußboden bewegt man sich anders als auf einem lehm- oder terrakottafarbenen.

• Mit durchgehend weißen Wänden in allen Räumen kann man vielleicht am wenigsten verkehrt machen, aber auch nicht viel richtig. Die Chance zur Unterstützung der Bildungsprozesse durch Farbgebung wird nämlich vertan. Räume müssen nicht weiß sein, um offene Prozesse zu gewährleisten. In Gelb oder Orange – Farben, die als appetitanregend gelten – gestrichene Essräume erzeugen keine dicken Kinder. Durch angepasste und interessante Licht- und Farbgestaltung lässt sich ein individuelles, einzigartiges Erscheinungsbild und Profil der Einrichtung erzielen.

• Farbkonzepte, die im Wesentlichen mit den Primär- oder Grundfarben arbeiten, greifen zu kurz. Welchen Vorteil hat es, sich im Alltag meist in einer Blauen oder Roten Gruppe aufzuhalten? Soll die Farbe das Profil bestimmen oder einen Inhalt profilieren? Ein Gefühl für Farben entsteht durch den Einsatz und die Konfrontation mit nuancierten Farbgebungen. Obwohl Produktdesigner namhafter Hersteller aus der deutschen Bildungsindustrie die Folgerichtigkeit differenzierter Farbgebung für die Bildungsprozesse der Kinder und die Eigenschaften der Produkte bestätigen, wählen sie vorrangig Primärfarben für die Gestaltung, da die Produkte sich so besser verkaufen. Es kaufen aber die Erwachsenen, für die Kind = einfach zu gelten scheint. Diese Konditionierung und das Bild vom Kind als unfertiges Wesen sitzen noch tief.

- Zu grelle, aktive oder gar laute Farben sollte man an ständigen Aufenthaltsorten vermeiden. Licht und Farbe stehen in unmittelbarem Zusammenhang mit den akustischen Qualitäten eines Raums.
- Fensterrahmen brauchen kein Eigenleben, das ihnen raffinierte Farbkonzepte verschaffen. Sie sollen in erster Linie den Helligkeitsverlauf von außen nach innen unterstützen und keinen unnötigen, das Auge anstrengenden Kontrast setzen. Ursprünglich wurden Fenster als Augen oder Windaugen des Hauses bezeichnet. Sie brauchen keine Schminke. Bestenfalls behalten sie ihren Bezug zum Fertigungsmaterial, sind also aus Naturholz oder Aluminium.
- Blendende Lichtquellen: Blendpunkte im Gesichtsfeld der agierenden Kinder sind in jedem Fall zu vermeiden.
- Als Affront gegen die Menschlichkeit empfinde ich die Uniformität der Lichtgestaltung in den Bildungshäusern, die einen Anstaltscharakter erzeugt. Ich bin geneigt, bei derartigen Verhältnissen im Zusammenhang mit Kindern nicht von Bewohnern oder Besuchern, sondern von Insassen zu sprechen. Oft geht es in Diskussionen nur noch darum, Verordnungen zu erfüllen. Heraus kommt schließlich eine Art Putzfrauenbeleuchtung. Damit will ich den Berufsstand nicht verunglimpfen, sondern deutlich machen, für wen Richtlinien anscheinend erlassen werden. 300 Lux, die am Boden gemessen werden müssen, haben wenig mit den pädagogischen Belangen oder den sinnlichen Bedürfnissen der Kinder zu tun. Unser Auge ist kein Mess- sondern ein Wahrnehmungsorgan! Wir benötigen für das jeweilige Handeln die adäquate Lichtstärke und vor allem die entsprechende Qualität. Wie gesagt: Räume wirken!

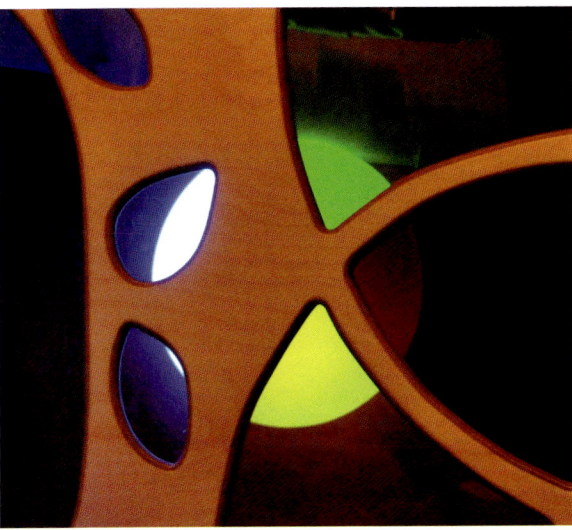

Grundsätze der Gestaltung
Licht

Gutes Licht in Bildungseinrichtungen trägt maßgeblich zu einer motivierenden Atmosphäre bei und fördert die visuelle Aufnahmefähigkeit. Optimal ausgeleuchtete Räume und Spielsituationen sorgen für physisches und psychisches Wohlbefinden – Interesse, Aufmerksamkeit und Konzentration können länger aufgebracht werden.

Um unterschiedlichen Situationen in ein und demselben Raum Rechnung tragen zu können, braucht man mehrere Stromkreise. Entweder fügt man einer durchgehenden Grundbeleuchtung einzelne, gezielt wirksame Beleuchtungsmöglichkeiten hinzu, oder man hat eine Anzahl von partiell ausgerichteten Lichtquellen mit eigenen Stromkreisen. In beiden Fällen ergibt die Summe aller Lichtquellen mindestens die vorgeschriebene und notwendige Lichtstärke.

Der Einsatz von Dimmern bietet Flexibilität, erfordert aber bestimmte technische Voraussetzungen der Leuchte oder der Installation. Alternativ oder ergänzend wirkt der Einsatz von am Boden stehenden Lampen, Wand- oder Deckenlampen, die über Anschlusskabel mit integriertem Schalter verfügen. Sie brauchen lediglich eine Steckdose, aber man muss darauf achten, dass weder das Lampengehäuse noch das erreichbare Leuchtmittel zu heiß wird. Die (leichte) Verbrennungsgefahr bei Berührung könnte man meiner Einschätzung nach allenfalls hinnehmen, doch eine ernst zu nehmende Brandgefahr besteht bei unüberlegten Kontakten mit entflammbarer Dekoration, zum Beispiel mit übergehängten Tüchern. Mancherorts sind auch freiliegende Kabel untersagt, die Kinder verführen könnten, sie mit der

nächsten greifbaren Schere zu zerschneiden oder sich zu strangulieren – womöglich gar gegenseitig.

Grundsätzlich unterscheidet man zwischen direktem und indirektem Licht. Indirektes Licht entsteht durch an Flächen oder Gegenständen reflektiertes Licht. Als Beispiel sei der Deckenfluter genannt. Durch die gute Streuung wirft indirektes Licht kaum Schatten. Es wird als angenehm empfunden und eignet sich als schattenfreies Arbeitslicht oder als Grundbeleuchtung.

Direktes Licht entsteht auf direktem Wege. Ein Punktstrahler beleuchtet den Gegenstand unmittelbar, auf den er gerichtet ist. Eine abgependelte Lampe über dem Tisch beleuchtet die Tischfläche. Hier entsteht schattenbildendes Licht.

Die Dimensionierung der Beleuchtungsanlagen richtet sich nach der Raumnutzung und den damit verbundenen Sehaufgaben.

Tageslicht ist in seiner Qualität durch nichts zu ersetzen. Die Lichtstärke liegt am Tage zwischen winterlichen 10.000 und sommerlichen 100.000 Lux. Im Kunstlichtbereich bewegen wir uns mehr oder weniger zwischen 200 und 500 Lux, also Welten vom Tageslicht entfernt.

Dasselbe gilt bei der Lichtfarbe. Auch hier setzt das Tageslicht die Maßstäbe. Schließlich orientieren wir uns beim Wahrnehmen an diesen natürlichen Gegebenheiten und vergleichen mit unseren Erfahrungen.

Das Tageslicht enthält das gesamte Farbspektrum relativ ausgewogen. Künstliches Licht hingegen vernachlässigt jeweils bestimmte Lichtfarben, tendiert meist zum roten oder zum blauen Bereich. Die Farbwiedergabe ist damit eingeschränkt und für viele Belange unzureichend.

Bestimmt wird die Lichtfarbe durch das Leuchtmittel oder durch den Diffuser, also die gezielte Abschirmung des Leuchtmittels durch Bauteile der Lampe. Licht aus dem roten Bereich des Spektrums – zum Beispiel die Glühlampe – wird als warm und gemütlich empfunden. Assoziationen mit der untergehenden Sonne liegen nahe. Aber es ermüdet leicht. Licht aus dem blauen Bereich wirkt kühl und unbehaglich. Wir kennen es von den alten Leuchtstofflampen.

Immer mehr Leuchtmittel mit einem dem Tageslicht ähnlichen Spektrum kommen auf den Markt. Mit ihnen versucht man, das breite Spektrum der Lichtfarben zu berücksichtigen. Sie erzeugen eine bessere Farbwiedergabe, werden tendenziell zwar als kühl empfunden, wirken aber aktivierend und unterstützen die Aufnahmefähigkeit. Für eine allgemeingültige Grundausleuchtung werden daher Leuchtmittel mit der Kennzeichnung »warmweiß« empfohlen, die einen brauchbaren Kompromiss darstellen.

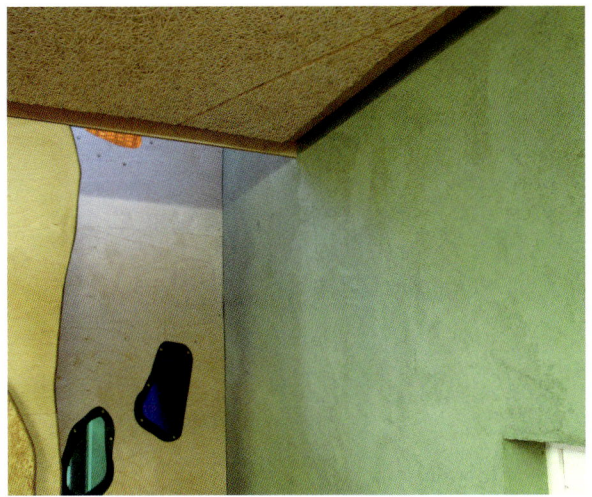

Farbe

Per Definition ist Farbe eine individuelle visuelle Wahrnehmung, die durch Licht hervorgerufen wird, das in dem für das menschliche Auge sichtbaren Bereich liegt. Farbwirkung und -wahrnehmung sind also stark mit der Lichtqualität verbunden.

Schon Kinder nutzen den Farbeindruck, der entsteht, um die Dinge voneinander zu unterscheiden. Exakte und differenzierte Farbwirkungen erleichtern es ihnen, Erlebtes in ihre Welterklärungen einzuordnen. Noch vor der Benennung durch Worte entsteht eine Empfindung dieser Qualität des visuellen Eindrucks. So hat der Schnee die Farbe Weiß, Gras die Farbe Grün, Bananen haben die Farbe Gelb und Apfelsinen die Farbe Orange.

Gerade für junge Kinder sind Farben regelrechte Erlebnisqualitäten. Mit ihrem Einsatz sollte man achtsam, aber nicht unbedingt sparsam umgehen.

Durch Erfahrung ergeben sich Beziehungen zu den Farben. Schnell bilden sich Kategorien wie beispielsweise warme und kalte Farben. Die warmen Farben der Erde vermitteln Sicherheit, Verlässlichkeit und Geborgenheit. Die kalten Farben des Wassers assoziieren Weite und Unsicherheit, sie wirken abweisend. In Goethes Farbkreis liegen warme und kalte Farben einander gegenüber.

Ich habe die Erfahrung gemacht, dass sich Erwachsene manchmal nach kalten Farben sehnen, weil sie damit eine gewisse Erneuerung verbinden. Man kann das Althergebrachte nicht mehr sehen und wünscht sich eine erfrischende Veränderung. Doch bald zeigt die mit Farben erzeugte Frische ihr wahres Gesicht und lässt eine angenehme, gastfreundliche Atmosphäre vermissen.

Bei der Farbbestimmung sollten alle maßgeblichen Wandflächen, Böden, Türen und Möbel gemeinsam betrachtet werden, denn die Nebenfarben bestimmen die Wirkungen der Hauptfarben. Es ist also nicht sinnvoll, die Wandfarbe unabhängig von der Farbgebung des Bodens bestimmen zu wollen. Anders gesagt: Sind ungünstige Farbgebungen vorhanden, beispielsweise auf dem Fußboden, lassen sie sich eventuell positiv beeinflussen.

Möglichkeiten der Gestaltung

Gute Licht- und Farbkonzepte beziehen sich immer auf den konkreten Raum, auf die konkreten Situationen und Gegebenheiten. Die Farbe für den Raum gibt es ebenso wenig wie das Farbkonzept für die Kita.

Im »gedachten« Raum über Lösungen zu fabulieren macht nur bedingt Sinn. Neben den pädagogischen Inhalten sind es Fragen der Größe, der Proportion des Raums und des natürlichen Lichteinfalls, die zu einer Entscheidung führen. Nicht allein der Farbton, auch dessen Sättigungsgrad, Intensität und Helligkeit sind im Einzelfall von Bedeutung.

Im Folgenden beschränke mich ich auf wenige, hoffentlich hilfreiche Vorschläge.

Multifunktionale Räume

In multifunktionalen Räumen – zum Beispiel die Gruppenräume in der Gruppenpädagogik und die meisten Basislager in der Krippe – bleibt zumeist nicht anderes übrig, als auf eine allgemeingültige Unterstützung des Raums zu setzen. Andernfalls läuft man der vielen unterschiedlichen Bedarfe wegen Gefahr, einzelne Bildungsprozesse durch die Gestal-

tung ungünstig zu beeinflussen. Das gilt insbesondere für die Gestaltung des Lichts. Was bleibt, ist auf eine allein auf den Raum zugeschnittene Lösung zu setzen, die so einladend wie motivierend wirkt und Geborgenheit vermitteln kann.

Essen

Zwar gelten Gelb- und Orangetöne als appetitanregend, wichtiger scheint mir jedoch die Frage zu sein, was der Raum braucht. Es gilt, dem Raum einen eigenen Charakter zu geben, der dazu beiträgt, dass man sich wohlfühlt.

Warme wie kalte Farbtöne sind denkbar. Vermeiden sollte man zu aktive Farbeindrücke, die unruhig wirken. Der Einsatz heller und magerer Farben in Verbindung mit großen Gemälden oder Wandteppichen, die Schall schlucken, empfiehlt sich meist. Ein verhältnismäßig hoher Raum kann helle, fast weiße Wände und einen farbigen Deckenanstrich vertragen, der ihn gleichsam auseinanderdrückt, so dass er großzügiger wirkt.

Durch angepasste Lichtführung lässt sich ein Kinderrestaurant gut gliedern. Einzelne Tischgruppen oder Sitznischen gewinnen durch separate Beleuchtung mit Wandlampen oder über den Tischen abgependelte Leuchten. In beiden Fällen muss man darauf achten,

dass die Lichtquellen keine Blendpunkte im Gesichtsfeld der Kinder bilden. Wie wäre es mit einem großen Kronenleuchter in der Mitte des Raums?

Bei allen drei Beispielen wirken die Leuchtkörper bereits im ausgeschalteten Zustand. Das Ergebnis unterstützt die Essenskultur und löst die bloße Nahrungsaufnahme ab.

Wird im Gruppenraum gegessen, bietet es sich an, die tendenziell dunkleren Bereiche des Raums dafür zu nutzen. So belegt man die pädagogisch wertvolleren Plätze am Tageslicht nicht mit Tischen und Stühlen. Außerdem lässt sich eine dunklere Fläche durch Farbe und Licht leichter in eine gemütliche Essecke verwandeln als in einen Konstruktionsbereich.

Ankommen

Der Eingangsbereich ist die Visitenkarte des Hauses. Deshalb sollte er einladend und freundlich gestaltet werden. Das ist allerdings oft nicht leicht. Verkehrswege und Türöffnungen, viele Informations- und Dokumentationsflächen an den Wänden zerklüften diesen Bereich regelrecht.

Meist ist es sinnvoll, sich bei der Farbgebung auf den Fußboden zu beschränken und die Wände weiß zu lassen. Angenehm finde ich es, wenn man an

einem grauen Wintermorgen nicht sofort von einer grellen »Lichtklatsche« empfangen wird. Besser eignen sich am Boden stehende Lichtwürfel oder Kugelleuchten, die gedämpftes und aus einer ungewöhnlichen Richtung kommendes Licht erzeugen. Derartige Raumstimmungen tragen dazu bei, dass Eltern in der morgendlichen Hektik kurz verschnaufen können.

Das Auge lässt sich führen, wenn Informations- und Dokumentationsflächen separat und gegebenenfalls ausschließlich beleuchtet werden. Dafür eignen sich Bildbeleuchtungen oder kleine Strahler. Einen anderen Eindruck erzeugen so genannte Wallwasher, die in der Decke eingelassen oder montiert werden und die komplette Wand ausleuchten.

Garderoben und Flure

Belegte Garderoben wirken schon von selbst vielfarbig. Deshalb sollte man einen zusammenführenden, weich zeichnenden oder egalisierenden Farbton für

sie wählen, zum Beispiel ein warmes, farbiges Grau oder einen Grünton.

Die Beleuchtung sollte auf die unterschiedlichen Situationen eingehen: am Morgen gedämpftes Ankommenslicht, helles Arbeitslicht zu den Abholzeiten oder bevor es ins Außengeländer geht. Dafür sorgen Dimmer – sofern die Voraussetzungen dies zulassen – oder separat zu schaltende Wandlampen.

Den häufig mit den Garderoben verbundenen Empfang kann man durch Licht und Farbe betonen und freistellen.

Lange Flure lassen sich in Farb- und Lichtlandschaften verwandeln, so dass sie eine Anreihung kleiner Orte suggerieren. Wird das Ende eines langen Flurs durch eine warme Farbe betont, rückt es optisch näher, und der Flur wirkt dadurch kürzer. Außerdem sollte man ihn möglichst nicht gleichförmig ausleuchten. Manchmal hilft schon das Weglassen einer Lampe.

Bauen und Konstruieren

Bei ihren Bautätigkeiten agieren die Kinder im dreidimensionalen Raum. Deshalb braucht dieser Bereich unbedingt helles, Schatten bildendes Licht. Tatsache ist nämlich, dass erst das Zusammenspiel beleuchteter und unbeleuchteter, also schattierter Flächen die Dreidimensionalität von Gegenständen und Materialien visuell erfahrbar macht und deren Form betont, ja eigentlich erst entstehen lässt. Durch schattierendes Licht werden die Bauwerke in ihrer Tiefe und Komplexität erfassbar. Schattenfreies Licht würde ihnen einen wesentlichen Teil ihres erfahrbaren Reichtums rauben.

Ein idealer Ort für die Bautätigkeit der Kinder ist der Bereich vor den Fenstern. Bis zum Boden reichende Fenster sind für das Konstruieren wohl am wertvollsten, denn Kinder bauen meist am Boden.

Leider gibt es nicht in jeder Kita bodenstehende Fenster. Aber man kann versuchen, dem natürlichen Lichteinfall mit dem Fundament der Bauwerke entgegenzukommen. Großflächige Stufenpodeste oder abgesägte Tische verlegen die bebaubaren Flächen nach oben, und das Tageslicht kann die Bauwerke besser erreichen.

Kinder empfinden solche Flächen als Raum im Raum und lieben es, über Stufen hinweg zu konstruieren. Ganze Podestlandschaften, am besten mit einem integrierten Flaschenzug, erhöhen den Aufforderungscharakter. Außerdem sorgen sie dafür, dass die Bauwerke vor dem Bewegungsdrang anderer Kinder und den Verkehrswegen geschützt werden. Fensterbänke lassen sich auf diese Art gut als Spielflächen erschließen.

Die künstliche Lichtgebung sollte die Bauwerke ins rechte Licht zu rücken. Gerade in Übergangszeiten ist es wichtig, das restliche Tageslicht zu unterstützen, statt ihm entgegenzuwirken, und Schatten bildendes, die Dreidimensionalität hervorhebendes Licht zu erhalten. Der Großteil der Lampen sollte daher in der Nähe der Fensterfront angesiedelt werden. Das schließt aus, dass mögliche Schattenwürfe einander aufheben, und sorgt dafür, dass sich die Lichtquellen addieren und verstärken. Ein günstiger Nebeneffekt ist, dass die künstliche Lichtgebung der natürlichen folgt, so dass sich der Biorhythmus nicht umstellen muss. Das Licht kommt immer und verlässlich aus der gleichen Richtung. Mit zusätzlichen Deckenlampen lassen sich Lichtinseln bilden, die zumindest tendenziell Schattenwurf erzeugen.

Siedelt man Lampen in großen Räumen wie ein umlaufendes Lichtband in unmittelbarer Nähe der Wände an, erzielt man einen angenehmen Raumeindruck. Die das Licht reflektierenden Wände wirken fast wie Fenster. Eventuelle Strukturen und Texturen der Wand kommen deutlich zum Ausdruck, was die Räume lebendiger wirken lässt und hervorragend zum Thema »Baustelle« passt. An der Wand angebrachte Strahler mit direktem Licht führen zu ähnlichen Resultaten und erzeugen zudem einen stark plastisch wirkenden Lichtkegel am Boden. Allerdings dürfen keine Blendpunkte im Gesichtsfeld spielender Kinder erzeugt werden.

Eine bei Kindern beliebte Variante ist ein am Boden stehender Lichtwürfel. Er lässt das Licht ausschließlich von der Seite oder sogar von unten kommen. Dadurch werden Bauwerke zu räumlich erfahrbaren Landschaften. Gern integrieren die Kin-

der solche Lichtwürfel in ihre Gestaltungsideen –
wie große, leuchtende Bausteine.

Wirklich sinnvoll ist der Aufwand einer unterstützen-
den Licht- und Farbgestaltung allerdings nur, wenn
Prozesse in den Bauräumen oder -ecken stattfinden
können. Damit das gelingt, sollte der Raum oder die
Fläche möglichst groß sein und vor allem sehr viel
unterschiedliches Konstruktionsmaterial enthalten.
Es ist doch frustrierend, den letzten Baustein in der
Hand zu halten – aber das Bauwerk ist noch lange
nicht fertig, die Idee noch nicht verwirklicht, der Prozess noch nicht abgeschlossen. Ein oder zwei Frö-
belkisten reichen einfach nicht aus.

Gut ausgestattete und gestaltete Bauräume bieten
nicht nur Gelegenheit zum Bauen und Konstruieren,
sie ermöglichen auch Rollenspiele, die beim Einsatz
sehr großer Bausteine zu bewegten Spielen werden
können. Die Lust am Gestalten findet nämlich nicht
nur im Atelier, sondern auch hier Raum. Auseinandersetzungen mit physikalischen und mathemati-
schen Fragen entstehen wie von selbst[72], denn im
Gegensatz zur schulischen Aneignung prägen Interesse und Tätigsein im selbst gesetzten Sinnzusam-

menhang die kindliche Auseinandersetzung mit den
Naturwissenschaften. Bauräume sollten daher möglichst geräumig und so gestaltet sein, dass kleine
Kindergruppen großflächige Stadtbilder legen oder
mehrere Kleingruppen ihren Spielideen nebeneinander ungestört folgen können.

Bei der Farbwahl haben sich Töne aus der Palette
der Erdfarben bewährt. Die Auswahl reicht vom leh-
migen Gelb bis zum rötlichen Terrakotta. In Kon-
struktionsbereichen arbeite ich gern mit kräftigen,
satten Farben, die das Gefühl von Bodenständigkeit
verstärken. Damit die Räume nicht zu dunkel werden, beschränke ich mich beim Farbanstrich auf die
Höhe von einem Drittel bis zwei Fünftel der Wandfläche. Wo die Wandfläche in leicht abgetöntem
Weiß in das Weiß der Decke übergeht, setze ich
einen bewusst freihändig gezogenen, zwei bis drei
Zentimeter breiten Pinselstrich. Der gleiche Farbton,
nur einige Helligkeitswerte dunkler, passt am besten, finde ich. Diese Variante besitzt gegenüber der
Wahl hellerer Pastellfarben den Vorteil, nicht zu ver-
niedlichen, sondern Stellung zu beziehen, ohne den
Raum zu dunkel werden zu lassen oder die Wände
unnötig stark zu betonen.

Auch die Verknüpfung mit dem Gedanken der Baustelle liegt nahe. Als Alternative bieten sich Grüntö-
ne an, die wunderbar mit den Holztönen der Materialien harmonieren und all das zulassen, was wir
zum Thema »Wald und Wiese« assoziieren.

Die Assoziation mit Wasser und Meer bei blauen
Fussböden beeinflusst das Spielverhalten. Partiell
und temporär eingesetzt, kann ein blauer Teppich
anregend wirken. Auf Dauer oder großflächig ausgelegt, wirkt er dagegen eher einschränkend.

Thematisierende Bauteppiche sind unnötig. Zudem
tragen sie zur Reizüberflutung bei. Unifarbene Tep-
pichstücke haben den Nachteil, die Bautätigkeiten
der Kinder auf eben diese Fläche zu begrenzen. Vor-
teilhaft sind durchgehende Teppichböden, denn sie
bieten nicht nur die Möglichkeit gezielter Farbwahl,
sondern schaffen auch ein unaufdringliches, sich
zurücknehmendes Erscheinungsbild.

Die größte Bedeutung der Teppichböden: Sie schlucken viel Schall. Vergleichen Sie mal das Geräusch
eines umfallenden Bausteins auf einem Teppich- und
auf einem Linoleumboden. Außerdem absorbiert Tep-

72 Hoenisch, N./Niggemeyer, E.: Mathe-Kings. Junge Kinder fassen Mathematik an. verlag das netz, Weimar/Berlin 2007; Lee, K.:
    Kinder erfinden Mathematik. Gestaltendes Tätigsein mit gleichem Material in großer Menge. Betrifft KINDER extra. verlag das
    netz, Weimar/Berlin 2010

pich den Schall dort, wo er entsteht, was die Geräuschatmosphäre unglaublich positiv beeinflusst.

Allen Vorurteilen zum Trotz gibt es mittlerweile übrigens Teppichqualitäten, die so robust und hygienisch einwandfrei sind, dass man sie getrost in Eingangsbereichen und Garderoben verlegen kann. Sie binden den Staub aus der Luft, erzeugen selbst keinen, sind somit allergikerfreundlich und sogar leicht zu reinigen. Vorhandener Schmutz fällt weniger auf. Zwar bestehen diese Teppiche aus reinen Kunstfasern, aber das Kugelgarn der Schweizer Firma Fabromont zum Beispiel weist eine sehr gute ökologische Bilanz auf.

Bewegung

Die Ansprüche an die Lichtqualität für Bewegung gleichen der für Bauprozesse: Helles, Schatten bildendes Licht wird benötigt, denn der Zugang zu bestimmten Erfahrungsprozessen und ihre Qualität hängen ebenso von adäquater Beleuchtung ab wie das Gefahrenpotenzial in Bewegungsräumen. Rasche, sich im Raum orientierende Bewegungsabläufe erfordern die Aufmerksamkeit unterstützendes Licht. Es muss hell genug sein, um die Dimensionen des Raums und die eigene Lage im Bezug zu anderen Dingen schnell und präzise zu ermitteln. Auch das Funktionieren des Gleichgewichtssinns basiert auf

diesem Sachverhalt. Am Beispiel des Balancierens – ein Akt der Verlangsamung von Bewegung – können wir uns das vor Augen führen: Würden wir im Dunkeln oder mit geschlossenen Augen auf einem Holzbalken balancieren, fiele uns das ungleich schwerer als in gut ausgeleuchteter Umgebung. Das Erfahrungspotenzial reduziert sich also in schlecht belichteten Bewegungsräumen, während sich das Gefahrenpotenzial erhöht.

Auch um Entfernungen gut abschätzen zu können, benötigt das Auge Licht, das die Tiefe des Raums erfahrbar macht – also direktes und Schatten bildendes Licht. Zu dunkel und zu gleichförmig ausgeleuchtete Raumsituationen erschweren es, exakt wahrzunehmen, wo etwas beginnt und wo es endet.

Um Entfernungen richtig abschätzen zu können, brauchen wir eine Lichtqualität, die die räumliche Ausdehnung in allen drei Dimensionen in Erscheinung treten lässt. Nicht ohne Grund haben Leistungssporthallen eine deckenhohe Fensterfassade. So gesehen, sind die meisten Bewegungsräume im wahrsten Sinne des Wortes unterbelichtet.

Die Farbgebung der Wände und Böden hat ähnliche Bedeutung. Wand- und Bodenfarbe sollten sich deutlich voneinander abheben. Das erhöht die Orientierungsmöglichkeit im Raum.
Immer wieder wird mir berichtet, dass Kinder in

Meter breite Rollenware wird in der gleichen Höhe auf der Wand verklebt. Die Wände darüber streicht man weiß, um die Lichtreflexion zu erhöhen.

Es gibt die Rollenware in diversen ansprechenden Farben. Sie ist robust und hält die Wände dauerhaft heil und sauber.

Matschen, Malen und Schreiben

Auch wenn das Spiel der Kinder ihre Arbeit ist, herrscht im Atelier eine konzentrierte und vertiefte Stimmung. Erforderlich ist ausreichend helles Arbeitslicht. Lampen und Leuchtstoffmittel sollten eine möglichst hohe Farbwiedergabe gewährleisten.

Die Aktivitäten erfordern vorrangig schattenfreies, gut gestreutes Arbeitslicht, das die von Architekten oder dem Gebäudemanagement bevorzugte, bei Pädagoginnen aber verpönte Spiegelrasterlampe bietet. Günstig sind große Fensterflächen, nach Norden hin ausgerichtet, die konstantes und schattenfreies Licht spenden.

Die Farbe Weiß an den Wänden eines Ateliers hat zwei gravierende Vorteile: Die weißen Wände reflektieren und streuen das Tages- und das künstliche Licht optimal, tragen zu einer guten Arbeitsbelichtung bei, die Wände sind wenig expressiv und treten vor den Werken der Kinder in den Hintergrund. Außerdem verstärkt die Farbe Weiß die Ausstrahlungskraft der anderen Farben.

Für mein Empfinden spricht aber auch nichts dagegen, eine Wand in einen warmen Farbton zu tauchen, um eine angenehmere Atmosphäre zu schaffen. Manche Ateliers wirken nämlich zu sachlich und kaum noch wie lebendige Werkstätten. Sind Elemente der Schreibwerkstatt integriert, sollte man

gleichförmig ausgeleuchteten Bewegungsräumen mit weiß gestrichenen Wänden regelrecht gegen die Wand laufen.

In ihrer Neutralität passen weiße Wände eher zu Turn- oder Toberäumen. Im Bewegungsraum hingegen sollen eigenständiges Erproben und Üben, das Steigern unterschiedlicher Körpererfahrungen und das bewegte Rollenspiel im Mittelpunkt kindlicher Handlungen stehen. Daher bietet sich eine assoziative Farbgebung an, zum Beispiel mit grünen Farbtönen, die eine Verbindung zu »Wald« und »draußen« schaffen. Nicht zuletzt dieser Assoziationen wegen gilt Grün als beruhigende Farbe. Da man Kinder nicht mittels aktivierender Farbwahl zur Bewegung motivieren muss, sollte Farbe im Bewegungsraum eher beruhigend wirken.

Farbgebung und Schallschutz lassen sich hervorragend zusammenführen, wenn man Prallschutzmatten an der Wand befestigt. Ihr Material besteht aus einem festen 1,5 Zentimeter starken Schaumstoff, der mit Nadelfließteppich überzogen ist. Die 1,5

besonders auf diese Eigenschaft achten: Je heller und besser das Licht ist, desto wärmer kann die Wandfarbe ausfallen.

Rollen- und Theaterspiel

Orte, die Gelegenheiten zum Rollenspiel bieten, haben ganz andere Ansprüche an die Licht- und Farbgestaltung als Ateliers. In ihnen darf es gern ein wenig schummrig sein. Ist es machbar und vertretbar, können Wand-, Tisch- oder Stehlampen die Grundbeleuchtung ergänzen und einzelne Bereiche in wohlige Stimmungen tauchen. Auf Dauer darf es aber auch hier nicht zu dunkel werden, um Ermüdungserscheinungen vorzubeugen.

Als Grundbeleuchtung bieten sich abgehängte Lampen an, die den dreidimensionalen Raum erschließen. Kugellampen, Lüster und andere formschöne Leuchten beeinflussen allein durch ihre Anwesenheit den Raum. Trotzdem müssen sie für adäquate Lichtqualität sorgen. Durch gute Lichtlenkung oder Diffuser sollten sie blendfrei sein. Angenehm ist ein hoher Anteil an indirekter Lichtstrahlung.

Ein durchgängiger Teppichboden verstärkt das wohnliche Ambiente. Melierte oder gedeckte Farbtöne lassen den gesamten Raum nicht bunt wirken. Ergeben sich durch die Anordnung der Möbel oder Podestlandschaften Räume im Raum, kann man die einzelnen Wandabschnitte in unterschiedliche Farben tauchen, ohne dass ein Zuviel entsteht. Es bieten sich satte Farben aus dem gesamten Farbspektrum an: Orangerot wie der Hokaido-Kürbis, Dunkelviolett wie die Aubergine oder Fliederfarbe. Die Wände muss man nicht deckenhoch streichen und vielleicht mit einen goldfarbenen Fries absetzen.

Ich glaube nicht, dass Kinder dadurch in ihrer Fantasie beschnitten oder beeinträchtigt werden. Vielmehr lassen derart gestaltete Räume alle Spielideen zu. Im Gegensatz zu komplett weißen Räumen, die ich eher als bezugsarm, trivial und bedeutungslos empfinde, wecken Farblandschaften in Rollenspielräumen Emotionen und ermöglichen Empathie. Und darum geht es doch in diesen Räumen.

Körperpflege und Wasserspiele

Die Sanitärbereiche sind selbst in Neubauten oft Stiefkinder. Farb-, Licht- und Materialeigenschaften scheinen fast ausschließlich dem Hygienewahn und Behördenverordnungen geschuldet zu sein.

Natürlich müssen Sanitärbereiche einwandfrei und ohne großen Aufwand gereinigt werden können. Doch rundum und bis unter die Decke gefliese Räume erinnern eher an Schlachthäuser als an Orte für Kinder. Die geringe Aufmerksamkeit, die Räume für Körperpflege finden, lässt sich auch daran ablesen, dass der Sanitärbereich formal nicht als pädagogische Fläche bewertet wird. Sichtlich wird der Umgang mit unseren Körperfunktionen und -ausscheidungen immer noch tabuisiert.

Warme Wand- und Fliesenfarben können dem glatten, abweisenden Charakter des notwendigen Materials entgegenwirken. Farbgebungen, die an Strand und Sonne erinnern, bewahren die Assoziation mit Wasser, ohne dass man auf kühlere, blaue Farbtöne zurückgreifen muss.

Wird die Decke von Wandlampen – sogenannte uplights – oder abgehängten Deckenlampen großflächig angestrahlt, wirft sie angenehmes Licht in den Raum zurück. Dadurch kann ein fast himmelartiger Lichteindruck erzeugt werden. Da das Licht absolut blendfrei ist, werden die Wickelbereiche nicht beeinträchtigt.

An Wickeltischen gilt erhöhte Aufmerksamkeit. Für ein liegendes Wickelkind ist selbst jede als blendfrei geltende Spiegelrasterleuchte ein geißelnder Blendpunkt. Sollte keine Abhilfe geschaffen werden können, verschattet man den Wickelbereich am besten durch einen abgehängten Spiegel oder ein Bild, damit das Kind den Gesichtsdruck und nicht nur die Silhouette der Erzieherin wahrnehmen kann.

Schwierige Raumsituationen – Lösungsvorschläge

• Dunkle, drückende Räume sollte man nicht deckenhoch streichen. Wandflächen, die Ton in Ton in die weiße Decke übergehen, öffnen Räume nach oben.
• Konfusen, unklaren Räumen kann man ein Rückgrat geben: Nur die parallel zur Fensterfront liegende Wand farbig streichen.
• Harten Räumen helfen weiche Farben oder Farbtechniken.
• Eingefärbte Kalkputze schaffen durch die leichten Strukturen und die damit verbundenen Licht-Schattenbildungen lebendige und atmungsaktive Wandflächen.
• Achtung: Gute Rahmenbedingungen sind wichtiger als Spezialeffekte.

Optimierung der Gestaltung

Räume wirken! Die Gestaltung ist unmittelbar mit den Erfahrungsprozessen in ihnen verbunden. Multifunktional aus- und eingerichtete Räume, etwa in der herkömmlichen Gruppenpädagogik, bleiben nicht nur inhaltlich, sondern auch gestalterisch weit unter den Möglichkeiten, die sich für die Unterstützung und Anregung von Bildungsprozessen bieten.

Die inhaltlichen Vorteile der Offenen Arbeit in Funktionsräumen hingegen sind schnell und klar zu erkennen: Die Einrichtung eines Kinderrestaurants und die damit verbundene Zentrierung von Tischen und Stühlen an einem Ort – also die weitgehende Befreiung und Entlastung der übrigen (Gruppen-) Räume – verdoppeln die pädagogisch nutzbare Fläche nahezu.[73] So werden Flächen frei, die die Qualität und Menge an Materialien und die Möglichkeiten der Auseinandersetzung geradezu potenzieren. Eine umfangreichere, differenziertere und gleichzeitig komplexere Umgebung kann entstehen und die gesamte Kita zur Lernwerkstatt werden lassen.[74]

Durch Farb- und Lichtlandschaften geschaffene Erlebniswelten dienen dem Ziel, das Staunen über die Vielfalt, den Zauber und die Geheimnisse der alltäglichen Erscheinungen und Erfahrungen bestmöglich zu unterstützen. Das gelingt jedoch nur, wenn sie nicht dem Selbstzweck gehorchen.

Literatur

Heller, E.: Wie Farben wirken. Farbpsychologie, Farbsymbolik, kreative Farbgestaltung. Rowohlt Taschenbuch Verlag, Reinbek 2004
von der Beek, A.: Bildungsräume für Kinder von Null bis Drei. verlag das netz, Weimar/Berlin 2006
von der Beek, A.: Bildungsräume für Kinder von Drei bis Sechs. verlag das netz, Weimar/Berlin 2010

---

73 Herkömmliche Gruppenräume, in denen gegessen wird, benötigen in der Regel mindestens 50 Prozent des Platzes für Tische, Stühle und die erforderlichen Verkehrsflächen.
74 Siehe auch: von der Beek, A.: Bildungsräume für Kinder von Null bis Drei. verlag das netz, Weimar/Berlin 2006; von der Beek, A.: Bildungsräume für Kinder von Drei bis Sechs. verlag das netz, Weimar/Berlin 2010

Räume für Muße

Sigrid Diebold

Muße entzieht sich jeglichem Verwertungsbestreben. Sie eröffnet einen Spielraum, der in seiner Gestaltung zwar völlig unbestimmt, aber nicht das Gleiche wie Nichtstun ist, und kann uns in vielen Spielarten begegnen: bei Gesprächen, während derer wir die Welt vergessen, bei beglückender Arbeit im Garten, beim Singen, Lachen, Tanzen, beim Gestalten, ja, auch beim erfüllten Arbeiten. Muße kann individuelles Erleben sein, aber auch zu zweit, zu dritt oder zu viert, also in der Gemeinschaft mit anderen, genossen werden. Es sind jene Zeiten, die ihren Sinn in sich selbst tragen, in denen wir, Kinder wie Erwachsene, ganz in unserem Tun aufgehen, uns auf eine Tätigkeit einlassen, die sich selbst genügt. Es ist die gelebte Gegenwart – letztendlich eine Wertschätzung unseres Lebens selbst, denn Leben ereignet sich nur in der Gegenwart, nicht im planenden Blick auf die Zukunft und nicht in der Rückschau auf die Vergangenheit.

Muße gedeiht in einer klaren Umgebung, in weiten Zeiträumen der Hingabe an unbeschwertes Spiel und einer vorbehaltlosen Annahme der Kinder und ihrer Tätigkeiten. Für Kinder ist Muße eine Grundvoraussetzung für selbstbestimmtes Handeln und Denken, für nachhaltiges Lernen.

Weniger ist mehr

Muße ist nicht nur abhängig von der zur Verfügung stehenden Zeit – Muße ist auch eng verknüpft mit Raumerleben. Es gibt Räume, in denen sich unsere Seele weitet, in denen wir uns gern aufhalten, und Räume, die uns bedrücken, einengen oder gar aggressiv machen.

Es ist nicht die Architektur allein, die uns diese Gefühle vermittelt, sondern die gesamte Gestaltung des Raums durch Farbe, Licht und die Anordnung der darin befindlichen Dinge. Warum faszinieren uns heute noch karge Klosterräume, schlichte romanische Kirchenbauten, spartanische Arbeitsstätten großer Dichter oder die Idylle in der Natur? Es sind Räume, die Ruhe und Kontemplation ausstrahlen, die das Versprechen bergen, in ihnen ganz für sich und in sich sein zu können. Räume, in denen nichts überflüssig zu sein scheint, in denen sich alles einer Idee unterordnet und in denen es immer auch weiße Wände gibt, auf denen unsere Augen zur Ruhe kommen und eigene Bilder entwerfen können.

Gerade Kinder haben ein feines Gespür für Harmonie im Raum. Sie schwingen mit ihrer Umgebung mit, die Trennung zwischen Innen- und Außenwelt ist fließend.

Oft genug wirkt unsere Welt auf sie wie ein Kaufhaus – ständig wechselnde optische und akustische Eindrücke, manchmal kaum für sie zu entziffern oder nicht mit ihrer persönlichen Erfahrungswelt in Verbindung zu bringen. Je mehr äußere Reize ins Bewusstsein dringen und ausgeblendet werden müssen, desto schwerer fällt die Konzentration auf eine einzige Sache. So verursachen überdekorierte, überladene Räume Stress durch zu viele Eindrücke und Entscheidungsmöglichkeiten, führen zu Unzufriedenheit und Unruhe. Es kostet die Kinder Energie und bindet Denkressourcen, wenn sie Eindrücke ständig ausblenden und Entscheidungen treffen müssen. Ein überschaubares Materialangebot hingegen kann zur Entspannung der spielenden, arbeitenden, Ruhe suchenden Mädchen und Jungen beitragen, obwohl es Stimulierendes, Raum für Kreativität und neue Sinngebungen bietet.

Belebend wirkt ein ästhetisch ansprechendes Umfeld, das nicht perfekt sein muss, sondern Unfertiges enthält, Material, das keinen Spielzweck vorgibt, das Interesse weckt und Raum zum eigenen Gestalten lasst. In einem solchen Umfeld können Neugierde und Fantasie wachsen, weil es den Kindern möglich ist, immer wieder neue Ideen zu verwirklichen und ihre Weltdeutungen zu erproben. Unter solchen Rahmenbedingungen übernehmen die Mädchen und Jungen

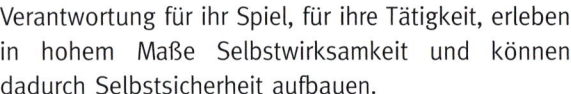

Verantwortung für ihr Spiel, für ihre Tätigkeit, erleben in hohem Maße Selbstwirksamkeit und können dadurch Selbstsicherheit aufbauen.

Zu viel Ordnung jedoch, zu viel in seiner Funktion festgelegtes Spiel- und Arbeitsmaterial, ein Übermaß an Regeln und Verboten lähmen Freude und Initiative. Inspirierend ist eine Umgebung, die lebendig, vielseitig und trotzdem ruhig und geordnet ist. Kinder und Erwachsene fühlen sich sicher, wenn sie wissen, wo die Dinge ihren Platz haben.

Neben der Verlässlichkeit suchen Kinder aber auch das Neue, lieben Überraschungen und ungewohnte Zusammenstellungen, die sie in ihren Tätigkeiten beflügeln. Diesen Widerspruch in der Raum- und Materialerfahrung können wir mit ihnen auflösen, wenn wir ihnen Platz schenken, an dem sie sich mit ihren Wünschen, Ideen und Fragen, mit Urlaubsmitbringseln und interessanten Gegenständen von zu Hause niederlassen können. Gestatten auch wir Erwachsene uns diesen Platz und hinterlassen wir Spuren, die unseren Arbeitsort mit Leben, mit Interessen, Vorlieben und der Vielfalt kultureller Schätze füllen – als Inspirationsquelle, als Herausforderung und Angebot zur Auseinandersetzung für alle Menschen in der Einrichtung. So entstehen Leben und Begegnung zwischen den Menschen im Haus, den Eltern, Erzieherinnen und Kindern.

Räume sind deshalb nie »fertig«, sie verändern sich mit den Menschen, die darin leben und arbeiten. Immer erzählen sie uns auch davon, was Kindern und Erwachsenen wichtig und bedeutsam ist.

Werkzeuge und andere Gegenstände aus der Erwachsenenwelt vermitteln den Kindern Authentizität und Wertschätzung, nehmen sie in ihrem Drang nach Welterkundung und Welterfahrung ernst.

Die Ausstrahlung eines Raums, seine Atmosphäre erfordern tägliche Arbeit und kritische Reflektion mit dem Blick auf die anvertrauten Kinder. Unterstützen Material und Raumgestaltung jüngere und ältere Mädchen und Jungen freundlich und einladend, sich

selbst Herausforderungen zu stellen, benötigen sie die Anleitung und Anweisung Erwachsener nicht ständig. Vielmehr können sie an ihren Tätigkeiten wachsen und selbst Erfahrungen sammeln.

Das Vertrauen und die Zeit, die wir Erwachsene ihnen schenken, kommen als Ruhe und Muße zu uns zurück. Sie schaffen nicht nur den Kindern inneren und äußeren Raum, sondern auch uns – für inspirierende Gespräche mit ihnen, überraschende Einblicke in ihre Weltaneignung und geteilte Freude am Leben.

Ästhetik und Wahrnehmung

Wir erleben Menschen – und uns selbst – immer im Zusammenhang mit dem Raum, in dem wir uns befinden. Unmittelbar teilt sich uns die Atmosphäre mit, die sich aus den vielen Facetten der Gestaltung wie beispielsweise Licht, Farbe und Möblierung ergibt.

Draußen versetzt uns ein barocker Garten in eine andere Stimmung als ein Gang durch den Tannenwald oder durch ein Naturschutzgebiet. Es ist uns nicht möglich, uns von unserer Umgebung abzutrennen – es ist das Leben selbst, das in einem elementaren Verhältnis zum Raum steht.

Die Ausstrahlung, die Atmosphäre eines Hauses erzählt von den Ideen und Haltungen der darin tätigen Menschen: Ohne viele Worte wird das Profil der Einrichtung deutlich.

Eine unter ästhetischen Gesichtspunkten bewusst gestaltete und gepflegte Umgebung vermittelt den Kindern und Eltern Wertschätzung. Der Platz, der zur Verfügung steht, die Lichtverhältnisse und die offene Präsentation des Materials bestimmen darüber, ob und wie stark Kinder sich davon angezogen fühlen, sich im Innersten davon berühren lassen, sich niederlassen und betätigen.

Lieblos in Kisten zusammengewürfelte Dinge tragen keinen Aufforderungscharakter. Defektes Spiel-

Duft einer Holzscheibe, die Konsistenz des Tons, die Schönheit einer Blume, ihre Farbe, ihr Duft, interessante Fotos und ansprechende Ausstellungen. Für die Atmosphäre, die sie umgibt, haben Kinder viele »Antennen«.

Natürliche Materialien bieten vielfältige Berührungspunkte. Sie beleben, regen die Sinne an und unterstützen die Kinder dabei, ihre Wahrnehmung zu strukturieren und die Wirklichkeit denkend und gestaltend zu verändern. Die Kraft der Fantasie lässt sie in endlose Geschichten eintauchen. In der Muße kann Flow entstehen, ein Schaffensrausch, der die Kinder ganz im Hier und Jetzt verankert und sie sich unmittelbar spüren lässt.

material regt zu weiterer Zerstörung an. Achtsamer Umgang mit den Räumen – und den darin befindlichen Materialien – hingegen beeinflusst auch den Umgang der Menschen miteinander.

Kinder sind besonders empfänglich für Qualitäten: die Körnung des Sands, das Gewicht eines Steins und wie er in der Hand liegt, die Maserung und der

Platz zum Spielen, Raum zum Träumen

Um einen äußeren Raum, der variabel ist und Platz für individuelle Sinngebungen lässt, und einen inneren Raum, der den Kindern Entscheidungs- und Handlungsspielraum zugesteht, zu schaffen, braucht es Zeit. Zeit, um zu spüren, was man will: Allein sein, mit anderen spielen, mit wem und wo? Hetze und Druck machen uns unempfindlich gegenüber den eigenen Bedürfnissen und denen anderer Menschen. Nur in der Muße kann klares Denken und Empfinden gedeihen.

Sind die Entscheidungen getroffen, brauchen die Mädchen und Jungen Zeit, um ihren Raum zu füllen, zu kommunizieren und zu gestalten. Spielflächen werden belebt, die Kinder lassen sich nieder und breiten sich aus, gehen auf in ihren selbstdachten Welten.

Dazu benötigen sie neben weitläufigen Räumen auch Nischen und Ecken, in denen sie sich den Augen und Ohren der Erwachsenen entziehen können: Hütten, Höhlen und Gebüsche, die sie in ihre geheimnisvollen Tätigkeiten aufnehmen, die ihren Bedürfnissen nach Ruhe und Abgeschiedenheit entsprechen.

Kraft ihrer Fantasie können Kinder gehen, wohin sie wollen, imaginäre Welten bereisen und in andere Rollen schlüpfen. Sie entwickeln kreative Ideen, konstruieren, diskutieren, verwerfen und erproben immer wieder neue Bewegungs- und Handlungsmöglichkeiten. Ein Raum, der noch gedeutet werden darf, dem im Spiel eine eigene Bedeutung gegeben wird, lässt der Fantasie freien Lauf: Wie mag es wohl sein, in einem Polizeirevier zu arbeiten, auf einer Fähre nach Korsika zu fahren, in der Schaltzentrale eines Raumschiffs zu sitzen oder mit einer Pferdeherde unterwegs zu sein?

Je komplexer und undurchschaubarer die Umgebung der Kinder ist, desto wichtiger wird die kindliche Weltaneignung und Exploration im Spiel. Darin eignen sie sich ihre Umgebung an, bewirken Veränderungen und hinterlassen Spuren.

In der lebendigen Gemeinschaft mit anderen Menschen gehen die Kinder im Spiel auf und kosten die Gegenwart aus. Sie erleben den Rausch konzentrierten Schaffens, der tiefe Befriedigung bringt und sich selbst genügt.

Langeweile?

Hin und wieder – gerade auch nach fremdbestimmten Zeiten – klagen Kinder über Langeweile. Das sollte uns Erwachsene nicht gleich betriebsam werden lassen. Halten wir die Langeweile mit den Kindern aus. Sehen wir sie als »Leerstelle«, die viele Möglichkeiten des Füllens birgt, oder als schöpferische Pause, denn weder Kinder noch Erwachsene können ständig auf Hochtouren laufen. Außerdem:

Wer als Kind nie die Chance hatte, sich mit seiner Langeweile auszuhalten und seine Zeit selbst zu gestalten, wird es auch als Erwachsener schwer damit haben.

Langeweile ist ein Zeichen, dass die Kinder die Verbindung zu sich selbst verloren haben. Schenken wir ihnen Zeit und Momente der »langen Weile«, um zu sich selbst zu kommen, sich wieder zu spüren und offen für neue Ideen zu werden.

Abenteuer und Freiheit

Es blitzen die Augen, der Körper ist gespannt, die Stimme erhoben: Jetzt wird es spannend! In Wanjas Gesicht liegen Angst und Lust im Wettstreit. Es könnte gefährlich werden, den Hügel hinabzusausen. Sei es drum – das Abenteuer birgt immer auch die Gefahr des Scheiterns, oben auf dem Kirschbaum wie unten auf dem Schlappseil. Diese starken Momente sind es, in denen die Kinder absolut in sich verankert sind, hoch konzentriert und nicht abzulenken – Leben in der Gegenwart.

Manchmal gehört es zum Abenteuer, über die Stränge zu schlagen, sich über Verbote hinwegzusetzen. Wie viel Aufregung gönnen wir den Kindern? Wir lieben Pippi Langstrumpf zwar, aber ihre Stärke und Selbstsicherheit, mit der sie Regeln und Ordnungen außer Kraft setzt und selbst bestimmt, was sie tun will, wären uns wahrscheinlich unheimlich, wenn Pippi in unsere Kita ginge.

Ruft das Abenteuer, winkt man in Kindertageseinrichtungen schnell mit dem Zaunpfahl »Aufsichtspflicht«. Wie viel Kinderglück kann damit zerschlagen werden, wie viele Erfahrungen werden nicht gemacht!

Leben ist immer mit Risiko verbunden. Je mehr Watte um die Kinder gepackt wird, desto weniger können sie standhalten, desto unsicherer werden sie. Schenken wir den Kindern die Freiräume und die Freiheit, eigene, unkonventionelle Wege einzuschlagen! Üben wir Erwachsene uns in Gelassenheit, gönnen wir den uns anvertrauten Kindern Aufregung und Abenteuer schon von klein auf! Haben wir Vertrauen und keine Angst vor Kontrollverlust!

Kinder haben, wenn sie gewohnt sind, in einem für sie überschaubaren Rahmen Verantwortung für ihr Handeln zu übernehmen, ein gutes Gespür für Unter- und Überforderung. Damit dieses Gespür entstehen kann, benötigen sie Freiheit in der Welt, die sie umgibt.

Untrennbar damit verbunden ist die Freiheit in Gedanken. Sie schenkt den Mädchen und Jungen die mentalen Bedingungen, die sie brauchen, um Spiel- und Abenteuermöglichkeiten, die sie in ihrer Umgebung verwirklichen könnten, überhaupt zu erkennen.

Natürlich kann das auch mit Chaos verbunden sein, es kann laut werden, ein für die Erwachsenen schwer erträgliches Durcheinander kann entstehen, Ordnung kann zerstört werden. Doch vergessen wir nicht, dass es meist unsere Ordnung ist, die im kreativen, selbstgestalteten Spiel der Kinder zerstört wird – nicht ihre!

Abenteuer im Spiel gedeihen am besten ohne Erwachsene. Die Piraten auf dem Schiff und die Ritter im Gebüsch kennen die Grenzen der Realität – gerade deshalb ist es ja so spannend, sich in der anderen Welt zu bewegen.

Doch auch mit Erwachsenen sind Abenteuer möglich, wenn sie sich ganz darauf einlassen. Da kann die Riesenrutsche im Flur zu einer persönlichen Herausforderung werden. Der Bau eines Iglus im Winter, eines Forschungsschiffes im Sommer oder eines Wolkenkratzers im Bauraum kann zu einem Projekt werden, an dem Kinder wie Erwachsene begeistert beteiligt sind, die Zeit vergessen und in der Gegenwart aufgehen.

Entdecken und Staunen

Kinder bereisen ständig unbekanntes Land. Unvoreingenommen treten sie der Welt gegenüber, sammeln neue Erfahrungen und bahnen sich einen Weg durch den Dschungel der Wirklichkeit.

Unterstützen wir ihre Neugierde, denn es gibt so viel Schönes, Spannendes und Interessantes, Kurioses und Witziges zu entdecken – wenn wir genau hinschauen. Unterstützen wir sie in ihrem Forscherdrang, schenken wir ihnen eine an Entdeckungsmöglichkeiten reiche Umgebung.

Solch eine Umgebung lässt die Kinder interessante Aufgaben finden, denen sie sich mit Feuereifer widmen: Sei es, dass eine Tierschützergruppe unterwegs ist, die alle im Garten lebenden Tiere finden und aufzeichnen möchte, sei es, dass im Gebüsch eine Bäckerei entsteht.

Gehen wir gemeinsam der Frage nach, warum sich die aufgeschlitzten Löwenzahnstängel im Wasser kringeln, sinnieren wir mit den Kindern darüber, warum aus kleinen, unscheinbaren Raupen prächtige Schmetterlinge werden und warum die Augen der Schnecke aussehen wie zwei sich drehende Kugeln auf Stecken. Nehmen wir uns Zeit für ein Spiel wie dieses: Einfach eine Minute lang auf einen Punkt schauen – auf das Gras, die Blumen, den Himmel oder das Wasser – und dabei etwas entdecken. Welch sensationelle Entdeckungen sind möglich, wenn sich Farbe mischt, wenn der feuchte Ton durch die Finger quillt und aus Mehl, Wasser, Salz und Hefe ein duftendes und wohlschmeckendes Brot entsteht!

Mit den Kindern über die vielen kleinen und großen Wunder unserer Welt zu staunen, das schafft Verbindungen, lässt Beziehungen wachsen und bereichert alle. Es setzt jedoch eine Umgebung voraus, mit der sich Kinder und Erwachsene verbinden können und in der sie sich ernst genommen fühlen. Also Räume, die nicht künstlich und kindertümelnd eingerichtet sind, sondern die Welt in die Kindertageseinrichtung einlassen.

Glück und Begeisterung

Schläft ein Lied in allen Dingen,
die da träumen fort und fort,
und die Welt hebt an zu singen,
triffst du nur das Zauberwort.

Joseph von Eichendorff

Als dieses Gedicht im Foyer hing, regte es Erwachsene und Kinder zu interessanten Interpretationen an. Ein Kind fragte mich, ob ich wohl wüsste, wo das Zauberwort versteckt sei. Eine der lyrischen Aussagen Eichendorffs wurde Wirklichkeit: Resonanz erfahren, sich selbst und die anderen Menschen spüren, im Einklang mit der Welt sein. Eichendorff beschreibt dieses Gefühl in seinem Gedicht sehr schön.

Schenken wir den Kindern Resonanz-Räume, in denen sie dieses Glück erfahren können. Es kann dort entstehen, wo sie Spielräume für eigenes Handeln finden, für sich sinnstiftend tätig und entdeckend sein können, wo sie sich mit allen Sinnen ihrem Tun verbinden und dies genießen können.

Genuss ist erlebte Gegenwart und Genussfähigkeit die Voraussetzung für Glückserlebnisse.

Leider spielt das Bildungsziel »Genussfähigkeit« in den Plänen für den Vorschulbereich keine große Rolle...

Es ist für Kinder wie Erwachsene beglückend, sich einer Sache ganz hingeben zu können und sich mit etwas zu beschäftigen, das sich selbst genügt. Es ist beglückend, die Erfahrung zu machen, überrascht, hingerissen und begeistert zu sein, einer Tätigkeit zu folgen, von der man ganz erfüllt ist. Ermöglichen wir den Kindern diese Erfahrung beim Eintauchen in gemeinsame Projekte, und erleben wir mit ihnen das Glück gemeinsamen Tuns und Gelingens. Glück kommt ja auch von glücken...

Schenken wir den Kindern Raum und Zeit, um die Hingabe an ein Gespräch unter Freunden auskosten zu können. Treten wir mit ihnen aus dem Alltag heraus, spüren wir mit ihnen Begeisterung bei Festen, lassen wir den Funken überspringen – zu ihrer Freude am Leben, zu unserer Freude an der Arbeit. Feste sind immer auch Lichter für die Seelen.

Schenken wir den Kindern und uns viele Glücksmomente in Zeiten zum Freuen, Trösten, Glücklichsein, bei einem spannenden Fußballspiel oder an einem vertrödelten Sommervormittag... So wachsen tragfähige Beziehungen, Erwachsene und Kinder spüren den Widerhall, die Resonanz zwischen Innenleben und Außenwelt. Auf diesem Boden kann Selbstvertrauen wachsen. Aus Selbstvertrauen wiederum wächst die Sicherheit, sich an Neues zu wagen, Ideen umzusetzen, Erfahrungen selbst zu machen.

Erfahrung entsteht auch, wenn man sich auf Umwege begibt. Aber Umwege kann man sich nur leisten, wenn man Muße dazu hat.

Trost und Zuwendung

Lotta ist im Garten gestolpert. Sie sucht Trost bei ihrer Erzieherin. Sicher und geborgen auf dem Schoß der Erzieherin, kann sie nun bei sich nachspüren, ob es noch weh tut. Nicht allein zu sein, schon dies lindert Schmerz und Traurigkeit. Langsam wird der Atem ruhig, die Seele gestärkt. Nach kurzem Auftanken hat Lotta wieder Lust, sich den anderen Kindern zuzuwenden.

Wie gut solche Mußezeiten tun! Wie gut es tut, sich der Zuwendung der Erzieherin zu versichern, sich kurz an sie zu schmiegen oder neben sie zu setzen und glücklich zu sein, dass sie da ist. Es bedarf meist keiner Worte, nur weniger Gesten, um dieses Glück zu vermitteln.

Literatur

Diebold, S.: Raum geben – Freiheit schenken. kindergarten-heute, Heft 1-3/2010, Herder, Freiburg

Flitner, A.: Spielen – Lernen. Beltz , Weinheim 2011

v. Hentig, H.: Räume bilden. Die Bielefelder Laborschule 1997 in: Die Schule neu denken. Hanser, München 1993

Kükelhaus, H.: Entfaltung der Sinne. Frankfurt 1982

Schäfer, G.: Bildung beginnt mit der Geburt. Beltz, Weinheim 2002

Schäfer, G. Spiel-Raum-Bildung. Konzeptüberlegungen zur frühkindlichen Bildung.

Schnabel, U.: Muße. Karl-Blessing-Verlag, München 2010

Raumgestaltung für die Jüngsten

Margit Franz

Räume kommunizieren grundsätzlich mit ihren Nutzern. Tun sie das in positiver Weise mit Kindern, geben sie ihnen vielfältige Impulse und fördern Selbsttätigkeit.

Eignen sich Kinder die Räume einer Krippe an, machen sie sich diese gestalteten Welten zu Eigen und identifizieren sich mit ihnen – Raumaneignung als konstruktive Weltaneignung. So wird ein zunächst bedeutungsloser Raum zum bedeutungsvollen persönlichen Erfahrungs- und Entwicklungsraum.

In ihrer Aneignungstätigkeit verändern Kinder nicht nur ihre räumlich-materielle Umwelt – vor allen Dingen verändern und bilden sie sich selbst. Sie nehmen Einfluss auf das Raum- und Alltagsgeschehen und hinterlassen sichtbare Spuren. Dabei erleben sie sich als selbstwirksam und ihr Tun als bedeutungsvoll. Die Einflussnahme von Kindern auf Räume und ihre dabei erlebte Selbstwirksamkeit fördern gesunde Entwicklung und Selbstbewusstsein: »Ich kann etwas bewirken und auf Dinge einwirken.«

Das kindliche Grundbedürfnis nach Weltaneignung wird befriedigt, wenn Räume für Kinder zu Räumen von Kindern werden, wenn sie

- Freiräume werden, die eine vorbereitete Umgebung bieten, in der sich Kinder selbstständig zurechtfinden können;
- Bewegungsräume werden, die Kinder zur freien Bewegungsentwicklung – drinnen wie draußen – einladen;
- Entwicklungsräume werden, die die Sinne reizen, herausfordern und kindliche Wahrnehmungstätigkeit im Alltag fördern.

Die Welt mit allen Sinnen erfahren

Beim täglichen Aufenthalt im Außenspielgelände spürt Linus kalten Wind im Gesicht. Mit seinen Händen hat er eben noch vergnügt in die Pfütze gepatscht – jetzt sind sie eisig kalt. Er balanciert auf der Umrandung des Sandkastens. Auf der Mauer entdeckt er eine Katze. Aufgeregt ruft er »Wau-Wau!« und zeigt in Richtung Katze. Wenig später hört er die Erzieherin rufen »Wir gehen rein!« und läuft zur Tür.

Im Flur zieht sich Linus aus. Er riecht den Duft, der aus der Küche kommt, friert, hat Hunger und ist müde. Im warmen Gruppenraum kuschelt er sich auf den Schoß seiner Lieblingserzieherin Tanja, die ihm den Rücken streichelt. Tanja riecht nach Tanja.

Nachdem sich Linus das Essen hat schmecken lassen, hält er mit den anderen Kindern Mittagsschlaf. Er gräbt das Gesicht tief in sein Schnuffeltuch, das so wunderbar nach Zuhause duftet.

Kinder erschließen sich die Welt mit und von ihrem Körper ausgehend. Deshalb ist es wichtig, dass die Welt, von der die Kinder umgeben sind, ihre Wahrnehmungstätigkeit anregt: »Gehen die Anregungen für vielseitige Sinneserfahrungen bereits von der räumlichen Gestaltung der Umwelt, von den ›Dingen‹ selber aus, sind weniger Impulse durch die Erwachsenen notwendig, um Kindern ein Erproben ihrer Sinnestätigkeiten zu ermöglichen.«[75]

Ästhetik

Ästhetisch[76] gestaltete Räume reizen die kindliche Wahrnehmung und fordern Kinder heraus. Die Menge der (Sinnes-)Informationen sollte deshalb in einer

---

75 Zimmer 1995, S. 12
76 Das Wort stammt vom griechischen aisthesis ab. Ästhetik war ursprünglich die Lehre von der sinnlichen Wahrnehmung. Im ursprünglichen Wortsinn steht es für Sinneseindruck, Empfindung, alles sinnlich (oder über die Sinne) Wahrnehmbare. Heute wird der Begriff vielfach zur Definition allgemeiner Schönheit verwendet.

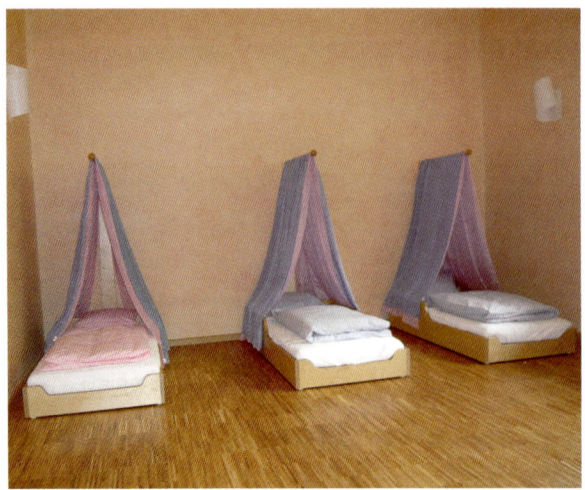

stimmigen Balance zur Funktion des Raumes und dem Entwicklungsniveau der Kinder sein. Räume, in denen sich Kinder über Jahre hinweg täglich viele Stunden aufhalten, und Dinge, mit denen sie täglich umgehen, müssen »... eine den ästhetischen Sinn befriedigende Gestalt besitzen«.[77] Eine reizarme[78] Umgebung sorgt für eine beruhigende Raumatmosphäre und somit für eine Stimmung, in der die Sinne ruhen können, wie dies beispielsweise in einem Schlaf- oder Ruheraum erwünscht ist.

Eine sinnenreiche Umgebung regt die Wahrnehmungstätigkeit der Kinder auf positive Weise an. Akustische Reizüberflutung und optische Überreizung durch ein Zuviel an Geräusch, Farbe, Form und Material können zu Überforderung, Orientierungsverlust, Konzentrationsmangel, Hyperaktivität oder Rückzug führen. Die Kunst der Raumgestaltung besteht vor allem darin, Reizüberflutung zu vermeiden und im hohen Maße auf die sinnesfördernden Impulse ausgewählter Materialien zu setzen.

Authentische Materialien

Die Auswahl aller im Raum befindlichen und verbauten Materialien bildet die tägliche Lern- und Bildungsumgebung der Kinder. Hochwertige Bildungsraumgestaltung zeigt sich in der Wertigkeit und Echtheit der verwendeten Materialien: Echtholz oder Holzimitat? Porzellan- oder Plastikgeschirr? Keramikfliesen oder PVC mit Fliesendekor? Materialien, die nur so tun, als ob, sind für Kinder irreführend.

In so manchem Rollenspielbereich findet sich beispielsweise täuschend echtes Plastikobst. Neue und junge Kinder beißen spontan hinein. Es sieht aus wie ein Apfel, riecht und schmeckt aber nicht wie ein Apfel! Das runde Ding ist außerdem viel leichter als der Apfel auf dem Esstisch. Manches Kind scheint sich zu fragen: Was ist das?

Wenn Sie jetzt meinen, dass aus Holz gearbeitetes Obst und Gemüse eine gute Alternative wäre, muss ich Sie enttäuschen. Dieses Material sieht zwar ebenfalls täuschend echt aus, ist letztlich aber auch nur ein Plagiat und führt zu enttäuschenden Erfahrungen.

Geben Sie Kindern besser Materialien, die sie fantasievoll in jene Dingen verwandeln, die sie für ihre Rollenspiele benötigen: dicke, getrocknete Kastanien, kleine Baumscheiben oder handliche Holzklötzchen.

Ein weiteres Beispiel verdeutlicht, wie unsinnig vieles ist, das in manchen Katalogen zur Ausstattung von Krippen angeboten wird. Kann man aus einem Bär trinken? Wohl kaum. Warum trinken Kinder dann in Krippen aus Plastik-Trinkbechern mit aufgedruckten »lustigen« Bären? Fallen die Becher auf den Boden, kullern sie scheppernd herum, bevor sie liegen bleiben. Solche Dinge vermitteln widersprüchliche Alltagserfahrungen und realitätsfernes Wissen, das Kindern mehr schadet als nützt.

Erziehung zur Achtsamkeit findet im Alltag statt, indem wir Kindern ver- und zutrauen, dass sie mit zerbrechlichen Materialien (Glas, Porzellan) und gefährlichen Dingen (Messer, Schere) umgehen lernen. Ein zerbrochener Teller wird zum Meilenstein kindlicher Erkenntnis, wenn Sie erkannt haben, welche Bedeutung das Erlebnis mit dem Teller für die Entwicklung des Kindes hat. Die positive Grundannahme »Kinder haben und entwickeln Kompetenzen« bildet die Grundlage, um Räume in Krippen zu gestalten. Letztendlich können Kinder nur das erfahren, ausprobieren und erlernen, was Erwachsene ihnen zutrauen und ihnen zur Verfügung stellen.

Sollten wir uns Krippenräume vielleicht besser als Kompetenzräume – und Krippen als Kompetenzzentren – denken, in denen Kinder ihre Kompetenzen bestmöglich entfalten können? Bei genauer Betrachtung von Räumen, die für junge Kinder gestaltet wurden, mache ich leider oftmals gegenteilige Erfah-

77 Senckel 2004, S. 243
78 Mit reizarm ist keinesfalls sinnentleert gemeint.

rungen: Garderobenhaken, die für Kinder unerreichbar sind; Gitterbetten und Hochstühle, in die Kinder hinein- und herausgehoben werden; Wickelkommoden, auf die Kinder hinauf- und heruntergehoben werden; didaktische Spielmaterialien, die den Umgang der Kinder auf die Ausübung weniger Handgriffe reduzieren wollen; Fallschutzplatten im Außenspielgelände, die Stürze abfedern sollen; anspruchslose Kinderliteratur mit niedlich bunten Illustrationen...

Die aufgeführten Beispiele verhindern kindliche Eigeninitiative, aktive Selbstständigkeit, kreatives Experimentieren, gesunde Selbstwahrnehmung und die Aneignung spannenden Weltwissens – wertvolle frühkindliche Bildungschancen werden nicht genutzt.

Natürliche Materialien

Lernen mit allen Sinnen wird unterstützt, wenn Räume ästhetisch anspruchsvoll gestaltet und alle im Raum befindlichen Materialien – Ausstattung, Möbel, Spielmaterial – möglichst natürlich und sinnenreich sind.

Naturmaterialien ermöglichen Kindern reizvolle Erfahrungen: Holz, Kork, Steine, Sisal, Jute, Schurwolle, Ziegenhaarteppiche, Leinenstoffe, Filze, Schaffelle, Baumstämme, Baumscheiben, Tannenzapfen, Ton, Lehm...

Aufdringliche (knallige) Farbtöne an Wänden und Möbeln, kitschige Muster auf Gebrauchsgegenständen (Tassen, Teller, Bestecke, Tischsets...) und infantilisierende Dekors auf Textilien (Kissen, Vorhänge, Bettbezüge, Baldachine, Sofas, Teppiche, Tischdecken...) führen zur Reizüberflutung und haben in den Bildungsräumen einer Kita nichts zu suchen.

Der Raum als »neutrale Bühne«

Im Idealfall ist der Raum wie eine »neutrale Bühne« gestaltet.

Auf einer Bühne können sich unterschiedliche Dinge abspielen, da sie durch ihre zurückhaltende Gestaltung die Fantasien der Akteure beflügelt und ihnen eigene Gestaltungsspielräume bietet. Wichtige Requisiten sind vorhanden und können bei Bedarf ohne großen Aufwand schnell herbeigeräumt werden.

Bewegungs- und Wahrnehmungserfahrungen

Der Krippenalltag bietet ein langes und somit nachhaltiges Zeitfenster, in dem Kinder unterschiedliche (Lebens-)Erfahrungen sammeln können. Das Projekt in der Kinderkrippe lautet deshalb »Gemeinsam den Alltag bewältigen« – jeden Tag neu. Eine sinnenreiche Umgebung lädt zur aktiven Selbsttätigkeit und konstruktiven Raumaneignung ein, indem sie Kindern zu jeder Zeit ganzheitliche Bewegungs- und Wahrnehmungserfahrungen ermöglicht.

Ganzheitliche Wahrnehmung

Niemals ist nur ein Sinn in seiner reinsten Form tätig. Nicht das Auge sieht, das Ohr hört, die Zunge schmeckt, die Nase riecht, die Haut fühlt – immer ist es der ganze Mensch, der vor dem Hintergrund seiner Erfahrungen sieht, hört, schmeckt, riecht und fühlt.

Eine herausragende Fähigkeit des »kompetenten Säuglings«[79] ist die der kreuzmodalen Wahrneh-

79 Martin Dornes 1993

mung[80]. Sie ermöglicht es, die Wahrnehmungen verschiedener Sinnesorgane miteinander in Beziehung zu setzen und zu vergleichen. Dadurch gelingt es dem Säugling, eine wohltuende Ordnung in seine Wahrnehmungs- und Gefühlswelt zu bringen.[81]

»Sinnliche Wahrnehmung ist mehr als die Summe einzelner Sinnesorgane«[82] – es ist das Zusammenspiel innerer und äußerer Sinnestätigkeit.

Die sieben Sinne

Für die Antwort auf die Frage nach dem Wie der Raumgestaltung ist es wichtig, sich mit der Bedeutung der kindlichen Sinnestätigkeit eingehend zu beschäftigen.[83] Im Idealfall findet diese fachliche Auseinandersetzung statt, bevor Krippenräume gestaltet und eingerichtet werden, um mögliche Fehlkäufe wie beispielsweise künstliche »Sinneswände« oder »Barfußpfade« zu vermeiden. Weiß man, dass Sinnessysteme zusammenarbeiten und Informationen stets über mehrere Sinneskanäle wahrgenommen werden[84], ist es aufschlussreich, die sieben Sinne[85] unter dem Aspekt der Raumgestaltung genauer zu betrachten.

Taktile Wahrnehmung: Tast- und Spürsinn

»Tastend, Schritt für Schritt, die Welt erobern...«[86]

Nach Ashley Montagu[87] ist der Tastsinn der »Ursprung aller Empfindungen«, der sich vor allen anderen Sinnessystemen entwickelt. Für das ungeborene Kind ist und für den Säugling bleibt die Haut das wichtigste Kommunikationssystem.

Die Haut ist das größte Spürorgan des Menschen. Das Kind spürt, wie es angefasst, gehalten, gestreichelt wird. »Die taktile Kommunikation ist die erste Sprache des Kindes, auf der die verbale Sprache aufbaut.«[88]

Kindliche Wahrnehmungs- und Raumerfahrungen:
- Sich gut umsorgt und geborgen fühlen – Nestwärme erfahren.
- Angenehme Berührungen in der Pflegesituation spüren.
- Materialeigenschaften wahrnehmen: weich, hart, rau, glatt, warm, kalt, kuschelig, kratzig...
- Wasser in allen Variationen erleben.
- Barfuß laufen.
- Mit den Händen matschen, Ton formen, kleistern, malen, gestalten.
- Erde, Sand, Steinchen durch die Hände rieseln lassen.

80 Auch amodale Perzeption oder Synästhesie
81 Vgl. Dornes 1993, S. 82f.
82 Zit. Wilken 2003, S. 70
83 In diesem Zusammenhang sei Renate Zimmers »Handbuch der Sinneswahrnehmung. Grundlagen einer ganzheitlichen Erziehung« empfohlen, das 1995 in Freiburg im Breisgau erschien.
84 Synästhesie
85 Körpernahe Sinne (taktiles, kinästhetisches, vestibuläres System, Geschmacks- und Geruchssinn) sowie körperferne Sinne (auditives und visuelles System). Vgl. Zimmer 1995, S. 58
86 Wilken 2003, S. 72
87 Ashley Montagu (1905-1999), ein britisch-amerikanischer Anthropologe, beschäftigte sich unter anderem mit der Bedeutung der Haut und des Körperkontakts für die Entwicklung des Menschen.
88 Zit. Zimmer 1995, S. 110

- Fühlen, wie es anderen geht, und spüren, was man braucht.
- Sich in der eigenen Haut und im Körper wohlfühlen.
- Sich wehtun und getröstet werden.
- Kuschelige Nähe erleben.

Kinästhetische Wahrnehmung: Bewegungs-, Kraft- und Stellungssinn

»Kinder benötigen möglichst vielseitige Bewegungsanreize, die immer den Charakter des Spiels – weniger der gezielten Übung – behalten sollten.«[89]

Das kinästhetische[90] Sinnessystem ist – neben Tast- und Gleichgewichtssinn – das erste funktionierende System des ungeborenen Kindes. Durch die Bewegungen der Mutter erfährt es das eigene Bewegt-Werden im Fruchtwasser und bewegt dadurch seine Muskeln und Gelenke. »Unter kinästhetischer Wahrnehmung wird die Lage- und Bewegungsempfindung, die nicht durch das Sehen vermittelt wird, verstanden.«[91]

Die zuständigen Rezeptoren finden sich im tiefer gelegenen Gewebe des gesamten Körpers – in Muskeln, Sehnen, Bändern, Gelenkkapseln. Mit Hilfe der Rezeptoren werden Reize und Informationen aus dem Körperinneren[92] und den Bewegungen empfangen, weshalb der Begriff »Propriozeptoren«[93] eigentlich besser passt.

Die kinästhetische Wahrnehmung ist für die Kontrolle der eigenen Bewegungen von großer Bedeutung. Aufgrund der Eigenwahrnehmung entwickelt sich das Körperschema, durch das ein Kind die Grenzen seines Körpers erfassen und eine Vorstellung von seinem Körper entwerfen kann. Es bekommt Kenntnisse über die Stellung seiner Glieder zueinander, es erhält Rückmeldung über die Koordination wie den Spannungsgrad seiner Muskeln und somit über jeder Art von Bewegung. So gelingt es dem Kind beispielsweise nach einer gewissen Zeit zu klatschen, ohne die Bewegung der Hände mit Blicken kontrollieren zu müssen.[94]

Kindliche Wahrnehmungs- und Raumerfahrungen:
- Immer und überall in Bewegung sein.
- Bewegung ist der Motor aller Entwicklung.
- Ich bewege mich – also bin ich.
- Spaß und Lust an Bewegung haben.
- Hindernisse überwinden.
- Klettern, hüpfen, springen, tanzen...
- Sich in enge Schlupfwinkel, Löcher, Ecken, Kisten zwängen.
- Die eigenen Kräfte messen.
- Schwere Dinge hochheben, herumtragen.
- Sich fallen lassen, sich hinwerfen.
- Die Grenzen des Raums und die des eigenen Körpers erfahren.
- Quatsch und Blödsinn (auch ein Sinn!) machen.
- Sich selbst Aufgaben stellen.
- Immer wieder Neues wagen.
- Vertrauen in das eigene Können gewinnen.
- Bewegungsfreude erleben.

Vestibuläre Wahrnehmung: Gleichgewichtssinn

»Ein gut ausgebildeter Gleichgewichtssinn bestimmt die Lebensqualität wesentlich, aber auch die Ausbildung des inneren Gleichgewichts ist für eine gesunde Persönlichkeitsentwicklung bestimmend.«[95]

Der Gleichgewichtssinn entwickelt sich ab der neunten Schwangerschaftswoche und wird durch die Körperbewegungen der Mutter stimuliert. Das Gleichgewichtsorgan befindet sich im Innenohr und wird als Vestibularapparat bezeichnet.

Mit der Geburt erfährt das Kind die Bedeutung der Schwerkraft: Wie mühsam es für ein Kind in den ersten Monaten ist, sein Köpfchen selbst zu halten! Die gesamte Motorik entwickelt sich aus der Kopfkontrolle des Babys.

Der Gleichgewichtssinn ist für die Aufrechthaltung des Körpers und die Orientierung im Raum verantwortlich. Er ermöglicht es, Drehbewegungen und Beschleunigungen wahrzunehmen und sich darauf einzustellen.[96]

Auch für die Gesamtfunktion des Gehirns spielt der

---

89 Zimmer 1995, S. 122
90 Das Wort Kinästhetik (engl. kinaesthetics – durch die Sinne wahrgenommene Bewegung) besteht aus einer Kombination der griechischen Wörter kinesis (Bewegung) und aesthesie (Wahrnehmung). Kinästhesie bedeutet die Wahrnehmung der Raum-, Zeit-, Kraft- und Spannungsverhältnisse der eigenen Bewegungen. Vgl. Zimmer 1995, S. 117
91 Zit. Zimmer 1995, S. 117
92 Deshalb wird in diesem Zusammenhang oftmals auch von Tiefenwahrnehmung oder Tiefensensibilität gesprochen.
93 Vom lateinischen Adjektiv proprius = eigen
94 Vgl. Zimmer 1995, S. 117ff.
95 Zit. Wilken 2003, S. 121
96 Vgl. Zimmer 1995, S. 130ff.

Gleichgewichtssinn eine außerordentlich wichtige Rolle. Anna Jean Ayres[97] lehrt, dass der Gleichgewichtssinn das alles vereinende Bezugssystem ist, das die Grundbeziehungen formt, die ein Mensch zur Schwerkraft und seiner physischen Umwelt hat: »Alle anderen Arten von Empfindungen werden unter Bezug auf diese grundlegende vestibuläre Information verarbeitet.«[98] Demnach werden alle sinnlichen Wahrnehmungen durch den Gleichgewichtssinn angeregt, reguliert und integriert, so dass der Körper mit allen seinen Sinnen als Ganzes zusammenwirkt.[99]

Kindliche Wahrnehmungs- und Raumerfahrungen:

- Getragen und sanft gewiegt werden, sich gehalten fühlen.
- Sich hochziehen und aufrichten – entgegen der Schwerkraft.
- Zum ersten Mal auf eigenen Beinen stehen.
- In der Hängematte liegen.
- Auf zwei Beinen und später auf einem Bein hüpfen.
- Schaukeln, wippen, balancieren...
- Kreiseln, drehen – bis zum Schwindligwerden.
- Einen Hang hinunterrollen: Drehe ich mich? Oder dreht sich die Welt?
- Auf dem Karussell immer schneller fahren.
- Das Gleichgewicht jeden Tag neu auf die Probe stellen.
- Wird etwas langweilig, wird es mit geschlossenen Augen probiert.

- Zu einer guten äußeren und inneren Balance finden.
- Geborgenheit erfahren.

Gustatorische Wahrnehmung: Geschmackssinn

»Der Sinn für ein gemütliches Essen ... muss erlebbar, als schönes Gefühl spürbar werden, nur dann erhöht sich das gute, gesunde Lebensgefühl.«[100]

Bereits im Mutterleib kann das ungeborene Kind schmecken, so dass seine Geschmacksempfindungen mit der Geburt sehr gut ausgebildet sind. Mundhöhle und Nasenraum, Geschmacks- und Geruchssinn stehen in enger Verbindung zueinander.[101]

Der Mund ist nicht nur Geschmacks-, sondern auch Entdeckungs-, Orientierungs- und Entscheidungsorgan. So haben junge Kinder das starke Bedürfnis, Dinge in den Mund zu nehmen, um sie mit dem Mund zu erkunden und sich auf diese Weise ein Bild von ihnen zu machen. Das Wissen über die Dinge der Welt wird quasi einverleibt.

Kinder probieren aus, ob sie etwas als gut oder schlecht empfinden, und entwickeln dadurch ihren persönlichen Geschmack.[102]

Kindliche Wahrnehmungs- und Raumerfahrungen

- Alles in den Mund nehmen.
- Dinge mit dem Mund untersuchen.
- Spielsachen ablutschen.
- Mein Schnuller schmeckt einmalig.
- Essen und trinken.

---

97 Anna Jean Ayres (1920-1989) war eine US-amerikanische Entwicklungspsychologin.
98 Zit. Ayres 1984, S. 52
99 Vgl. Zimmer 1995, S. 131
100 Zit. Wilken 2003, S. 112
101 Vgl. Zimmer 1995, S. 147ff.
102 Vgl. Wilken 2003, S. 109ff.

- Süßigkeiten naschen.
- Speisen probieren dürfen, aber nicht essen müssen.
- Essen ausspucken.
- Beim Zubereiten einer Mahlzeit mithelfen.
- Essen macht Spaß.
- Lustvoll genießen.

Olfaktorische Wahrnehmung: Geruchssinn

»Die Nase ist das Gedächtnis der Vergangenheit, oft der Kindheitserinnerungen.«[103]

Der Geruchssinn ist von Geburt an überaus gut entwickelt. Ein neugeborenes Kind kann seine Mutter am Geruch erkennen und zwischen verschiedenen Gerüchen unterscheiden.[104]

Die Nase ist das für das Riechen zuständige Sinnesorgan und somit »Empfangsstation aller Gerüche«. Erwachsene Geruchsvorlieben oder Geruchsabneigungen wurzeln meist tief in den olfaktorischen Sinneswahrnehmungen der Kindheit: »Das Riechen ist unter allen Sinnesvorrichtungen die am tiefsten wirksame. Gerüche senken gewissermaßen ihre Wurzeln in tiefste Erinnerungsgeschichten.«[105]

Gerüche beeinflussen die Gefühle und Emotionslagen von Menschen schnell und stark: Die Nase weckt auch andere Sinne, beispielsweise den Geschmackssinn. Riecht es nach Essen, wird der Geschmackssinn, der Vor-Geschmack auf das Essen, lustvoll geweckt.[106] Junge Kinder sind dafür besonders empfänglich, und ehe man sich versieht, sitzen sie erwartungsvoll am Tisch, sobald die ersten Essensdüfte in ihre Nasen steigen.

Kindliche Wahrnehmungs- und Raumerfahrungen:
- Düfte und Gerüche wahrnehmen.
- Schnuppern und schnüffeln.
- Ein Rotznäschen haben.
- Den vertrauten Geruch der Lieblingserzieherin wahrnehmen.
- Frau Müllers Parfüm ist eklig.
- Die Praktikantin riecht nach Rauch.
- Manchmal stinkt es ganz fürchterlich – puh!
- Da hilft nur eins: Nase zuhalten.
- Mittagessenduft ist lecker.
- Holz riecht gut.
- Mein Kuscheltier riecht wunderbar nach Mama.
- Mein Schnuffeltuch riecht nach Zuhause.
- Vertrauen haben.

Auditive Wahrnehmung: Hörsinn

»Das Auge führt den Menschen in die Welt, das Ohr führt die Welt in den Menschen ein.«[107]

Das Ohr ist das erste sich entwickelnde und das Innenohr das empfindlichste Organ des menschlichen Systems. Bereits im Mutterleib kann ein Kind verschiedene Geräusche wahrnehmen, und so ist der Hörsinn bei Neugeborenen bereits sehr gut entwickelt.

Wer gut hört, kann andere verstehen, sich mit ihnen austauschen und sich im Alltag sicher bewegen. Wer hört, kann seine Gefühlswelt komplett

103 Wilken 2003, S. 101
104 Vgl. Zimmer 1995, S. 142
105 Zit. Kükelhaus 1982, S. 137
106 Vgl. Wilken 2003, S. 102
107 Lorenz Oken

Visuelle Wahrnehmung: Sehsinn

»Der Augen-Blick, den ich dir schenke, den ich dir widme, zeigt Wertschätzung.«[109]

Das Organ zur Aufnahme optischer Eindrücke ist das Auge.

Das Sehen selbst ist eine konzentrierte Aktion des Gehirns. Bereits in den ersten Lebenswochen kann ein Kind nicht nur Farben, sondern auch die groben Strukturen eines Gesichts wahrnehmen. Nach kurzer Zeit erkennt das Baby die Gesichter seiner Eltern. Mit rund einem Vierteljahr folgt es bewegten Gegenständen mit dem Blick. Wenige Monate später beherrscht es die Nah- und Ferneinstellung des Auges weitgehend.

Die Augen sammeln jedoch nicht nur Informationen, sie sind wie »… weit geöffnete Tore zum Innenleben anderer Menschen«.[110] In den Augen eines Menschen spiegeln sich Gefühle, mit Blicken werden Beziehungen hergestellt, Bindungen geformt und gefestigt[111] – ein Blick sagt manchmal mehr als tausend Worte.

Kindliche Wahrnehmungs- und Raumerfahrungen:
- Aufmunternde, liebevolle Blicke wahrnehmen und Beachtung erfahren.
- Dinge entdecken, die interessant sind und die Aufmerksamkeit fesseln.
- Staunen und innehalten.
- Sich verstecken.
- Bilder und Bücher betrachten.
- Beobachten können, was Kinder und Erwachsene tun.
- Zum Fenster hinausblicken: Was passiert da alles?
- Die Welt aus anderer Perspektive wahrnehmen: oben, unten, vorne, hinten.
- Die Welt in Rot, Blau, Gelb oder Grün sehen.
- Farben, Formen, Sonnenstrahlen, Schatten in der Umgebung entdecken.
- Gucklöcher geben Ausblicke.
- Blickkontakte zur Erzieherin sind wichtig.
- Nichts sehen müssen, die Augen schließen.
- Das eigene Ich im Spiegel entdecken.
- Ein Weltbild konstruieren.

erschließen, denn das Ohr ist über Nervenfasern direkt mit dem Gefühlszentrum im Gehirn verbunden.

Hören ist Voraussetzung für das Erlernen von Sprache: Kinder sprechen das, was sie hören. Mit zunehmendem Lebensalter entwickeln sie die Fähigkeit zur selektiven Wahrnehmung, können beispielsweise einzelne Stimmen aus einem Stimmengewirr heraushören.[108] Zudem kann das Gehör die Entfernung und Richtung von akustischen Reizen wahrnehmen.

Kindliche Wahrnehmungs- und Raumerfahrungen:
- Die Stimme der Erzieherin hören.
- Mit einem Holzklötzchen auf Holz, Teppich oder eine Fliese klopfen.
- Eine Treppe hoch stampfen und laute Poltergeräusche erzeugen.
- Hinhören, aufhorchen, zuhören, lauschen, still sein, flüstern.
- Brabbeln, plappern, sprechen.
- Laut sein, die Lust am Krachmachen ausleben, schreien, brüllen.
- Töne und Klänge eines Instruments, ein Musikstück hören.
- Tanzen, sich im Rhythmus wiegen, klatschen.
- Geschichten hören.
- Sing-, Kreis-, Finger- und Tanzspiele machen.
- Manchmal ist es viel zu laut.
- Nichts hören wollen, sich die Ohren zuhalten.
- Stille genießen.

---

108 Vgl. Zimmer 1995, S. 87
109 Wilken 2003, S. 84
110 Zit. Renz-Polster 2010, S. 295
111 Vgl. ebd., S. 294

Sinnenreiche Raumgestaltung

Kindliche Wahrnehmung zu fördern bedeutet, Kindern sinnenreiche Räume – drinnen wie draußen – zur Verfügung zu stellen und diese Umgebung so vorzubereiten, dass sie alle Sinne gleichermaßen stimuliert und zu ganzheitlicher Sinnestätigkeit anregt.

Die vorbereitete Umgebung

Der Begriff der »vorbereiteten Umgebung«[112] basiert auf Maria Montessoris Verständnis von Lernen und Arbeiten: In einer an den kindlichen Entwicklungsbedürfnissen orientierten, didaktisch vorbereiteten Umgebung können sich Kinder gut konzentrieren und bei sich sein.

Wird der Raum nach den Bedürfnissen seiner Nutzer – der Kindern – gestaltet, ermöglicht er ihnen selbstständige Aneignung und Entfaltung. Ziel dieser geordneten (vorbereiteten) Umgebung ist es, Kinder – Schritt für Schritt – in die Ordnungen der Welt einzuführen.

Dass diese vorbereitete Umgebung von Ihnen immer wieder neu hergestellt – sprich: täglich vor- und nachbereitet – werden muss, versteht sich von selbst. Nur auf diese Weise können Kinder von der Struktur und Ordnung eines Raums zuverlässig profitieren.

Jeden Morgen besucht Jonas pünktlich um 7.00 Uhr die Krippe. Nachdem er sich von seinem Vater verabschiedet und ausgiebig gewinkt hat, krabbelt er los, um sich »Bäba« zu holen. Den Bär im Arm, krabbelt er zu seiner Erzieherin und kuschelt sich auf ihren Schoß.

Mit diesem Ritual beginnt Jonas den Tag in der Kinderkrippe.

Für Jonas und seinen Bär beginnt der Morgen an einem warmen und gemütlichen Ort der Geborgenheit: dem Schoß der Erzieherin. Sein Bär hat einen festen Platz in der Gruppe. Jonas weiß, wie er sich morgens selbst helfen kann, um die erste Hürde des Tages – den Übergang vom Arm des Vaters auf den Schoß der Erzieherin – erfolgreich zu bewältigen.

Das Übergangsobjekt, der Bär, leistet ihm dabei gute Dienste.

Jonas erlebt Menschen und Umgebung als verlässlich, einschätz- und vorhersehbar. Diese äußere Struktur hilft ihm beim Aufbau einer inneren Struktur.

Klare Raumstrukturen, eine sorgfältige Ordnung, vorhersehbare Abläufe und ein überschaubares Materialangebot mit hohem Aufforderungscharakter erleben Kinder, wenn

- sie sich im Raum selbstständig zurechtfinden können,
- Materialien in ihrer Augenhöhe und Greifweite aufbewahrt sind,
- die für sie bestimmten Dinge frei zugänglich sind,
- die Dinge genau da sind, wo sie zu erwarten sind,
- unter den Spielmaterialien ein persönliches »Lieblingsding« zu finden ist,
- sie immer an einem bestimmten Ort einen neuen Impuls finden,
- laminierte Fotos Hinweise[113] auf Materialien geben.

Die Gestaltung einer übersichtlichen Umgebung – mit ausgewählten und frei zugänglichen Materialien – ermöglicht Kindern bei der Wahl von Tätigkeiten Orientierung: »In einer vorbereiteten Umgebung, die Anreize bietet, aber in der die Erwachsenen keinen Druck ausüben, überlässt sich das Kind einer inneren Führung bei der Wahl seiner Tätigkeiten. Es findet – entsprechend seinem Alter und Entwicklungsstand – was es in der jeweiligen Situation braucht: etwas Anregendes oder Beruhigendes, einen Reiz,

---

112 Zur vorbereiteten Umgebung gehören auch Kontakte, die nach außen gehen, beispielsweise Spielplatzbesuche, Einkäufe, Spaziergänge durch das Quartier, kleine Ausflüge oder Besuche.

113 Die für Eigentumsschubladen oft verwendeten Holztäfelchen mit unterschiedlichen Symbolen (Erkennungsschilder) ergeben für Kinder wenig Sinn: Warum klebt ein Schaf oder ein Ball auf der Schublade? Fotos der Kinder hingegen sind authentisch und ergeben ein Gruppenbild, das zu Gesprächen einlädt: »Emil! Laura! Bastian! Und da ich bin!«

dem es sich Schritt für Schritt nähert, eine Herausforderung oder etwas, das tröstet.«[114]

Das Bedürfnis nach Sinnbeziehungen

Das menschliche Wahrnehmungssystem strebt nach Ordnung. Alles, was Kinder wahrnehmen, versuchen sie möglichst einfachen, regelmäßigen, klaren, übersichtlichen und bekannten Strukturen zuzuordnen. Sie setzen die einzelnen Elemente zueinander in Beziehung und bewerten die Stellung, die sie zueinander einnehmen.[115] Deshalb mischen Kinder mit großer Leidenschaft unterschiedlichste Dinge, die – nach Sicht des Erwachsenen – zunächst nichts miteinander zu tun haben. Sie stopfen beispielsweise Bauklötze, Holztiere, Tücher, Löffel, Schnuller energisch in eine Kiste, um die Dinge anschließend neu zu arrangieren und zu konstruieren. »Das Chaos will als solches erfahren werden, bevor es sich in eine neue Ordnung umwandeln lässt«, sagte Hermann Hesse.

Typische Verhaltensweisen

Beobachten wir das Verhalten junger Kinder, stellen wir fest, dass sie viel Zeit mit Tätigkeiten verbringen, die sie meist über längere Zeiträume hinweg wiederholen und dabei zunehmend differenzieren:

- Dinge stapeln, zum Einsturz bringen und wieder neu aufstapeln.
- Dinge hochheben, fallen lassen, werfen und wieder aufheben.
- Dinge auf unterschiedliche Weise miteinander verbinden.
- Dinge einfüllen, umfüllen, ausleeren, schöpfen und ausschütten.
- Dinge ausräumen und einräumen.
- Dinge (und sich selbst) verstecken, verschwinden lassen und suchen.
- Dinge in andere Dinge oder eine Öffnung stopfen.
- Dinge einwickeln, auswickeln und wieder einwickeln.
- Dinge hin und her tragen, hin und her schieben, von A nach B transportieren.
- Dinge in der Gegend verstreuen.
- Dinge auf unterschiedliche Weise sortieren.
- Dinge nutzen, um Geräusche damit zu erzeugen.

Diese Verhaltensweisen oder Handlungsschemata sind für Kinder typisch und geben Hinweise zur Auswahl von (Spiel-)Materialien. Hat ein Kind ein bestimmtes Schema ausgebildet, wiederholt es das Schema und wendet es auch im Umgang mit anderen Dingen an.

Verhaltensschemata und kognitive Schemata sind miteinander vernetzt und bilden die Grundbausteine menschlichen Wissens: Im aktiven Handeln und in der Interaktion mit der Umwelt konstruiert das Kind – in Gemeinschaft mit anderen Menschen[116] – seine kognitive Struktur.

Was also zunächst als stereotype oder »chaotische« Verhaltensweise anmutet, offenbart bei genauer Beobachtung seinen tieferen Sinn und zeigt System. Ist beispielsweise ein kreatives Durcheinander entstanden, dauert es meist nicht lange, und die Materialien werden in neue, immer komplexere Sinnbeziehungen gesetzt. Dass mit diesem Tun konstruktive Lern- und elementare Bildungsprozesse einhergehen ist offensichtlich. Die vermeintliche (äußere) »Unordnung« ist der Weg, der schrittweise zu einer inneren Ordnung führt, nach der das menschliche Wahrnehmungssystem per se strebt.

---

114 Zit. Von Allwörden/Wiese 2002, S. 9
115 Vgl. Franz/Vollmert 2005, S. 93
116 Ko-Konstruktion

Ordnungsprinzipien in der Raumgestaltung

Gut gestaltete Räume beinhalten immer auch Ordnungsprinzipien – allerdings nicht der Ordnung wegen, sondern um das menschliche Bedürfnis nach Sinnbeziehungen zu erfüllen.

Unordnung entsteht, wenn Dinge keine sinnvollen Beziehungen zueinander haben. Damit wird deutlich, dass es Ihre Aufgabe ist, sich für die »gute Ordnung« in Krippenräumen verantwortlich zu fühlen.

Haben sich Kinder an eine bestimmte Raumordnung gewöhnt und die Struktur ihrer Umgebung verinnerlicht, fühlen sie sich sicher und erleben sich als selbstwirksam. Sie wissen, wo sie das, was sie brauchen, selbstständig finden können – wie Jonas in dem Beispiel auf Seite 103. Werden Kinder ständig mit neuen Ordnungs- oder unlogischen Gestaltungssystemen konfrontiert, können sie kaum oder nur schwer Beziehungen zu ihrer Umgebung aufbauen. Beziehungslosigkeit ist die Folge.

Gestalttheorie

Die Erkenntnisse der Gestalttheorie von Max Wertheimer[117] belegen, dass die menschliche Wahrnehmung nach Ganzheit strebt. Das Ganze ist jedoch mehr als die Summe seiner Teile, weil der Wahrnehmungsapparat allen eintreffenden Informationen Bedeutung und Sinn zuschreibt.

Nach Ansicht der »Berliner Schule« folgt die Sinneswahrnehmung einer Reihe von Grundsätzen, den sogenannten Gestaltgesetzen. Sie beschreiben, wie Menschen wahrnehmen, und erklären, wie es dem menschlichen Gehirn möglich ist, eine gewisse Ordnung in das Chaos der vielfältigen Sinnesreize zu bringen. Nicht zuletzt deshalb sollten Sie die Gestaltgesetze bei der Alltags- und Raumgestaltung in Kitas und Krippen beachten.

Der Grundsatz der Kontinuität

Impulse, die als Fortsetzung vorangegangener Impulse erfahren werden, werden als zusammengehörig erlebt.

Eine zuverlässig gestaltete Umgebung, in der sich Kinder darauf verlassen können, dass das, was heute ist, auch morgen sein wird, schafft eine Basis für Vertrauen. Rituale und wiederkehrende Abläufe helfen, den Tag zu strukturieren, und geben Kindern Sicherheit und Orientierung.

Der Grundsatz von Ähnlichkeit und Nähe

Einander ähnliche Dinge, mit geringen Abständen zueinander, werden als zusammengehörig wahrgenommen. Was zusammengehört, bildet eine funktionale Einheit: beispielsweise ein Korb mit Klanginstrumenten oder eine Kiste mit Bällen. Durch die Bildung solcher Einheiten erhält der Raum eine klare Struktur und vereinfacht tägliche Abläufe.

---

117 Max Wertheimer (1880-1943) gilt als Hauptbegründer der »Berliner Schule der Gestaltpsychologie« und der Gestalttheorie in den 1920er Jahren.

Der Grundsatz der Prägnanz[118]

Unter Prägnanz kann man Einprägsamkeit, Eindeutigkeit, Unverwechselbarkeit und Abgrenzung vom Anderen verstehen. Ein Raum, ein Ort oder ein Gegenstand werden bevorzugt wahrgenommen, wenn sie sich von anderen Räumen, Orten oder Gegenständen durch ein bestimmtes Merkmal abheben.

Klar erfassbare Orte mit unverwechselbarem Gesicht oder einmaligem Charakter erzeugen Heimatgefühle: mein Gruppenraum. Gleichförmige Raumgestaltungen, Einheitsmöblierungen oder weiße Wände hingegen schaffen keine prägnanten, einprägsamen Umgebungen, weil sie sich zum Verwechseln ähnlich sehen.

Der Grundsatz der gemeinsamen Region[119]

Dinge in abgegrenzten Bereichen werden als zusammengehörig empfunden. Ein Spielort mit all seinen Materialien wird als Spielbereich wahrgenommen, wenn er sich von anderen Bereichen des Raumes abhebt oder abgrenzt, beispielsweise durch eine Podestfläche oder einen Teppich mit anderer Farbigkeit und Materialität.

Was im Großen funktioniert, funktioniert immer auch im Kleinen: Überschaubare Materialangebote auf mehreren kleinen Tabletts werden von Kindern gerne wahrgenommen. Spielmaterialien, zum Beispiel Puzzles, oder Bücher werden in Regalen, jedes für sich und somit separat präsentiert, also nicht gestapelt.

Je deutlicher der Raum strukturiert und je klarer die Materialien angeboten werden, desto besser finden sich Kinder in der Grammatik des Raums zurecht. Sortiersystemen, Sturäumen und Stammplätzen kommt dabei besondere Bedeutung zu.

Sortiersysteme

Klar durchschaubare Sortier- und Ordnungssysteme mit Sammelbehältnissen für bestimmte Materialsortimente können von Kindern gut bedient werden. Die Materialkisten sollten für Kinder handhabbar und nicht zu schwer bestückt sein. Sie befinden sich in Reichweite und Augenhöhe der Kinder, also in einer maximalen Höhe von 50 Zentimetern über dem Fußboden.

Als Sammelbehältnisse können beispielsweise durchsichtige Kunststoffboxen – maximal A4-Format und cirka 20 Zentimeter hoch – verwendet werden. Durch die Transparenz der Behältnisse sind die Inhalte für die Kinder erkennbar und haben Aufforderungscharakter. Beim Aufräumen ist für Kinder gut ersichtlich, was wo hingehört.

Ästhetisch anspruchsvoller sind Weidenkörbe oder Holzkisten, auf denen abgebildet ist, was hineingehört. Hierfür können entsprechende Fotos laminiert und auf die Holzkisten geklebt oder mit Kordeln an die Körbe gebunden werden.

Neben der Bildsprache sollte auch die Schriftsprache[120] ins Spiel gebracht werden. Auf diese Weise entdecken Kinder die Bedeutung von Symbolen im Alltag. Ideal ist, wenn das gewählte System der Bild- und Schriftsprache in den weiterführenden Kindergartengruppen beibehalten wird.

Sturäume

Zu viele Materialangebote überfordern Kinder. Eine Flut von Spielzeug erschwert zudem das tägliche Aufräumen und Ordnunghalten. Weniger kann also durchaus mehr sein, wenn das Wenige sorgfältig durchdacht ist.

Sturäume im Gruppenraum und gruppennahe Materialdepots sind wichtig, um nicht benötigte Materialien so wegzuräumen, dass sie von den Kindern nicht gesehen werden können: Aus den Augen, aus dem Sinn!

---

118 Auch das Gesetz der guten Gestalt
119 Stephen Palmer fand in den 1990er Jahren zu den sieben von Max Wertheimer formulierten Gestaltgesetzen drei weitere: die Gesetze der Geschlossenheit, Gleichzeitigkeit und der verbundenen Elemente.
120 Verwenden Sie bitte Groß- und Kleinbuchstaben und wählen Sie eine möglichst geradlinige Schrift, zum Beispiel Tahoma oder Arial.

Als Fachkraft ist es Ihre Aufgabe, im Alltag zu beobachten, welche Materialien oft und welche selten in Gebrauch sind. Dadurch finden Sie heraus:

- Was sind die aktuellen Interessen der Kinder?
- Welche »Zone der nächsten Entwicklung«[121] zeigt ein Kind?
- Welches Material könnte es in seinem nächsten Entwicklungsschritt bestärken?

Beobachten Sie, dass ein Kind beispielsweise mit großem Interesse verschiedene Dinge ineinander steckt, könnte eine Auswahl an verschiedenen Pappschachteln ein Impuls zur richtigen Zeit sein. Wie gut, wenn ein solches Spielmaterial im Stauraum bereitliegt, damit Sie es bei Bedarf herbei holen können.

Stammplätze

Alle Spielmaterialien sollten ihre festen Plätze im Raum haben. So können sich die Kinder darauf verlassen, dass sie wichtige und für sie bedeutungsvolle Dinge jederzeit finden. Laminierte Fotos werden so auf die Regale geklebt, dass sie Kindern bildhaft vor Augen führen, wo die Stammplätze der Spielmaterialien sind.

Literatur

Ayres, A. J.: Bausteine der kindlichen Entwicklung. Berlin 1984

Franz, M./Vollmert, M.: Raumgestaltung in der KiTa. In diesen Räumen fühlen sich Kinder wohl. München 2005

Dornes, M.: Der kompetente Säugling. Frankfurt 1994

Kükelhaus, H.: Fassen, Fühlen, Bilden. Organerfahrungen im Umgang mit Phänomenen. Frankfurt am Main 1982

Renz-Polster, H.: Born to be wild. Wie die Evolution unsere Kinder prägt. München 2011

Senckel, B.: Wie Kinder sich die Welt erschließen. Persönlichkeitsentwicklung und Bildung im Kindergartenalter. München 2004

Wilken, H.: Kursbuch Sinnesförderung. So lernen Kinder, sinnenreich zu leben. München 2003

Von Allwörden, M./Wiese, M.: Vorbereitete Umgebung für Babys und kleine Kinder. Handbuch für Familien, Krippen und Krabbelstuben. Berlin 2002

Zimmer, R.: Handbuch der Sinneswahrnehmungen. Grundlagen einer ganzheitlichen Erziehung. Freiburg im Breisgau 1995

121 Lew Wygotski

Räume erobern aus eigener Kraft mit selbst gewähltem Ziel – eine Blickschulung mit Konsequenzen für pädagogisches Handeln

Gabriele Haug-Schnabel und Joachim Bensel

Raumgestaltung und Ausstattungsangebot, Zugang zu Werkzeugen und Materialien sollen dazu beitragen, dass Kinder vom Säugling bis zum siebten Lebensjahr die in diesem Zeitraum anstehenden Entwicklungsaufgaben meistern können – so der elementarpädagogische Anspruch.

Die in diesen Jahren ermöglichten institutionellen Sozialisationserfahrungen ergänzen die veränderte Familiensituation und werden immer wichtiger. Denn in unserer Gesellschaft leben immer mehr alleinerziehende Mütter und Väter, in vielen Familien sind beide Eltern berufstätig, oft ganztags. Junge Familien ziehen an ihre Ausbildungs- oder Arbeitsorte, die nicht selten weit vom ursprünglichen Familienwohnsitz entfernt sind. Großeltern oder andere Familienangehörige, selbst oft noch berufstätig, können bei der Betreuung der Kinder deshalb nur ausnahmsweise und kurzfristig einspringen.

Die neuen Sozialisationsbedingungen wirken sich aus: In der täglichen Familienzeit dominieren Eltern- und weitere Erwachsenenkontakte, während Kontaktformen in unterschiedlicher Nähe und mit variierenden Kommunikations- und Kooperationsmöglichkeiten mit anderen Kindern das soziale Angebotsfeld in den Einrichtungen prägen und den Kindern andersartige Erfahrungen bieten.

Achtsamer Umgang mit dem kindlichen Explorationsbedürfnis

Räume sollen nicht nur das Dazugehörigkeitsgefühl eines Kindes bedienen, sondern auch sein Explorations- und Bildungsbedürfnis. Das Kind als Welterkunder stellt sich selbst Aufgaben und nimmt von sich aus initiierte, ganz bewusst intendierte Grenzüberschreitungen unterschiedlichster Art in Angriff.

Für einen guten Einstieg in Krippe oder Kindergarten braucht ein Kind die feinfühlige Begleitung seiner Eltern und eine ihm zugewandte Erzieherin, die ihm die Beziehungsaufnahme anbietet. Über Sprache, Stimme, Gestik, Mimik und Körperhaltung signalisiert die Erzieherin dem Kind, dass sie an ihm und seinen Aktivitäten interessiert ist und sich für einen Austausch darüber Zeit nimmt, um kindliche Äußerungen und antreibende Motivation wahrnehmen zu können. Ihre Haltung drückt Akzeptanz dem Kind gegenüber aus und lässt Bewunderung erkennen, dass es etwas selbst versuchen will. Indem sie die Emotionen des Kindes spiegelt und aufgreift, wird das Kind in seinem Tun und seinen ersten Selbstwirksamkeitsgefühlen bestärkt. So wird es Anregungen aufnehmen, die zum vielfältigen Weiterdenken auffordern.[122]

Die feinfühlige Ermutigung geht noch weiter: Ein Kind, das sich selbst Aufgaben stellt, braucht einen emotionalen Startanschub, eine mehr oder weniger intensive Explorationsunterstützung. Stößt das Kind an Grenzen seiner Handlungsfähigkeit, sind wiederum Achtsamkeit und Feinfühligkeit nötig, um zu erspüren, wie viel Assistenz[123] – also wie viele Informationen, wie viel und welche Unterstützung – dieses Kind jetzt braucht.

Einem Kind bei der Entdeckung der Welt zu helfen heißt für die Erwachsenen, die Balance zwischen Gewähren-Lassen und Anregen immer wieder neu zu finden, also das Kind einerseits selbst Möglichkeiten herausfinden lassen und ihm andererseits Lösungswege aufzuzeigen.[124] Dabei ist es wichtig, so wenig wie möglich in kindliches Tun einzugreifen. Jedes Eingreifen unterbricht und stört die dem Kind eigene Vorgehensweise. Das Kind kennt die Überlegenheit des Erwachsenen und vertraut ihm. Es wird sein Tun

---

122 Remsperger 2008
123 Ahnert 2007
124 Dreier 2004

unterbrechen und seine eigenen Lösungsideen zurückstellen. Doch nicht nur das, es übergibt dem Erwachsenen die Aufgabe und ermutigt ihn dadurch, die Handlung auf seine meist effektive, zielorientierte Weise, begleitet von verbalen Erklärung und Belehrungen, zu Ende zu führen. So geht dem Kind die Chance verloren, selbst eine Problemlösung zu finden und das Ergebnis oder den Erfolg der eigenen Kompetenz zu verdanken.

Doch Beobachtungen zeigen, dass noch mehr geschieht, wie an häufig nachfolgenden Konflikten zu erkennen ist: Das Kind übergibt die Aufgabe und damit auch die Verantwortung für den bereits angedachten Handlungsverlauf dem Erwachsenen. Weicht das Ergebnis von der kindlichen Vorstellung ab, sieht das Produkt anders aus, reagiert das Kind unleidlich und frustriert, während ein selbst bewirktes unerwartetes Ende eher selten zu emotionalen Turbulenzen führt.

»Hilf mir, es selbst zu tun« ist ein bekannter Grundsatz Maria Montessoris, der weitreichende pädagogische Folgen hat. Untrennbar davon scheint auch der Wunsch des Kindes zu sein, selbst entscheiden zu wollen, wann es ein Unternehmen beginnen oder dessen Fortführung erneut in Angriff nehmen möchte. Folgende Beweggründe könnten aufgrund erster Beobachtungen dazu führen:

• Wenn ich etwas mehr darüber weiß;
• wenn ich mir wirklich sicher bin, dass ich es will;
• an einem Tag, an dem ich mich stark fühle;
• wenn bestimmte Kinder um mich sind und mit mir agieren.

Zum Anregungsgehalt der räumlichen Umgebung

Was macht den Aufforderungscharakter von Umgebungen aus, der Kinder dazu motiviert, aktiv zu werden und Fragen zu stellen? Gibt es eine Art »Schlüsselreize«, die Spielhandlungen auslösen, die kindliche Lerndispositionen zum Einsatz bringen und so dem an die Umwelt angepassten Erfahrungserwerb dienen?

Ein aus dem Jahr 1951 vorliegendes Tagesprotokoll über die Aktivitäten eines kleinen Jungen[125] regte amerikanische Wissenschaftler an, bei eigenen Be-

obachtungen von Kinderaktivitäten den Aufforderungscharakter von Objekten herauszuarbeiten, den Kinder erkennen und nutzen, zum Beispiel:

• Klettere, springe auf mich! (Geländer, Zaun, Bank)
• Balanciere auf mir! (Mauer, Garagenfirst)
• Sitze auf mir! (Kiste, Steinplatte, Treppe)
• Springe über mich! (Pfosten, Zaun, Absperrung)
• Schaukle auf mir! (Ast, Stuhl)
• Grabe mit mir! (Stein, Stock, Scherben)
• Zerbrich, zerreiß mich! (Ast, Papier, Blatt)

Eine erste Annäherung an den Aufforderungscharakter von Objekten, um zumindest gedanklich, meist aber auch grob- und feinmotorisch aktiv zu werden, kann man bei Spaziergängen vornehmen, wenn man den Blickwinkel von Ein- und Zweijährigen einnimmt. Es scheint eine optimale Strategie für Erfahrungszugewinn zu sein, wenn man sich – wie die Altersgruppe dieser Lernstarter – für Unterschiede, Übergänge, Veränderungen und Irritationen interessiert, also aufmerksam auf Abweichungen und Kontraste zum bisher Gesehenen, Gehörten, Gespürten und Ertasteten reagiert, die die Sinnesorgane melden.

Den Blick und die Überprüfung locken Gegensatzpaare wie feucht-trocken, weich-hart, starr-elastisch, glatt-rau, hell-dunkel, sonnig-schattig, scharf-stumpf, laut-leise. Besonders interessant scheinen Veränderungen zu sein, und zwar sowohl vom Kind selbst bewirkte Veränderungen durch Manipulationen mit und ohne Hilfsmittel wie auch im Laufe der Zeit beobachtbare Veränderungen durch Witterungseinfluss, mechanische Abnutzung, Alterungsprozesse oder Vergänglichkeit des Materials.

Alle umstehenden Erwachsenen waren sprachlos, als ein noch nicht fünfjähriges Mädchen bei Tauwetter fragte: »Wo bleibt das Weiß, wenn der Schnee schmilzt?«

Ob ein Kind visuelle, akustische, taktile, olfaktorische, emotionale oder senso-motorische Stimuli aufgreift, hängt von individuellen Wahrnehmungsprioritäten ab, die durch gezielte Inputsuche und Aktivitätswahl bedient werden sollten. Immer wieder überrascht, dass Kinder – wenn ihnen vielseitig bespiel- und bearbeitbares Material zu Verfügung steht und kein Zeitdruck herrscht – Ordnungssysteme nach Farben, taktilen Besonderheiten, Größe, Gewicht oder Bespielbarkeit allein oder zu mehreren erschaffen.

---

125 Barker/Wright 1951

Noch viel zu selten und in der pädagogischen Konsequenz noch viel zu wenig wird beachtet, dass Kinder ihre Gefühle über Spielaktionen, Werkzeug- und Materialwahl sowie über Bewegung zum Ausdruck bringen, dass sie über ihr Tun mit uns sprechen und auf unsere Antworten warten.

Durch Beobachtung und Dokumentation von Themenwahl, Spezialinteressen, Raumbevorzugung, Materialeinsatz und Materialbearbeitung können Pädagogen den Denkspuren der Kinder folgen und sie durch individuell abgestimmte Bildungsanregungen beantworten.

Die pädagogische Grundhaltung und die konzeptionelle Arbeit werden durch die an Beobachtungen geeichte Blickschulung grundlegend verändert. Heutzutage verstehen wir, warum kein Team bereits am Vortag – womöglich bereits eine Woche, einen Monat oder gar ein Jahr zuvor – wissen, planen und

vorgeben kann, was die Kinder am folgenden Tag lernen werden. Das Abarbeiten eines vorbereiteten, starren Plans – ohne Rückkopplung zum Entwicklungsgeschehen bei jedem einzelnen Kind und in der Kindergruppe – folgte einer heute nicht mehr vertretbaren, »übergriffigen« Elementarpädagogik mit überindividuell gültigen Tageslernzielen und einer nur vermeintlich zielführenden Gestaltungsendabsicht[126].

Beobachten wir, woran Kinder gerade arbeiten, worauf sie Antworten finden möchten, können wir über pädagogische Impulse nachdenken, zum Beispiel: Wie könnten anregungsreiche Umgebungen zeitnah vorbereitet werden, damit es Neues zum Nachdenken gibt? Müssen die räumlichen Gegebenheiten oder Nutzungsmöglichkeiten verändert werden, damit sie neugierig machen und lohnend sind?

126 Begriff von Inga Bodenburg

Räume erleben – jedes Mal anders

Je nach Alter und Entwicklungsstand der Kinder, je nach für dieses Mädchen oder jenen Jungen jeweils typischen Interessen wirken Räume anders auf die Kinder, fordern sie anders heraus, werden anders bespielt und »abgearbeitet«.

Wählt ein Kind anfangs den bereits allein zu bewältigenden Weg von A nach B, entdeckt es später mehrere Varianten, vielleicht auch eine Abkürzung. Bald ist der schnellste Weg der richtige, dann der, den es problemlos mit allen Fahrzeugen befahren kann. Eines Tages wird der Weg zu den besten Verstecken interessant und dann der mit den meisten Hindernissen. Vielleicht ist es auch einmal der längste, aber spannendste Umweg.

Verfolgt man den sich verändernden Umgang mit Materialien über die Krippen- und Kindergartenjahre hinweg, kann man feststellen, dass typische Erfahrungen mit dem jeweiligen Werkstoff zuerst durch viele Vergleiche unterschiedlicher Materialien mit oft hohem Materialbedarf gesammelt werden. Dieser Materialerfahrung folgt eine breite Nutzungsserie des Materials, die neue Informationen liefert, wozu das Material – auch bewusst zweckentfremdet – eingesetzt werden kann. Selbst initiierte physikalische und chemische Versuche dienen der weiteren Materialerforschung. Eine noch viel zu wenig beachtete Phase der Materialüberlistung folgt, die auf unkonventionellem Wege erlaubt, bislang gemachte Sinneserfahrungen nachzuvollziehen und dadurch Zusammenhänge zu durchschauen. So konnten wir beobachten, wie Kinder versuchten, aus Ästen einen Stein zu bauen und aus Steinen einen Baum.

Kinder jeden Alters wollen vorwärts kommen, ihre Fort-Schritte spüren. Sie wiederholen sich selbst zur Aufgabe gemachte schwierige Bewegungsabläufe unermüdlich, um sie zu beherrschen und zu perfektionieren. Dazu ist der freie Zugang zu motorischen Herausforderungen wichtig. Ein eigenmotiviertes, selbst geplantes Trainingsprogramm scheint abgearbeitet werden zu müssen. Für ihre Mühe belohnen

sich die Kinder selbst, indem sie ihre Anstrengungen
spüren und ihre Erfolge sehen: Von der ersten Stufe
springen, dann von der zweiten, die dritte Stufe
bereits in den Blick und dann in Angriff nehmen.
Anfangs von der dritten auf die zweite Stufe im
Nachstellschritt, dann von der zweiten springen, als
nächstes von der dritten auf die zweite springen
und dann auf den Boden. Dann direkt von der dritten Stufe springen, immer wieder. Die vierte Stufe
anpeilen...

Ein Durchgang animiert zum nächsten. Einen Feh-
ler will das Kind sofort ausgleichen, seinen Erfolg
mehrmals wiederholen. Es will alles Erstrebte immer
perfekter können.

So lässt sich auch die zunehmende Begeisterung für
Hindernisse aller Art, Schaukeln und Wippen, Ebe-
nenwechsel und alle nur denkbaren Fahrzeuge erklären, denn jede dieser Variationen birgt eine vom
Kind zu verändernde Anforderung an Geschicklichkeit, Koordinationsfähigkeit, Gleichgewichtssinn,
Kraft, Ausdauer, Schnelligkeit und Mut. Mannigfalti-
ge Bewegung heißt auch: Raumerfahrung und Wahr-
nehmungsschulung. Diese Anregungen haben deutlich spürbaren Einfluss auf zunehmende Selbstständigkeit und Teilhabefähigkeit.

Soll Bewegung zu lustvollen Erfahrungen, zum Aufbau eines positiven Selbstkonzepts, zur Erfahrung
von Selbstwirksamkeit und Ressourcenstärkung führen, müssen die Potenziale und Möglichkeiten aller
Kinder im Zentrum des pädagogischen Interesses –
mit unmittelbarer Auswirkung auf die Anregungsge-
staltungen – stehen. Dies bewirkt nach Expertenmeinung mindestens so viele positive Fördereffekte wie
das isolierte Training der motorischen Fähigkeiten
oder das zielgerichtete Üben bei motorischen
Schwächen.[127]

In altersgemischten Gruppen fällt es den Erzieherinnen offensichtlich leichter, individuell zu arbeiten,
da es ihnen logisch erscheint, dass nicht alle Kinder
zur selben Zeit müde, hungrig, wissbegierig oder
konzentriert sind. In diesen Gruppen wird man kaum
auf die Idee kommen, dass jetzt alle Kinder schlafen
oder essen müssen, so dass automatisch paralleli-
sierte Tagesabläufe entstehen.[128] Aber um allen Altersgruppen in der Mischung gerecht werden zu
können, bedarf es überdurchschnittlicher Rahmenbedingungen.[129]

Gerade in der motorischen Entwicklung zeigen sich
große inter- und auch intraindividuelle Unterschiede, die beantwortet werden müssen. Nicht jedes
Kind ist sportlich, aber jedes Kind will sich bewegen und sollte bezüglich seiner motorischen Möglichkeiten immer Neues dazulernen können. Eine
neue »Bewegungsvorstellung« sieht vor, dass es
mehrere Wege zum Erfolg geben muss, um mit
unterschiedlichem Anforderungsgrad »ganz nach
oben« und »wieder runter« zu kommen – und zwar
ohne Gesichtsverlust oder Versagergefühle. Das
bedeutet: Jedes Kind darf seinen Weg finden, nicht
alle Kinder müssen denselben Weg zur gleichen
und in gleicher Zeit gehen.

Auch Temperamentsunterschiede müssen in diesem
Zusammenhang gesehen und passend beantwortet
werden. Es gibt schüchterne oder vorsichtige Kinder,
die einen Parcours zwar schon mehrmals in Gedanken durchlaufen haben, sich aber immer noch nicht
sicher sind, ob sie ihn jetzt in Angriff nehmen oder
lieber noch nicht. Unbedachte Kommentare der
Erwachsenen wie »Luca, geh bitte zur Seite, wenn
du dich noch nicht traust, du stehst den anderen

127 Zimmer 2009
128 Dornes 2007
129 Nied et al. 2011

Kindern, die den Piratensteg nehmen wollen, im Weg« sind Mobbing, wirken vernichtend auf Luca, beeinflussen aber auch die anderen Kinder, die ihre Sichtweise auf Lucas Beweglichkeit ins Negative nachjustieren werden. Derartige Situationen sind pädagogisch höchst anspruchsvoll, entzerren sich aber automatisch, wenn der Piratensteg so konzipiert wird, dass er mit mehr oder weniger Herausforderungen beschritten werden kann, so dass auch Luca positive Erfahrungen auf seiner selbst gewählten Tour sammeln kann.

Gründe für frühe Partizipation an der Raumgestaltung

Das Streben nach Selbstbestimmung und möglichst weitreichender Selbstständigkeit in der Spielgestaltung und bei alltäglichen Verrichtungen ist der Grund, weshalb Kleinkinder bereits in der für viele Entwicklungsschritte wichtigen Autonomiephase an möglichst vielen sie betreffenden Entscheidungen beteiligt werden sollten. Im Kitaalltag eine partizipative und demokratische Kultur zu leben, bedeutet, dass auch Kleinkinder eigene Entscheidungen treffen und sich an Aushandlungsprozessen – im Rahmen ihrer kognitiven Möglichkeiten – beteiligen können. Zur Entwicklung von Selbstwirksamkeit muss ihnen auch bezüglich Raum und Ausstattung ausreichend großer Handlungsspielraum zur Verfügung gestellt werden, der ihnen Selbstständigkeit, Planungsfreiheit und Entscheidungen ermöglicht.

Es darf in Kitas kein Handicap darstellen, jünger zu sein und noch weniger Erfahrungen als die älteren Kinder zu haben. Um Selbstwirksamkeit zu erleben, muss sich das Kind als Akteur wahrnehmen. Barrierefrei bedeutet in diesem Alter für jedes Kind, die Gelegenheit zu haben, Handlungen ohne Hilfe auszuführen, Einfluss auf seine Umgebung nehmen, selbst etwas ausführen und aktiv gestalten zu können. Das heißt: offene Schränke mit frei zugänglichen Materialien, Kästen und Schubladen mit Fotos, die den Inhalt ersichtlich machen. Kleinkindgerecht eingerichtete Räume ermöglichen es den Kindern, sich frei zu bewegen, ohne dass Erwachsene ständig zu ihrem Schutz einschreiten oder Verbote aussprechen müssen.[130]

Uns fehlt...

- ein Sprechraum, also ein Raum, in dem man nur miteinander spricht und nur deswegen dort hingeht;
- ein Raum ohne Uhr;
- ein Raum mit nichts, um gut rennen zu können;
- ein Raum, in den man nicht reinschauen kann;
- ein Raum, in dem man auch mal Krach haben und sauer sein darf;
- ein Langeweileraum, in dem niemand fragt: Weißt du nicht, was du spielen willst, hast du keine Idee? Willst du vielleicht...;
- ein Raum nur mit Spiegeln, Verkleidungssachen und Schminksachen, in dem es keinen stört, wenn man mit Klackerschuhen herumläuft;
- ein Raum nur mit Ton, Farben, Papier, Perlen, Kleister, Knete;
- ein Raum, in dem man immer klettern kann, sogar richtig schwierige Klettereien;
- ein Dunkelraum, in dem man nur nach etwas tasten oder etwas fühlen, aber nichts sehen kann;
- ein Raum mit richtigen Apparaten, echten Geräten und viel Papier, damit wir die Erfindungen aufschreiben können;
- ein Kaputtraum, nur mit kaputten Dingen, weil wir sonst nichts auseinander- oder umbauen dürfen. Mit kaputten Sachen könnte man etwas ausprobieren, weil sie dann nicht noch mal kaputt gehen können;
- ein Raum, in dem man richtig bauen kann, so dass alles hält, eine echte Baustelle, am besten im Garten, mit Arbeiterwerkzeug, Steinen und Bausand, Zement und Holz, viel Holz;
- ich fände Zimmer wie Häuser einer ganzen Stadt gut. Statt in die Katzengruppe könnte man dann ins Kaufhaus, ins Tierheim oder ins Krankenhaus gehen.

Wenn Räume und die Auswahl an Spielmaterialien so gestaltet sind, dass sie ungestörte, lustvolle Spielabläufe gewährleisten, wird die Kontaktaufnahme zwischen den Kindern und gemeinsames Agieren erleichtert. Das bedeutet zum Beispiel für die Kleinsten,
- versteckte Ecken finden, um zu zweit mit Gegenständen spielen zu können, ohne gestört zu werden;

---

130 Richter 2011

- niedrige aber breite Fensterbänke nutzen können, um nebeneinander zu sitzen und nach draußen zu schauen oder einander durch vorsichtige Annäherung eines Spielgegenstandes »anzuspielen«;
- gemeinsam losrennen, einander jagen, Wagen und Riesenkartons gemeinsam schieben oder sich reinsetzen können, ohne anderen im Weg zu sein;
- gemeinsam auf ein Spielpodest steigen, alle von oben beobachten und über die Wellentreppe wieder abwärts zu den anderen Kindern klettern.

Fragt man Kinder zwischen vier und sechs Jahren, wie die Räume ihrer Wunschkita aussehen und ausgestattet sein sollten und welcher Raum ihnen noch fehlt, kommen Antworten wie die in Kasten S. 114.

Spielraum für Gedankenabenteuer

Besonders faszinierend sind die von Kindern selbst durchlebten Gesundschrumpfungen ihrer eigenen Projektideen. Planen Kinder, vor allem eingespielte Teams, was sie an diesem Nachmittag machen werden, könnten ihre Spielvorstellungen – rechnet man halbwegs realistisch nach – die Nachmittage der ganzen Woche füllen. Um Enttäuschungen vorzubeugen, schlagen »erfahrene« Erwachsene vor, vielleicht den einen oder anderen Gedanken wegzulassen, »damit es ein abgerundetes Spiel wird«. Das ist jedoch unnötig, da die Kinder sich beim Spielen automatisch schrittweise erreichbare Ziele setzen und sich, je spannender es wird, ausschließlich auf einen Spielschwerpunkt konzentrieren. Von einer Enttäuschung sind sie weit entfernt, was man bei Ihren Erzählungen über den Spielverlauf deutlich spürt. Dass »weniger« gespielt wurde, als man sich vorgenommen hatte, schmälert den Erlebniswert und vor allem die Selbstwirksamkeitsgefühle nicht. Tatsächlich war es ja auch nicht so.

Kommentare der Kinder	Kommentare der Erwachsenen
»Ich male die Welt an!« »Wir wollen eine Stadt bauen!« »Wir machen uns das Meer und fahren mit Schiffen drauf!«	»Hier hast du ein Blatt.« »Baut doch lieber ein großes Haus.« »Wollt ihr eine von den Plastikwannen haben?«

Beantworten Kinder immer wieder Fragen, die sie sich selbst gestellt haben, erleben sie den Unterschied zwischen Quantität und Qualität.

Kinder brauchen Frei-Raum und Frei-Zeit für anspruchsvolle Ausdrucksspiele in verschiedenen Rollen:

Anna und Olivia, beide fünf Jahre alt, liegen zusammen im Gras und flechten Blütenkränze. Beide Mädchen summen bei der Arbeit und setzen sich ihre Kränze ins Haar.

Wenig später wandeln sie als Königinnen mit Umhängen und Kronen – die Blütenkränze – durch den Garten. »Sind wir eigentlich liebe oder böse Königinnen?« fragt Anna. »Liebe, dann können wir uns ausruhen«, sagt Olivia.

Die Königinnen legen sich in die Hängematte. »Jetzt könnten wir geraubt werden, von Piraten. Sie verkaufen unsere schönen Kleider und unsere Kronen mit Edelsteinen«, schlägt Olivia vor.

Die Mädchen verstecken die Umhänge und ihre Blütenkränze hinter einem Baum. Sie huschen übers Gras, legen sich hin und rollen den Abhang hinunter. Ein Stein stoppt Anna. Sie reibt ihr Bein. »So, jetzt sind wir in einem neuen Land angekommen, an den Strand gespült. Jetzt müssen wir eine Höhle für die Nacht bauen«, sagt sie.

Die Mädchen holen Steine und Bretter und lehnen

sie an die Gartenmauer. Ein Unterschlupf entsteht, in den nach kurzer Absprache zwei Mütter mit zwei Puppenbabys einziehen und eine Abendsuppe aus den Blütenkränzen kochen.

Literatur

Ahnert, L.: Von der Mutter-Kind-Bindung zur Erzieherin-Kind-Beziehung? In: Becker-Stoll, F./Becker-Gebhard, B./Textor, M. R. (Hrsg.): Die Erzieherin-Kind-Beziehung – Zentrum von Bildung und Erziehung. Cornelsen Scriptor, Berlin 2007, S. 31-41

Barker, R. G./Wright, H. F.: One boy's day: A specimen record of behavior. Harper, New York 1951

Dornes, M.: Frühe Kindheit: Entwicklungslinien und Perspektiven. Festvortrag auf der 20. Jahrestagung der Deutschen Liga für das Kind, 28.09.2007, Berlin

Dreier, A.: PONTE – Kindergärten und Grundschulen auf neuen Wegen. Teil II: Ergänzende Materialien. Fassung vom 16. 9.2004. Internationale Akademie (INA), gemeinnützige Gesellschaft für innovative Pädagogik, Psychologie und Ökonomie an der Freien Universität Berlin

Nied, F./Niesel, R./Haug-Schnabel, G./Wertfein, M./Bensel, J.: Aufnahme 1- und 2-jähriger Kinder in altersgemischte Gruppen. WIFF-Expertise. Deutsches Jugendinstitut, München 2011

Remsperger, R.: Feinfühligkeit im Umgang mit Kindern. Kindergarten heute spezial. Herder, Freiburg 2008

Richter, S.: Partizipation von Null- bis Dreijährigen – wie geht das? Kindergarten heute 8/2011, S. 35-37

Zimmer, R.: Lustvoll und selbstwirksam. Ressourcenstärkung durch Bewegung. TPS 9/2009, S. 20-23

Architektur für Kinder – Bauen für Kinder und Wahrnehmung von Kindern als Schlüssel für unsere Zukunft

Jörg Hetkamp

Es gibt viele Projekte, die ich mit unserem Team gern plane. Doch besonders das Bauen für Kinder bringt zusätzliche Motivation. Die erste wirkliche Kritik erhält man, wenn das Gebäude steht und die Kinder es zum ersten Mal in Beschlag nehmen. Für Entwurfsänderungen ist es zu diesem Zeitpunkt zwar längst zu spät, aber dann entscheidet sich, ob der Entwurf seine Aufgabe erfüllt – ganz unabhängig von jedem architektonischen Anspruch. Wolfgang Riehle, Präsident der Architektenkammer Baden-Württemberg, schrieb zu diesem Thema in einem Nachwort: »Es gibt wohl keine verantwortungsvollere und zugleich reizvollere Aufgabe für einen engagierten Architekten, als für unsere jüngsten Erdenbewohner die erste bauliche Umgebung außerhalb des Elternhauses zu planen und zu bauen.«[131]

Umso wichtiger also, sich auf die Gefühlsebene der kleinen Nutzer zu begeben, in ihre ganz eigene Welt. Dazu kann es hilfreich sein, sich an die eigenen Kinderjahre zu erinnern. Und daran, dass das Augenpaar eines Zweijährigen sich auf einer Höhe von etwa 90 Zentimetern befindet. Aus dieser Höhe sieht die Welt ganz anders aus.

In meinem Beitrag erwähne ich Susanne Mayer mehrmals. Sie ist Redakteurin der Wochenzeitung DIE ZEIT und veröffentlicht seit vielen Jahren Bücher zu den Themen Kindheit, Bildung, Familie und Geschlechterpolitik. Am Ende eines beeindruckenden Beitrags zum Thema »Bauen für Kinder« schreibt sie: »Noch dies zum Schluss – wenn Sie das Augenmerk auf diese schon beinahe von der Agenda verschwundenen Anliegen der Kinder lenken wollen, tun Sie es bitte laut, frech, ohne falsche Scham. Man soll Sie ja hören.«[132]

Ich freue mich, zu diesem Thema auch einen Beitrag leisten zu dürfen, weil es mir sehr am Herzen liegt und ich mit großem Interesse in diesem Bereich arbeite. Am Ende des Textes werden Sie keinen Leitfaden der Architektur für Kinder in Händen halten. Das wäre nicht nur vermessen, sondern schlichtweg unmöglich. Ich gebe Ihnen aber einen Erfahrungsbericht

131 Höhn 2010, S. 162
132 Mayer 2006, S. 23

über die Planung einer Kindertagesstätte, denn er macht exemplarisch deutlich, welchen Herausforderungen wir Planer uns heute stellen müssen, wenn wir uns dieser scheinbar eindeutigen und leicht lösbaren Aufgabe zuwenden: dem Planen für Kinder.

Seit sechs Jahren arbeite ich als leitender Architekt bei der Firma Brüninghoff GmbH & Co. KG, einem mittelständischen familiengeführten Unternehmen im Westmünsterland. Das Unternehmen hat 350 Mitarbeiter mit eigenen Produktionen in den Bereichen Holz, Stahl, Stahlbeton, Aluminiumfassaden und -fenster.

Wenn ich nach unseren Aufgabenfeldern gefragt werde, antworte ich immer: »Alles, außer Atomkraftwerke.« Die werden glücklicherweise nicht mehr benötigt. Unsere Felder reichen von Einfamilienhäusern in Holzrahmenbau über Anlagen für den Reit- und Freizeitsport, landwirtschaftliche Gebäude, schlüsselfertige Bürobauten bis hin zu komplexen Industrie- und Gewerbehallen. So war es also nicht überraschend, als wir eines Tages eine Anfrage für den Neubau der Betriebskindertagesstätte eines Energiekonzerns in Essen erhielten.

Als Architekt von Natur aus mit reichlich Selbstbewusstsein ausgestattet, traute ich mich völlig unbesorgt an die Aufgabe heran.

Nachdem das Grundstück, die Raumanforderungen und weitergehende Abstimmungen mit dem Bauherren besprochen waren, wurden alle planungsrelevanten Vorschriften zusammengetragen: die Bauordnung des betroffenen Bundeslandes, die Empfehlungen des zuständigen Landschaftsverbands, die Arbeitsstättenverordnung, die Vorgaben der Deutschen Gesetzlichen Unfallversicherung. Diese Liste ließe sich problemlos um ein Vielfaches verlängern.

Neben all den planungsrechtlichen Vorschriften zog ich natürlich auch Fachliteratur heran, und da begannen die wirklichen Probleme für mich als Architekten: Im Zusammenhang mit dem Bauen für Kinder wurde die Architektur immer wieder als dritter Pädagoge bezeichnet. Von der mangelnden Kommunikation zwischen Architekten und Pädagogen war die Rede und davon, dass die Architektur für Kinder sich von der Pädagogik leiten lassen sollte.

Beim Studium hatte ich Gestalten und Entwerfen, Baukonstruktion und Städtebau gelernt. Natürlich gab es auch Baugeschichte und die für mich als notwendige Übel betrachteten Bereiche Baubetrieb und Bauwirtschaft. Pädagogik stand nicht auf dem Lehrplan. Dabei waren die Lehramtsstudenten auf unserem Leonardo-Campus in Münster nur einen Steinwurf entfernt zu finden. Dass Architektur einen psychologischen Einfluss auf ihre Nutzer hat, dass

Architektur prägt, Gefühle erzeugt, Geborgenheit, Sicherheit und deren Gegenteil ausstrahlen kann, das waren zwar Grundlagen meiner Ausbildung. Dies aber als gebaute Lernpädagogik zu verstehen, das war neu.

Um der Pädagogik näherzukommen, durchstöberte ich die Fachliteratur. Ein Artikel berührte mich besonders – nicht nur als Architekt, sondern vor allem als Vater zweier Töchter.

In regelmäßigen Abständen veröffentlicht die Wüstenrot Stiftung Publikationen zu verschiedenen Bauthemen, darunter im Jahr 2006 ein Buch mit dem Titel »Bauen für Kinder«. Darin fand ich einen Beitrag der bereits erwähnten Susanne Mayer, der den prägnanten Titel »Vom Verschwinden der Kindheit« trug und in dem die Autorin von ihrer eigenen Kindheit berichtet. Sie beginnt mit einer Feststellung, die für mich richtungweisend bei der Planung der Betriebskindertagesstätte wurde: »Wir Kinder waren in unserer Familie nur zu zweit, es gab meine Schwester und mich. Aber im Hinterhaus wohnte eine Familie mit fünf Kindern, eine Tür weiter war meine Tante mit ihren Zwillingen eingezogen und noch eine Tür weiter, in unserem alten Hof, wohnten Bauherrn aus dem Osten mit vier Töchtern und vier Söhnen. Es gab in unserem Dorf eine Familie, die sieben Söhne hatte. Es gab auch zwei Familien, die je nur eine Tochter hatten, die wurden ein bisschen bedauert. Nur ein Kind! Es gab ein Paar ohne Kinder, das galt als traurig. Aber so traurig war es denn auch wieder nicht, denn eigentlich hatten sowieso alle Leute Kinder.«[133]

Susanne Mayer erzählt von Beobachtungen, die sie vor einem halben Jahrhundert in ihrer Kindheit machte. Sie berichtet, dass es heute Orte in Deutschland gibt, in denen Kinder komplett aus der täglichen Wahrnehmung verschwunden sind, und dass es Bürger gibt, die kinderlos sind und – statistisch gesehen – nur noch zwei Mal im Jahr »Kinderkontakt« haben. Ich glaube, darin liegt eine große Gefahr. Können wir etwas vermissen, das wir nicht mehr wahrnehmen?

Ihren Beobachtungen lässt Susanne Mayer eine Sammlung von Zahlen und Fakten folgen, die unwiderlegbar sind. Es sind Rückschlüsse aus den vergangenen Jahrzehnten, also keine subjektiven Empfindungen einer einzelnen Autorin, sondern Tatsachen. Von immer stärker sinkenden Geburtenraten ist die Rede und von der Erkenntnis: »Seit den 70er Jahren des vergangenen Jahrhunderts sind den Deutschen sechs Millionen Kinder abhanden gekommen.«[134] Deutschland schrumpft jährlich um mehr als

133 Wüstenrotstiftung 2006, S. 12
134 Wüstenrotstiftung 2006, S. 13

200.000 Menschen. Nicht, weil wir jung sterben, nein, das Gegenteil ist der Fall: Unsere Zukunft wird nicht mehr geboren.

Nach diesen Zahlen stellt sich unweigerlich die Frage, ob das Thema »Architektur für Kinder« in Deutschland überhaupt noch relevant ist. Brauchen wir neue Räume für unser Land? Zeigt uns die demografische Entwicklung nicht, dass wir uns nicht mit dem Start ins Leben, sondern eher mit dem Herbst des Lebens beschäftigen sollten? Würde man dazu eine Umfrage in der Bevölkerung durchführen, fiele die Antwort wahrscheinlich zu Lasten der Minderheit aus, unserer Kinder – und zwar von Jahr zu Jahr deutlicher.

Ich denke, es ist existenziell wichtig, diesem Thema einen neuen, einen gewichtigen Stellenwert in unserer Gesellschaft einzuräumen. Das Bauen für Kinder und die Wahrnehmung von Kindern sind Schlüssel für unsere Zukunft. Architektur ist immer auch ein Spiegel der Zeit.

Es würde den Rahmen und das Ziel meines Beitrags sprengen, wenn ich tiefer in die Geschichte der Kindergärten einstiege. Doch es ist wichtig, einen kurzen Blick zurückzuwerfen, um zu verstehen, was sich in Bezug auf die Anforderungen heutiger Kindertagesstätten verändert hat.

Die ersten Einrichtungen, die unserem heutigen Verständnis von Kindergärten halbwegs entsprechen, entstanden mit der beginnenden Industrialisierung, als die häusliche Handarbeit in große Manufakturen und Fabriken abwanderte. Mütter und Väter mussten für das Familieneinkommen sorgen, so dass die Unterbringung des Nachwuchses erforderlich wurde. Nicht selten blieben die Kinder während der Arbeitszeit unbeaufsichtigt in den heimischen vier Wänden eingeschlossen. Welche Auswirkungen das auf ihre Entwicklung hatte, kann man sich leicht ausmalen. Neubauten, wie wir sie heute kennen, waren damals undenkbar, meist griff man auf bestehende Immobilien zurück. Die damaligen Räumlichkeiten für vorschulische Bildung belegten den Stellenwert solcher Einrichtungen in der Gesellschaft.

Im 19. Jahrhundert bediente man sich zum ersten Mal des Begriffs Kindergarten. Zucht und Ordnung waren maßgeblich für die Betreuung der Kinder in öffentlichen Einrichtungen. Sie wurden als kleine Erwachsene wahrgenommen, nicht als Kinder. In den folgenden Jahrzehnten prägten Krisen und Kriege die Gesellschaft.

Als die Wirren der Nachkriegszeit überwunden waren, wurde der Kindergarten in den 1950er Jahren zu einer festen Institution in den Ländern. Mit der modernen Kleinkindpädagogik entstanden Ansätze

einer eigenen Kindergartenarchitektur, und es fanden sich renommierte Architekten in bedeutender Anzahl, die Beiträge zu diesem Thema leisten wollten. Doch die Frage, ob man Kindern gerecht wird, wenn man kindgerecht baut, stellte sich immer wieder neu. Beraubt man Kinder nicht ihrer Fantasie und der Möglichkeiten, in die Welt der Großen hineinzuwachsen? Brauchen wir mehr Hundertwasser-Kindergärten? Oder entfalten sich Kinder besser in modernen, puristischen Umgebungen? Gert Kähler meint dazu: »Es gibt nicht nur eine Wahrheit zwischen Rationalität und Waldorf. Denn es gibt zwar eindeutige Kindesalter, aber innerhalb dieser eine unendliche Vielfalt.«[135]

Auf die Frage, welche Architektur für unsere Kinder die richtige ist, wird es keine allgemeingültige Antwort geben. So individuell und selbstbewusst unsere Kinder sind, so frei sollte der Architekt an die Aufgabenstellung herantreten, eine Umgebung zu gestalten, die interessant und kindgerecht, aber nicht kindlich ist.

Dass die Räume der Kinder hell und lichtdurchflutet sind, dass sich in großen Strukturen Rückzugsorte finden sollten, das ist mittlerweile selbstverständlich. Bei all den Vorgaben, die beim Bau einer solchen Einrichtung eingehalten werden müssen – Architektur ist letztlich doch ein Gefühl, eine Idee, ein Grundgedanke oder Leitfaden, der sich im großen Ganzen wie im Detail wiederfindet. Am Ende ist es dieser eine Kindergarten, mit dieser besonderen Note, mit dem großen überdachten Innenhof, mit dem alten integrierten Bauernhaus, mit der in Architektur umgesetzten Molekülstruktur eines Chemiekonzerns.

Kinder haben ein feines Gespür für das, was sie mögen oder nicht. Am Ende müssen sie fühlen, dass es ihr Kindergarten ist: einzigartig, besonders und nur für sie. Wenn die Kinder morgens mit diesem Gedanken in den Kindergarten gehen und ihn abends mit diesem Gedanken verlassen, dann sind sie angekommen.

Jede Erzieherin weiß, wie wichtig es ist, dass sich ein Kind im Kindergarten geborgen und beschützt fühlt. Gerade in diesem Punkt wird deutlich, welche Veränderungen unsere Kindertagesstätten im Laufe der letzten Jahrzehnte erfahren haben. Aus Aufbewahrungseinrichtungen wurden Orte, an denen viele Kinder, auch die Jüngsten, betreut werden und sich bilden können. Sie lernen die ersten Wörter, unternehmen ihre ersten Gehversuche, erleben Erfolge und Misserfolge – Entwicklungsschritte, die früher in den heimischen vier Wänden vollzogen wurden.

Mit der neuen Wahrnehmung unserer Kinder als Individuen verbindet sich das Bestreben, anspruchsvolle Architektur für sie zu entwerfen.

---

135 Wüstenrotstiftung 2006, S. 45

Trotz der Vielzahl von Fachbeiträgen über den Wandel der Gesellschaft bis hin zu aktuellen Beispielen – der bedrückende Satz über das Verschwinden der Kinder blieb mir im Sinn. Auch in unserer kleinen Stadt verschwinden Kinder unterschiedlichen Alters, die sich auf den Straßen treffen, spielen und miteinander reden, aus den Wohngebieten immer mehr, obwohl wir noch verhältnismäßig hohe Geburtsjahrgänge vorzeigen können. Führt man sich vor Augen, welche Möglichkeiten unseren Kindern verwehrt bleiben, mit Gleichaltrigen ungezwungen gemeinsam aufwachsen zu dürfen, erschrickt man.

Aus diesen Überlegungen entstand mein Wunsch, einen Lebensraum für Kinder zu schaffen, der all den Anforderungen des Alltags gerecht werden kann, Erlebnis-, Entdeckungs-, Spiel- und Lernwelten eröffnet und fließende Übergänge zwischen ihnen schafft – kurz: ein Mikrokosmos für Kinder. Das in Architektur umgesetzte Bild einer Spielstraße sollte die Grundlage für die Betriebskindertagesstätte in Essen liefern.

Der Eingang in diese neue Welt steht für das ganze Haus: Du bist hier willkommen, du bist frei in deinen Bewegungen und deinen Möglichkeiten. Fühle dich zu Hause.

Mit seinem großen, bunten Namenszug ist der Eingang von weitem sichtbar. Ein roter Rahmen umgibt ihn und bietet nicht nur Witterungsschutz, sondern zeigt jedem Kind: Hier ist dein Eingang.

Die ersten Schritte in die unvertraute Umgebung, die ersten Eindrücke – sie entscheiden über das Weitergehen. Mit seinen Eltern betritt das Kind einen hellen und von Tageslicht durchfluteten Raum. Bambus im Innenraum bildet Grüninseln. Es finden sich Parkplatzflächen für Kinderwagen, Sitzbänke für kurzzeitiges Verweilen, eine geschwungene Pflasterstraße als Rennbahn für Bobby-Cars und Sandbereiche mit Klettergeräten. Dieser 700 Quadratmeter große, zentrale Raum verleiht der Kindertagesstätte ihre Einzigartigkeit, ihre individuelle Note. Hier trifft das Kind die ersten Spielgefährten und kann durch die Fenster in die Gruppenräume schauen.

Die Gruppenräume stehen parallel zueinander, in einem Abstand von 12 Metern. Der entstandene Zwischenraum wird von warmen Brettschichtholzbindern überspannt, von einem Membrandach überdeckt und an den Stirnseiten durch Glasfassaden geschlossen. Über hölzerne Gehwege erschließen sich die Zugänge zu den Räumen. Der große, gepflasterte Marktplatz als Zentrum und die Spiel-

straße mit den Straßenlaternen unterstreichen den Charakter des »städtischen Raums«.

Mit dem Zentrum verbunden ist eine kindergerechte Küche zum gemeinsamen Kochen und Backen. Die selbst zubereiteten Mahlzeiten können unter aufgespannten Sonnenschirmen eingenommen werden. In der Übergangszeit, bei Regen oder Kälte kann das Zentrum als Alternative zu den Gruppenräumen dienen, denn die Kinder können hier robben, krabbeln, rutschen und rennen, unterschiedliche Altersgruppen können einander begegnen, fast unbeschränkte Bewegung und Freiheit sind möglich.

Doch es gibt auch Rückzugsorte, kleine Nischen und Verstecke in dieser großräumigen Struktur, die die Gesamtwirkung des Raums nicht komplett zergliedern. Es ist diese Mischung aus Orten der Geborgenheit und des Explorationsstrebens, die die Begegnung und Kommunikation zwischen Kindern, Eltern und Mitarbeiterinnen fördert und ein buntes Miteinander ermöglicht. Multifunktional nutzbar ist der Raum auch für den Betreiber, der bei jahreszeitlichen Veranstaltungen und Feiern einen sicheren, großzügigen Platz zur Verfügung hat und die Nutzung der Kindertagesstätten auf Wunsch erweitern kann.

Die verwendeten Materialien schaffen einen schönen Übergang zwischen Innen und Außen. Transparente Flächen ergeben immer wieder Sichtbeziehungen zur Natur. Regen, Sonne, Schnee und Wind werden geschützt wahrgenommen und nicht ausgeklammert.

Über den Innenhof erreichen die Kinder ihre Garderoben. Durch die Belichtung über den Hof wirkt der Bereich wie eine Eingangstür, die man öffnet, um den Flur zu betreten und zu Hause zu sein. Große Sitzinseln laden zum Verweilen ein, und selbst bei größtem Trubel findet jedes Kind einen Platz, um sich in Ruhe umzuziehen, bevor es sich mit seinen Freunden trifft.

Um dem Wunsch nach Modularität gerecht zu werden, wurden Gruppenmodule entworfen, die beliebig ergänzt werden können. Jedes Gruppenmodul ist für zwei Gruppen ausgelegt. Die unterschiedliche Farbgebung der Außenfassade und farbidentische Logos fördern Zugehörigkeit und Gruppenverantwortung, Teamdenken und Kommunikation.

Von der Garderobe aus können die Kinder ihre Gruppenräume und den großzügigen Sanitärbereich erreichen. Bereits nach wenigen Monaten hatte sich das System des Gruppentandems bewährt. Die Kin-

der genießen es, ihre Nachbarn völlig ungezwungen besuchen zu können.

Die Struktur der offenen Räume ließ sich aus dem pädagogischen Konzept des Betreibers ableiten und findet sich in der ganzen Einrichtung wieder. Jede Gruppe verfügt über einen Nebenraum, der sich zum zentralen Innenhof öffnet. Die Nebenräume werden unterschiedlich genutzt: in der einen Gruppe als Atelier für kreatives Arbeiten, in der anderen als Requisite für Rollenspiele oder als Rückzugsort für Forscher und Entdecker, an dem unvollendete Experimente am nächsten Tag fortgesetzt werden können. Die mit viel Detailliebe gestalteten Nebenräume werden nicht nur von einer Gruppe genutzt, sondern stehen allen Kindern zur Verfügung.

Die Gruppenräume wirken hell und offen, da sie von zwei Seiten Tageslicht beziehen. Podeste und Zwischenebenen in unterschiedlichen Höhen und aus verschiedenen Materialen prägen die Räume. Es gibt Wanddurchbrüche zu den Ruheräumen, die mit Schiebetüren verschlossen werden können. All dies trägt dazu bei, dass schon die Jüngsten ihre Grenzen spielerisch erweitern.

Neben dem multifunktionalen Bewegungsraum im Bereich des Marktplatzes befindet sich eine voll ausgestattete Großküche – ein wesentlicher Bestandteil des Hauskonzepts. Täglich werden alle Mahlzeiten frisch zubereitet. Zwei große Fenster gestatten zukünftigen Köchen vom Innenhof aus Einblick.

Zu einem Kindergarten gehört nicht nur ein strukturiertes Innenleben, sondern auch die passende Gestaltung der Außenanlagen, für die der erfahrene Landschaftsarchitekt Dietmar Hoffjann von hoffjann garten + landschaftsarchitektur gewonnen wurde. Das Grundstück ließ es zu, den Baukörper so zu positionieren, dass er auf drei Seiten vom Außengelände umgeben ist. Jeder Gruppenraum besitzt eine eigene Außenterrasse, von Buchenhecken eingefasst, um Privatsphäre zu erzeugen. Hinzu kommt ein eigenes Pflanz- und Kräuterbeet für jede Gruppe. Sand- und Grünflächen prägen den Außenbereich ebenso wie die Außenrennbahn mit Straßenschildern und Zebrastreifen. Natürliche Materialien wie grob behauene Steinquader und Robinienhölzer dienen als Einfassung von Fallschutzbereichen. Frei in der Fläche verteilt, laden sie zum Verweilen ein. Als Rückzugsorte dienen kleine Nischen und Verstecke, in denen die Kinder sich dem Trubel allein oder in Gruppen entziehen können.

Ob im Innenbereich, bei der Anordnung und Strukturierung der Räume, bei der Gestaltung der Außenfläche, bei der Auswahl von Farben und Material – überall zeigt sich die Stärke der Kindertagesstätte: Die frühzeitige Abstimmung zwischen den beteiligten Fachdisziplinen bereitete allen Beteiligten nicht nur viel Freude, sondern bewirkte, dass ein Platz für Kinder entstand, der Platz für Kinder lässt, ein Lebensraum für die Zukunft unserer Gesellschaft.

In ihrem Aufsatz fragt Susanne Mayer: »Wie aber sehen Visionen einer Stadt aus, in der sich mit unseren Kindern gut leben ließe? Wo sie toben können, ohne in Lebensgefahr zu sein, wo sie gefördert werden nach Kräften und mit größter Aufmerksamkeit und Liebe, nicht zu vergessen: mit Professionalität? Wo sie eine Umwelt vorfinden, die an sich schon anregend ist und vielfältige Möglichkeiten bietet, das Leben zu entdecken – auch ohne unter ständiger Observation zu sein, durch elterliche oder sozialpädagogisch geschulte Blicke?«[136]

Ob es unserem Team gelang, diese Frage zu beantworten?

Letztlich sind es die Kinder, die uns zeigen, ob sie sich in der neuen Welt wohlfühlen. Komme ich heute in die Kindertagesstätte, und die Kinder toben um mich herum, dann merke ich, dass unsere in Architektur umgesetzte Idee von den Kindern mit Leben erfüllt wird. Das freut mich, denn ich finde: Kinderlärm ist Zukunftsmusik.

Literatur

von der Beek, A.: Bildungsräume für Kinder von Null bis Drei. verlag das netz, Weimar/Berlin 2008

von der Beek, A.: Bildungsräume für Kinder von Drei bis Sechs. verlag das netz, Weimar/Berlin 2010

von der Beek, A./Buck, M./Rufenach, A.: Kinderräume bilden. Ein Ideenbuch für Raumgestaltung in Kitas. Cornelsen, Berlin 2007

Dudek, M.: Entwurfsatlas Schulen und Kindergärten. Birkhäuser Verlag AG, Berlin 2008

Höhn, K.: Gemeinsam Räume bilden – für die Jüngsten planen. Eine Planungshilfe zur Raumgestaltung und -ausstattung für Tageseinrichtungen mit Kindern unter drei Jahren. Carl Link, Kronach 2010

Wüstenrotstiftung: Bauen für Kinder. Karl Krämer Verlag, Stuttgart/Ludwigsburg 2006

136 Wüstenrotstiftung 2006, S. 21

Das Atelier als Werkstatt der 100 Sprachen – Licht und Schatten in der Reggiopädagogik

Axel Jansa

Zwar gilt das Atelier als fester Bestandteil reggianischer Einrichtungen weitgehend als bekannt, die konzeptionellen Hintergründe der Atelierarbeit sind in der deutschen Rezeption aber erst in Teilen erschlossen. Deshalb skizziere ich im folgenden Beitrag den Rahmen der Atelierarbeit, die konzeptionellen Begründungsstränge und die praktische Ausgestaltung. Der Beitrag lenkt den Blick auch auf offene Fragen und argumentative Bruchstellen. Die Leistungen der Reggiopädagogik anerkennend, sucht er den Dialog mit den Vertreterinnen und Vertretern in Italien und will dazu anregen, deren Impulse zu diskutieren und weiterzudenken. Damit knüpft er an andere Veröffentlichungen an, die sich mit einzelnen Elementen und Entwicklungen reggianischer Pädagogik fragend, ergründend und rekonstruierend auseinandersetzen.[137]

Im Folgenden stütze ich mich auf die konzeptionellen Grundlagen der Reggianer, greife auf Analysen und Darstellungen von außen zurück und beziehe eigene Beobachtungen vor Ort ein. Zunächst beschreibe ich das Postulat der 100 Sprachen als Ausgangspunkt des Atelierkonzepts und nehme eine Einschätzung seiner Reichweite vor. Darauf aufbauend, stelle ich Konzept, Merkmale und Ausstattung des Ateliers sowie das Selbstverständnis und die Aufgaben der Atelierista dar. Im letzten Teil[138] greife ich die Bedeutung der Arbeit mit Licht und Schatten exemplarisch aus der reggianischen Atelierpraxis heraus, skizziere das Experimentier- und Erkenntnisspektrum in diesem Bereich und schätze es ein.

1. Das Postulat der 100 Sprachen als Ausgangspunkt des Atelierkonzepts

Eine der leitenden Überzeugungen des reggianisches Bildes vom Kind ist die Metapher von den »100 Sprachen der Kinder«. In diesem Kapitel gehe ich den Fragen nach, welche Sinne angesprochen werden, mit welchen Sprachen gearbeitet wird und wie sich dieses Ästhetikverständnis im Atelier konkretisiert.

100 Sprachen als Metapher

Folgt man der These, dass sich der Reichtum im Umgang mit der Welt über die Vielfalt von Werkzeugen und Ausdrucksmöglichkeiten erschließt, und begreift man Ästhetik als auf alle sinnlichen Wahrnehmungen bezogene Leitfunktion »im Sinne einer wahrnehmenden Ordnung der Wirklichkeit«[139], ergibt sich daraus die Vorstellung vom Atelier als Ort konzentrierter ästhetischer Erfahrung, als Werkstatt der 100 Sprachen und Ausdrucksformen. Dass es dabei nicht um ein Nebeneinander möglichst vieler Sprachen geht, sondern um die Vernetzung verschiedenster Zugänge zur Welt, erklärt Gunilla Dahlberg. Sie hebt hervor, dass die Metapher von den 100 Sprachen auf die vielfachen »Quellen des Wissens, der Beziehungen und Zusammenhänge« hinweist, auf eine Logik, die die »allgemeine Idee der Multidisziplinarität« herausfordert.[140]

Eine entscheidende Eingrenzung erfährt diese Multidisziplinariät durch Carla Rinaldi und Peter Moss, die schreiben: »Malaguzzis Hinweis auf die ›hundert

---

137 So Doris Breuer in dem Beitrag »Neue Projektformen in Reggio«, veröffentlicht in »Betrifft KINDER«, Heft 7/2007. Darin legt die Autorin unter anderem dar, dass nicht alle Projekte von den Themen der Kinder ausgehen und dass die reggianische Praxis auch instruktivistische Anteile aufweist.
138 Siehe auch Betrifft KINDER, Heft 1-2/12.
139 Vgl. Schäfer 2006, S. 185, und seine weitergehenden Ausführungen dazu, sowie Schäfer 2005, S. 117-127
140 Dahlberg 2004, S. 22

Sprachen der Kinder‹ hat Reggio dazu inspiriert, Ateliers (Werkstätten) zu entwickeln, in denen einige visuelle Sprachen (Ausdrucksformen) als Teil des komplexen Aufbaus von Wissen eingesetzt werden«[141]. Eine Begründung für die Eingrenzung der Sprachen wird an dieser Stelle nicht gegeben. Das unternimmt die langjährige Atelierista der Scuola Diana, Vea Vecchi, die sich in der Entscheidung für die Arbeit mit den visuellen/künstlerischen Ausdrucksformen auf Gregory Bateson beruft. Sie greift dessen Ansatz »der Bedeutung der ästhetischen Herangehensweise als Methode, die Verbindungen zwischen den Elementen der Realität herstellt«, auf. Wenngleich Bateson den Ästhetik-Begriff im weiteren Sinne – auf den sich auch Schäfer bezieht – versteht, nutzt Vecchi den Ansatz, um damit ein »Künstlerisches Denken« zu definieren, das sie als eine Methode versteht, die helfen kann, »die verborgenen Strukturen hinter der Realität zu entdecken und ein Netz zu flechten, das fähig ist, Prozesse der Logik und der Gefühle, der Technik und des Ausdrucks zusammenzuführen«. Sie begründet die Einführung der Ateliers Ende der 1960er Jahre damit, dass sie als Gegenmodell zur

Schulkultur, in der die »so genannten expressiven Ausdrucksweisen benachteiligt« worden seien, konzipiert waren. Zu benachteiligten Ausdrucksformen rechnet sie »visuelle Ausdrucksweisen, Musik, Poesie, Tanz, usw.«. Vor dem Hintergrund dieser Einschätzung sei es mit der Einführung der Ateliers darum gegangen, »die Komplexität der Wissensaneignung zu verteidigen«[142]. Klar ist für Vecchi aber auch, dass die Entscheidung für die visuelle Ausdrucksweise in den Ateliers keine im Sinne einer separaten Disziplin war: »Die visuelle Sprache wurde eher als ein Mittel gewählt, Brücken und Beziehungen zwischen verschiedenen Erfahrungen und Ausdrucksweisen zu bauen.« Damit schien die visuelle Sprache als Leitsprache etabliert.

Die Notwendigkeit einer Basissprache im Atelier begründet Vecchi damit, »dass man, um sich in einer ›Sprache‹ kompetent zu äußern, eine spezifische und gründliche Ausbildung braucht« und »dass eine Ausdrucksweise, die wirklich erlernt und verfeinert worden ist, auch gerüstet sein muss, Verbindung zu anderen Ausdrucksweisen oder Sprachen aufzunehmen«[143]. Dass diese Basissprache eine

---

141 Moss/Rinaldi 2004, S. 3
142 Vecchi 2004, S. 19
143 Vecchi 2004, S. 19

künstlerische ist, scheint sich, da Vecchi Künstlerin beziehungsweise Kunstpädagogin ist, von selbst zu ergeben.

Eine weitere Fokussierung erfolgt bei den visuell-künstlerischen Sprachen: auf die Ausdrucksform des Zeichnens. An späterer Stelle gehe ich auf die Begründungen ein.

Das theoretische Spektrum der Sprachen öffnet Vecchi in anderem Zusammenhang, indem sie auf den ursprünglichen Ansatz von Malaguzzi hinweist, auf »das Bewusstsein von der grundlegenden Bedeutung der Poetik und Ästhetik, das Wissen darüber, wie Poetik und Ästhetik alle Sprachen erfassen. Zentral ist dabei das Bewusstsein ihrer Bedeutung für die Verbindung von Denkprozessen«. Explizit sind dies die »poetischen Sprachen wie die Bildende Kunst, der Tanz, die Musik, Poesie, Literatur, Architektur, Design, (die) die Vernunft, das Imaginäre und Emotionale zusammenbringen und ein reicheres, umfassenderes Lernen ermöglichen«[144].

Das Auge als Zentrum der Wahrnehmung

Der unauflösbare Zusammenhang zwischen Wahrnehmung und Ausdrucksformen in der Reggiopädagogik wird mit der Formulierung »Dem Eindruck einen Ausdruck geben« beschrieben. Bei genauerer Betrachtung der Eindrücke wird eine Hierarchie der Sinne erkennbar, die sich folgerichtig aus der visuellen Leitsprache ergibt.

Darauf ging die deutsche Rezeption der Reggiopädagogik – in ihrer Beschreibung und Kritik – bereits frühzeitig ein. So gelangte Michael Göhlich 1988 zu der Einschätzung, »dass dem Auge die primäre Funktion unter den sensorischen Kanälen zugeordnet wird«, was »zu einer gewissen Vernachlässigung

anderer Kanäle (führt)«[145]. Dorothea Rieber kommt zu einer ähnlichen Einschätzung, wenn sie konstatiert: »Deshalb ist eine weitgefasste Wahrnehmungspädagogik in der Theorie und Praxis der Reggiopädagogik wichtig, wobei die Seh-Bildung (= educatione visiva) eine große Rolle spielt. Bei der Sehbildung ist die Erkenntniskraft des Auges zentral. Damit werden zum Beispiel Licht und Farbe zu wichtigen pädagogischen Elementen«[146]. Auch Rieber gelangt zu dem Ergebnis, »dass dem Auge als Sinnesorgan eine große Bedeutung zukommt, andere Kanäle jedoch kaum Beachtung finden. Beispielsweise nimmt das Ohr nicht nur Verbalsprache wahr, sondern auch Musik und Geräusche, die man pädagogisch nutzen könnte. Danach gefragt, antwortet eine Reggio-Pädagogin, (...) dass noch kein befriedigender Weg gefunden wurde, Musik und musikalische Erziehung im Kindergarten zu integrieren«[147]. Eigene Beobachtungen in den reggianischen Einrichtungen und aktuelle Dokumentationen zeigen jedoch, dass mittlerweile erste Wege in dieser Richtung beschritten wurden.[148]

Vor dem Hintergrund dieser unterschiedlichen Gewichtung der Sinnesorgane erschließt sich mit dem Titel der ersten europaweiten Ausstellung über die Einrichtungen in Reggio Emilia – »Wenn das Auge über die Mauer springt«[149] – die programmatische Dimension des Ansatzes. Die Foto-Text-Dokumentation zur Ausstellung verweist mit ihrem Titel – »Das Auge schläft, bis es der Geist mit einer Frage weckt« – in die gleiche Richtung.[150]

Bildsprachen als Zentrum der 100 Sprachen

Wendet man sich vom Eindruck zum Ausdruck – also zu den bevorzugten Sprachen in der Reggiopädagogik –, wird deutlich, dass auch in der deutschen

144 Vecchi 2008, S. 16f.
145 Göhlich 1988, S. 53
146 Rieber 2002, S. 64
147 Rieber 2002, S. 66
148 So werden Projekte durchgeführt, die Musik und musikalische Erziehung integrieren. Zum Beispiel im Nido L. Bellelli: »Citta inattesa – giardini publico«. Vgl. L. Bellelli Infant-toddler Center 2002. Die Scuola Diana und La Villetta haben eigene Musikateliers eingerichtet; zum Teil wird Musik auch zur Hintergrunduntermalung während bildnerischer Tätigkeiten eingesetzt (vgl. Reggio Children: Advisoires Reggio Emilia 2002, S. 26). In der aktuellen, weltweit gezeigten Ausstellung »The Wonder of Learning« von Reggio Children werden an mehreren Stellen Projekte zu akustischen Phänomenen vorgestellt und im Begleitkatalog dokumentiert (vgl. Reggio Children 2011, S. 56-65 und 86-95).
149 »L'occio se salta il muro«
150 In der Konzeption der ersten Wanderausstellung 1981 ging man in Reggio noch von dem Titel »Hundert Sprachen hat das Kind« aus (vgl. Ullrich/Brockschnieder 2001, S. 73). Es wäre interessant zu wissen, welcher konzeptionelle Diskussionsprozess diese Veränderung bewirkte. Der ursprüngliche Titel fand bei der zweiten Ausstellung in Berlin – nach der Maueröffnung diesmal im Ostteil der Stadt – wieder Verwendung, denn die Mauermetapher erschien vor dem Hintergrund der politischen Entwicklung in Deutschland als problematisch.

Rezeption der Fokus auf die Bildsprachen gerichtet wird: Es wird auf die zeichnerischen und plastizierenden Ausdrucksformen hingewiesen, die eine vergleichbare Vorrangstellung haben wie der Seh-Sinn bei den Eindrücken. Dies führt dazu, »dass nichtgrafische Sprachen (...), also Puppentheater, Schattentheater, Geschichtenerfinden u. ä. zu kurz kommen«[151]. Diese frühe Einschätzung Göhlichs wird von Annette Dreier bestätigt: »In dieser Konzentration auf die (bildnerischen, A. J.) Gestaltungsprozesse bei Kindern liegt nach Aussage der Pädagogen in Reggio ihre Stärke und Schwäche zugleich.« Als Beispiel für die anderen Sprachen führt Dreier an, dass im musikalischen Bereich keine solche Entwicklung stattfindet. »Nach Einschätzung der reggianischen Pädagogen liegen hier die Defizite ihres Modells, werden doch diese wichtigen ›Sprachen‹ von Kindern nicht so umfassend angeregt wie das Zeichnen und Malen.«[152] Ursula Stenger gelangt zu einer ähnlichen Einschätzung und benennt die vernachlässigten Sprachen: »Vielleicht ist es auch kein Zufall, dass bei aller Betonung der 100 Sprachen die Sprachen der Musik, des Tanzes und der Bewegung eine sehr untergeordnete Rolle spielen«[153].

Eine Konsequenz der Dominanz der grafischen Sprachen ist, dass der für die Reggiopädagogik so typische Transformationsprozess von einer Sprache in andere anscheinend immer den Zwischenschritt über eine Bildsprache braucht. Eine solche Vermutung bestätigt Stenger in der Beschreibung eines Projekts, das seinen Ausgangspunkt in der Musikecke einer Einrichtung hatte, wenn sie feststellt, dass auch hier »die Töne wiederum visualisiert werden sollten, also wieder ein reflexiver Vorgang dazwischen geschaltet war«[154].

Interessant wäre es, herauszufinden, ob es Projektbeispiele gibt, die ohne den grafischen Zwischenschritt auskommen, indem zum Beispiel die Sprachen Musik und Tanz ohne Visualisierungstransfer zum Ausdruck kommen.

Eine herausgehobene Stellung in der Reggiopädagogik kommt dem Zeichnen als quasi visueller Basissprache zu, die weit über das hinausgeht, was in der klassischen Kunstpädagogik mit der Kinderzeich-

nung als abbildhafter Auseinandersetzung mit der Umwelt in Verbindung gebracht wird. Nach Malaguzzi verliert die Zeichnung ihre bisher bekannte, »rein expressive Funktion« und »wird zu einer Art Notizblatt« für die Kinder, zu einem »Hilfsmittel, das beschreibt und zusammenfasst, erzählt und erklärt«, ein »Problem in seine einzelnen Phasen und Arbeitsschritte zerlegt«[155]. Für Vecchi ist das Zeichnen ein »außergewöhnlich gutes Instrument, um Fragen zu stellen, um die Realität zu erforschen und zu interpretieren«[156].

Festzuhalten bleibt, dass die Metapher von den 100 Sprachen – ausgehend von der Kritik an der Eindimensionalität der Verbalsprache – den Umgang mit einer Vielzahl von Sprachen fordert, die Begründung für die Atelierarbeit dagegen die visuellen/künstlerischen Sprachen zu reggianischen Leitsprachen erhebt und sie zur Basis vielfältiger Tranformationsprozesse macht. Nach Durchsicht verschiedener Projektdokumentationen ist eine Konzentration auf einige immer wiederkehrende Ausdrucksformen – vier zentrale Sprachen – zu verzeichnen: Zeichnen, Malen, Plastizieren sowie Experimente mit Licht und Schatten. Letztere untersuche ich im vierten Kapitel eingehender.

Setzt man nun beide Komponenten – Eindrücke und Ausdrucksformen – in Beziehung zueinander, lässt sich festhalten, dass ein visueller Eindruck bevorzugt einen bildhaften, grafischen oder plastischgestalterischen Ausdruck findet. Dennoch werden auch andere Sprachen, die in Deutschland stärker in gezielten und isolierten Angeboten nacheinander gefördert werden[157], in Projekte integriert. Dabei muss jedoch der quantitativ geringe Stellenwert der Projektarbeit in der Reggiopädagogik berücksichtigt werden, auf den ich an anderer Stelle eingehe.

2. Atelier und Atelierista

In diesem Kapitel untersuche ich, wie sich die Arbeit in den Ateliers als Werkstätten der 100 Sprachen vor dem Hintergrund der beschriebenen Konzentration auf bestimmte Sinne und Ausdrucksformen darstellt.

---

151 Göhlich 1988, S. 124
152 Dreier ‹1993› 1999, S. 87
153 Stenger 2002, S. 245
154 Stenger 2002, S. 245
155 Malaguzzi 2002, S. 26
156 Vecchi 2004, S. 21
157 Zum Beispiel Bewegungserziehung und musikalische Frühförderung

Das Konzept des Ateliers

Der Werkstatt-Begriff ist ein zentraler Bestandteil des reggianischen Konzepts. Malaguzzi bezieht ihn einerseits auf die ganze Region der »Roten Emilia«, wenn er sagt: »Die Emilia Romagna ist die Forschungswerkstatt für den sozialen Bereich in ganz Italien«[158]. Andererseits bezieht er ihn auf die pädagogischen Einrichtungen selbst: »Unsere Einrichtungen sind vor allem Werkstätten, in denen Kinder die Welt untersuchen und erforschen«[159].

Ein eigener Ort für den Schwerpunkt visueller Ausdrucksformen wurde erst Ende der 1960er Jahre mit der Einführung des Ateliers in allen Kindergärten/ Scuole geschaffen. In den Krippen gibt es bis auf wenige Ausnahmen keine zentralen Ateliers und Atelieristas.[160] Zusätzlich verfügen alle Einrichtungen über ein Miniatelier für jede Gruppe.

Der neu eingeführte Begriff des Ateliers ließe sich auf zweierlei Weise erklären: als notwendige sprachliche Abgrenzung gegenüber der Gesamteinrichtung als Werkstatt oder als Ausdruck einer konzeptionellen Schwerpunktsetzung. Tassilo Knauf weist darauf hin, dass der Atelierbegriff im Italienischen wie im Deutschen – im Gegensatz zu Frankreich, wo er im allgemeinen Sprachgebrauch für Werkstatt steht – vorrangig den Ort künstlerischer Arbeit bezeichnet.[161] Damit ergäbe sich ein erster Hinweis auf das Kunst-Atelier.

Vecchi beschreibt drei Funktionen des Ateliers:

- Erstens sei es ein Platz für Kinder, an dem sie Meister verschiedener bildnerischer Techniken werden können: »A place for children to become masters of all kinds of techniques, such as painting, drawing, and working in clay all the symbolic languages«[162].
- Zweitens hilft es dem Erwachsenen zu verstehen, wie Kinder lernen: »Assists the adults in understanding processes of how children learn«[163]. Die Lernprozesse machen sich an eben jenen bildnerischen Techniken fest.
- Drittens bieten die Ateliers den Raum oder Rahmen zur Herstellung von Dokumentationen als demokratische Möglichkeit der Einsicht in die Arbeit der Einrichtungen: »Provide a workshop for documentation. Documentation was seen then as a democratic possibility to inform the public of the contents of the schools.«[164] Die Dokumentation dient den Kindern, den Familien und der internen Erzieherinnen-Fortbildung: »Use with the children and families, as well as with teachers for in-service training«[165].

Auf den Zusammenhang zwischen den Funktionen verweist Dahlberg, wenn sie betont: Größere Kenntnisse über den kreativen künstlerischen Prozess können dadurch erworben werden, dass man ihn in Dokumentationen sichtbar macht.[166]

158 Malaguzzi ‹1993› 1999, S. 22
159 Malaguzzi, zit. nach Ullrich/Brockschnieder 2001, S. 65
160 Im Nido Ottello Sarzi der Panta Rei Genossenschaft gib es zentral für alle Gruppen je ein künstlerisches, ein musikalisches und ein »Dramaatelier«. Im kommunalen Nido L. Bellelli existiert ebenfalls ein zentrales Atelier.
161 Vgl. Knauf 2004a, S. 9
162 Vecchi 1998, S. 140
163 Vecchi 1998, S. 140
164 Vecchi 1998, S. 141
165 Vecchi 1998, S. 141
166 Vgl. Dahlberg 2004, S. 22

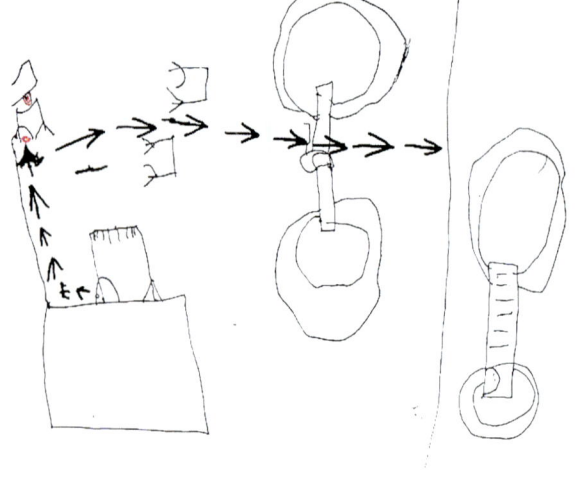

Nach den aus Reggio vorliegenden Berichten und Bilddokumentationen sowie eigenen Beobachtungen lässt sich – bezogen auf den räumlich-baulichen Charakter der Ateliers – eine große Vielfalt feststellen. Die Geschichte der Gebäude, in denen die Kindereinrichtungen untergebracht sind, und die damit verbundenen architektonischen Besonderheiten bedingen dies. Als Beispiel sei die Scuola Choreia angeführt, die in einem ehemaligen Autohaus untergebracht ist. Der ursprünglichen Funktion des Gebäudes wegen bestehen die meisten inneren und äußeren Wände aus Glas. Eine zentrale Piazza ließ sich nicht verwirklichen, weshalb das Atelier deren Funktion als Treffpunkt übernimmt.

Ausstattung und Materialien des Ateliers

Um etwas über die im Atelier vertretenen Sprachen aussagen zu können, bedarf es einer genaueren Untersuchung der Materialien, in die sich Sinneserfahrungen einschreiben können, und der Werkzeuge, die zur Gestaltung der Sinneserfahrung in Materialien gebraucht werden. Erst darüber können Sinneserfahrungen zu einer Form von Sprache werden. Somit stünde die Ausstattung der Ateliers im direktem Verweisungsverhältnis zu den dort vertretenen Sprachen.

Exemplarisch beschreibe ich zuerst zwei Ateliers, die ich im Abstand von sieben Jahren besuchte.[167] So werden Kontinuitäten und Entwicklungen deutlich. Im Anschluss versuche ich, die vorgefundenen Materialien zu systematisieren.

In der Scuola Diana ist das Atelier ein zentraler Ort, aufgeteilt in einen Haupt- und einen Nebenraum. Während der Hauptraum von künstlerischen (klassische Staffeleien, Farben, Tonarbeiten) und medialen (Computer- und Videoanlagen) Materialien und Werkzeugen geprägt wird, befinden sich im Nachbarraum einfache akustische und elektronische Musikinstrumente sowie die zu ihrer Weiterverarbeitung nötige Elektronik.

Dokumentationen aus einigen Einrichtungen der letzten Jahre weisen auf die steigende Bedeutung der Musik als Ausdrucksform hin.[168] Sieben Jahre zuvor war der mediale Anteil noch deutlich geringer; der kleine musikalische Nebenraum war noch nicht vorhanden.

Im unter dem Dach gelegenen Atelier der Scuola La Villetta dominieren elektronische Medien in den verschiedensten Ausführungen (Computer, Beamer und anderes). Daneben gibt es Materialien und Werkzeuge, die sich zur Untersuchung verschiedenster physikalischer Phänome des Lichts eignen. Außerdem befinden sich künstlerische Materialien und Werkzeuge (Staffeleien, Zeichenmaterialien) in dem Raum, der sich über das ganze Dachgeschoss erstreckt.

Eine separate Abteilung ist der Musik vorbehalten. Hier finden sich Streichinstrumente und ein kleines elektronisches Musikstudio. Bekannte Projekte der letzten Jahre, die im Atelier dieser Einrichtung ihren Ausgangspunkt fanden, sind das Fax-Projekt[169] und das Projekt »Ein Vergnügungspark für Vögel«.

Bereits 1999 konnten die Kinder in diesem Atelier Erfahrungen mit Internetrecherchen machen. Ein

---

167 1999 und 2006
168 Vgl. die Heftdokumentation der Krippe L. Bellelli: The parc is ... 2002, der eine CD beigefügt ist.
169 Vgl. Piazza/Barchi 2001 und das Projekt »Ein Vergnügungspark für Vögel«, vgl. Kapitel 5

Schwerpunkt der damaligen Arbeit war die Entwicklung einer eigenen Programmiersprache mit den Kindern, die mit logischen Ketten gezeichneter Symbole begann und später mit dem Lego-Mindstormprogramm und kleinen Robotern fortgesetzt wurde.

In den Ateliers anderer Einrichtungen dominieren tendenziell solche Materialien und Werkzeuge, die der Förderung bildnerischer Ausdrucksformen dienen. Dadurch wird der traditionelle künstlerische Charakter der Ateliers weit stärker betont.

Zusätzlich zum Atelier dieser Einrichtungen verfügt jeder Gruppenraum über ein separates Miniatelier mit unterschiedlichen Gestaltungsmitteln. Stenger wies 2010 darauf hin, dass in den Miniateliers meist auch Gegenstände und Geräte zum Experimentieren mit Licht untergebracht sind[170].

Untersuchungen zur taktilen Qualität der Räume, Einrichtungen und Alltagsgegenstände in den reggianischen Kindertageseinrichtungen führten zur Entwicklung von Materialanforderungen. In diesem Zusammenhang wurde Taktilität zu einem Schlüsselbegriff für die Reggiopädagogik: Materialien müssen vielfältig sein, kontrastreich und veränderbar durch Temperatur, Licht, Zeit, Alterungsprozesse und Vergänglichkeit. Sie müssen für die Kinder manipulierbar und modifizierbar sein, aber auch die Spuren ihrer Lernprozesse konservieren.[171] »Taktilität braucht, wie die anderen Sinne, viel Raum, genauso wie die Pausen zum Zuhören«[172].

Zwei weitere Faktoren, die in unmittelbarem Zusammenhang mit den Materialien und Werkzeugen stehen, sind in ihrer Bedeutsamkeit schon länger bekannt und berücksichtigt: Farben und Licht. Von der Erforschung des Lichts als Ausdrucksform wird an späterer Stelle ausführlicher die Rede sein.

Materialvielfalt und Multifunktionalität

Bevor ich genauer auf die verwendeten Materialien eingehe, scheint eine kurze Klärung notwendig: Für welche Aktivitäten werden in den reggianischen Einrichtungen überhaupt Materialien gebraucht? Das heißt: Welche Tätigkeiten bestimmen den Alltag?

Für zwei Arten von Aktivitäten lässt sich dies schnell umreißen: Projektarbeiten erfordern einen unspezifischen Fundus an vielfältigen Materialien und Werkzeugen. Für die in erster Linie bildnerischen Arbeiten im Atelier sind es die entsprechenden künstlerischen Materialien und Werkzeuge. Für zusätzlich musikalisch oder medial orientierte Ateliers gilt Entsprechendes.

Da eine schlüssige Kategorisierung der Materialien und Werkzeuge meines Wissens bislang fehlt, nehme ich aufgrund meiner Beobachtungen vor Ort den Versuch einer Systematisierung vor. Zentrales Beurteilungskriterium ist die Frage, was die Materialien und Werkzeuge dazu beitragen können, Sinneserfahrungen zu multiplizieren und zu vertiefen. Wie können sie aufgrund der in ihnen angelegten Eigenschaften und Möglichkeiten helfen, Eindrücke zu erlangen und/oder Eindrücken in einer der 100 Sprachen Ausdruck zu geben?[173]

Das Angebot an Materialien und Werkzeugen in den Einrichtungen soll reiche sensorische Stimuli bieten, zwischen denen das einzelne Kind entsprechend seiner persönlichen Wahrnehmungsmuster auswählen kann.

Wer eine reggianische Einrichtung betritt, dem fällt zum Thema »Material und Werkzeug« zuerst die große Offenheit auf. Eine große Menge vielfältiger multifunktionaler Materialien und Werkzeuge scheint besonders geeignet, die 100 Sprachen zu fördern.

Bei genauerer Betrachtung wird eine Konstellation aus vier Faktoren sichtbar: die Menge und die Vielfalt, das bewusste Arrangement[174] und die Systematik der Anordnung. Diese Konstellation sorgt für Balance. Würde einer der Faktoren fehlen, geriete das Materialkonzept aus dem Gleichgewicht: Eine

170 Vgl. Stenger 2010, 125
171 Vgl. Reggio Children: Domus Academy Research Center 1998, S. 71ff.
172 »Tactility, like the other senses, needs plenty of space as well as pauses for ›listening‹.« Reggio Children: Domus Academy Research Center 1998, S. 79
173 Die Abgrenzung zum programmatischen Raum als drittem Erzieher erweist sich als schwierig. Gehört die Ausstattung zur Raumgestaltung oder eher zu den Werkzeugen? Ich verfahre pragmatisch: Was sich aus Sicht der Kinder als immobil darstellt, gehört eher zur Ausstattung, wird also wie der Leuchttisch der Raumgestaltung zugeschlagen. Was sich wegtragen lässt wie die Lupe, gehört zum Werkzeug.
174 In »Children, art, artists« wird der Begriff »orchestration« benutzt (vgl. Reggio Children 2004).

größere Menge des Gleichen könnte erschlagen oder langweilen. Davor bewahrt die Vielfalt des Ähnlichen. Fehlte die Sorgsamkeit des Arrangements, in der sich die Wertschätzung selbst scheinbar wertloser Materialien ausdrückt[175], würden Kinder die Materialien weniger beachten oder sie – wenn sie sie nicht wertschätzen – absichtlich oder unabsichtlich beschädigen.[176] Würde die Systematik fehlen, bestünde die Gefahr der Reizüberflutung, da Kinder in ihrer Wahrnehmung der materiellen Angebote überfordert würden.

In Bezug auf die große Menge an Materialien gilt nicht das Prinzip »Je mehr, desto besser«, sondern Reduktion ist notwendig. In angeleiteten Aktivitäten wird das Materialangebot meist drastisch reduziert und dadurch konzentriert, bei bildnerischen Arbeiten zum Beispiel auf eine einzige Farbe.

Menge, Vielfalt, Arrangement und Systematik schaffen die Voraussetzungen dafür, dass alle Sinne zusammenspielen, verborgene Beziehungen zwischen den einzelnen Materialbereichen gesehen werden und dass die verfügbaren Sprachen einander »anstecken« können.[177] Dahinter wird eine Grammatik der Materialien deutlich.

Dass dies funktioniert, dass aus dem vertrauten Umgang eine autonome Sprache werden kann, belegt ein Beispiel. Hinsichtlich des Stellenwerts des Lichts berichtet Vecchi, von aufschlussreichen Beobachtungen: In den vielfältigen und langjährigen Auseinandersetzungen mit Licht erlernen die Kinder diese Sprache und wenden sie bewusst als Gestaltungsmittel an, um etwa mit Stoffen und Kunstlicht bestimmte Plätze in der Einrichtung für ihr Freispiel zu bestimmen, zu formen und abzugrenzen.[178]

Das Selbstverständnis und die Aufgaben der Atelierista

Ein weiterer Hinweis auf die vertretenen Sprachen lässt sich aus der beruflichen Sozialisation und dem entsprechenden Selbstverständnis der Atelierista sowie aus deren Funktion in den Einrichtungen erkennen. Die neutralste Bezeichnung für den Leiter des Ateliers ist die des »Werkstattleiters«, wenngleich sie durch den Hinweis »in der Regel Künstler oder Kunstpädagoge«[179] relativiert wird. Mit den (Berufs-)Bezeichnungen »Künstler«[180] und »Kunstpädagoge«[181] ist der Rahmen abgesteckt.

Knauf schreibt über die Qualifikation der Atelierista, sie hätten »in der Regel keine elementarpädagogische, sondern eine handwerkliche, künstlerische oder kunstpädagogische Ausbildung«[182]. Diese Aussage bedarf zweier Anmerkungen:

- Zumindest nach deutschem Verständnis beinhaltet eine kunstpädagogische Ausbildung – der Name weist bereits darauf hin – pädagogische Anteile, insbesondere solche, die die Didaktik der alters- oder entwicklungsabhängigen Vermittlung verschiedener Techniken betreffen.
- Die neu aufgenommenen Atelierista durchlaufen nach einem aufwändigen und anspruchsvollen Auswahlverfahren eine mehrmonatige pädagogische Weiterbildung, die sie in die Lage versetzt, entsprechend dem reggianischen Konzept zu arbeiten. Gute Chancen bei der Bewerbung haben diejenigen, die über ein breites Spektrum von Qualifikationen verfügen.[183]

Wenn Vecchi schreibt, dass die Existenz der Ateliers enormen Einfluss auf die pädagogische Identität der Einrichtungen hat – »... that having the atelier in every preprimary school has made a deep impact on the emerging educational identity of our system«[184] –, dann trifft dies auch oder sogar noch mehr auf die

---

175 »Die Dinge, auch die scheinbar wertlosen Materialien, entfalten durch die Art ihrer Präsentation eine Schönheit und erfahren einen Wert.« (Ullrich/Brockschnieder 2001, S. 67)

176 Die Menge und Art der raumgreifenden Arrangements von Materialien bedingen auch behutsamere und (zugleich) eingeschränktere Bewegungen in den Räumen. Die Kinder toben nicht. Bälle kommen nicht oder kaum vor, weshalb niemand sie in die Materialarrangements werfen kann. Es stellt sich die Frage, ob Kinder durch diese Arrangements bewusst in ihren Bewegungsaktivitäten gebremst werden sollen.

177 »The term synesthetic implies the evocation of a sensory channel through another specific sensory registe ... synesthesia becomes a synonym für constructed ›multisensorality‹, ›contamination‹ of media, sensory orchestration.« (Reggio Children 2004, S. 15)

178 Vgl. Vecchi 1998, S. 130

179 Schäfer 2002, S. 12

180 Ullrich/Brockschnieder 2001, S. 65

181 Bree 1999, S. 7

182 Knauf 2004a, S. 12

183 So die Auskunft der Atelierista im Gespräch mit dem Autor, 15.03.2006.

184 Vecchi 1998, S. 141

Atelierista selbst zu. Obwohl die Einrichtungen keine Leiterin (im deutschen Sinne) haben – stattdessen gibt es einen gewählten Leitungsrat –, wird anhand des Selbstverständnisses und der Funktionen der Atelierista deutlich, dass ihnen durch die zentrale Stellung in den Einrichtungen quasi eine Leitungsfunktion zukommt.

Vecchi zufolge hat sich die Arbeit in den Ateliers im Laufe der Zeit dahingehend entwickelt, dass Forschung, visuelle Erziehung und Dokumentation in den Vordergrund traten: »Our work in Reggio Emilia has tended to involve more and more research, visual education and documentation«[185]. Allerdings wird Forschung nicht als von der pädagogischen Praxis getrennte Tätigkeit verstanden, sondern steht in der Regel in Verbindung zur Arbeit mit den Kindern und schließt die Dokumentation sowie die Weiterbildung der Erzieherinnen ein. So können die Atelieristas durch ihre besondere Ausbildung den Erzieherinnen helfen, die visuellen Möglichkeiten der

Themen und Projekte, die für sie nicht offensichtlich sind, zu sehen: »Can help them see the visual possibilities of themes and projects that are not apparent to them«[186].

Vecchi betont mehrfach ihre Beratungsfunktion für Erzieherinnen. In der Beschreibung ihres Tagesablaufs als Atelierista hebt sie die vielen beratenden Gespräche mit einzelnen Erzieherinnen wie mit dem Team und die Rundgänge durch die einzelnen Gruppen hervor, in denen sie Unterweisungen für die Einführung neuer Materialien und Themen gibt. Sie erscheint als ständige Beraterin: »I am really their constant consultant«[187]. Verglichen mit deutschen Strukturen, füllt sie die Rolle der Leiterin und die Rolle der Fachberaterin aus.

Darüber hinaus bieten die Atelieristas Workshops für Eltern an, damit diese Zugang zu den Ausdrucksformen der Kinder finden können.[188]

Eine solche Rolle kann die Atelierista nur einnehmen, weil sie keiner Kindergruppe zugeordnet ist.

185 Vecchi 1998, S. 141
186 Vecchi 1998, S. 147
187 Vecchi 1998, S. 147
188 Vgl. Stenger 2010, S, 123

Knauf hebt hervor, sie sei weniger als die Erzieherinnen auf die drei Hauptschwerpunkte Beobachten, Dokumentation und Impulsgebung konzentriert, sondern bringe stattdessen verstärkt Aspekte der handwerklichen Praxis und Lehre ein.[189]

Zwar sieht auch Knauf die Koordination und Außendarstellung, die Beratung der Erzieherinnen bei der Gestaltung der Projektdokumentationen und die Begleitung von Projekten – in der Regel in Kooperation mit den Erzieherinnen – als wichtige Aufgaben der Atelierista an, doch liegt der Schwerpunkt des Tuns nach seiner Einschätzung in der Beratung von Kindern bei speziellen Gestaltungsvorhaben und mehr noch in der Anregung der Kinder durch das eigene gestalterische Vorbild.[190] In diesem Zusammenhang nennt er unter anderem »turnusmäßig Wiederkehrendes wie das Gestalten mit bunten Blättern und anderen Naturmaterialien im Herbst«[191]. Dazu gehöre auch: »Vormachen, helfen, kontrollieren, korrigieren«, was für die Kinder bedeutet: Sie »schlüpfen in eine Art Lehrlingsrolle«, wodurch sie »Bekanntschaft mit einem anderen Lerntypus als dem in ihrer Gruppe favorisierten (machen). Im Atelier ist das Lernen am Modell, das Imitieren bewährter Praxis wichtiger«.

Folgerichtig sieht Knauf Parallelen der Atelierarbeit zur Waldorfpädagogik.[192] Er thematisiert jedoch nicht die Frage der Kompatibilität des von ihm beschriebenen Tuns im Atelier mit dem konstruktivistischen Bild vom Kind in der Reggiopädagogik. Im Gegenteil: Er betont die Erfahrung verschiedener Lernwege, darunter auch das instruktionistische Vorgehen, in dem er eine gute Voraussetzung »für das Sichzurechtfinden in der Schule«[193] sieht.

Vorausgesetzt, Knaufs Einschätzung trifft zu – meine eigenen Beobachtungen in den reggianischen Ateliers scheinen instruktionistische Vorgehensweisen zu bestätigen –, dann müssen die Atelierista über ein sehr umfangreiches Methodenreservoir verfügen. Wie sich die verschiedenen, einander zum Teil widersprechenden Bilder von lernenden Kindern zusammenfügen – Lernen durch Instruktion und Imitation oder Bildung als Selbstbildung –, die diesen Methoden zugrunde liegen, das wäre noch zu klären. Gibt es ein Nebeneinander beider Konzepte im Atelier? Gibt es eventuell Zwischenformen?

Um diese Fragen zu beantworten, ist es nötig, einen genaueren Blick auf die reggianische Didaktik insbesondere im Bereich der Ästhetischen Bildung zu werfen.

Am Beispiel des Begriffs »Imitation« wird deutlich: Er kann durchaus anders verstanden werden als im Waldorfschen Sinne des bloßes Nachahmens, wie Knauf es nahelegt. Lernen durch Imitation kann nach Gerd Schäfer auch konstruktivistisch »als etwas aufnehmen – übernehmen, um es selbst weiterzuentwickeln« verstanden werden. Ein solches Verständnis entwickelt Schäfer in der Auseinandersetzung mit dem Begriff des (freien) »kindlichen Bastelns« als »*Umdeutung*« von Gegenständen und Materialien, als eine »Art geistigen Recyclings«, bei dem der Sinn des Bastelns stärker im »Gebrauch von Dingen oder Materialien in unterschiedlichen *Kontexten*« liegt. Das heißt: In Basteleien spricht sich die »Beziehung des Subjekts zu dieser Wirklichkeit«[194] aus.

189 Vgl. Knauf 2004a, S. 12
190 Vgl. Knauf 2004a, S. 13
191 Knauf 2004a, S. 13
192 Vgl. Knauf 2004a, S. 12
193 Knauf 2004a, S. 12
194 Schäfer 1990, S. 152 (Hervorhebung im Original)

Der Aufgabenbereich und der Status der Atelierista sowie die Anzahl der vertretenen Sprachen im Atelier hängen nach meinen Beobachtungen entscheidend von der Persönlichkeit und der Qualifikation der jeweiligen Werkstattleiterin ab. Durch sie werden die einzelnen Ateliers unverwechselbar, wie auch Vecchi betont: »The personalitiy and style of each atelierista makes each *atelier* a different place«[195].

Neben Vecchi nimmt Giovanni Piazza als Werkstattleiter der Scuola La Villetta eine herausragende Stellung in den reggianischen Ateliers ein. Er arbeitet stark medienorientiert, erschließt neue Bereiche für die kommunalen Kindertagesstätten und ist in vielen Dokumentationen und Veröffentlichungen präsent. Er ist nicht allein Werkstattleiter einer einzelnen Einrichtung, sondern auch Forscher und Fortbildner des Centro Malaguzzi. In seiner Arbeit und Person gehen Kunst und Wissenschaft eine enge Beziehung ein.

Das Atelier als Kunstwerkstatt im weiteren Sinne

Vor dem Hintergrund der veröffentlichten und der in den Einrichtungen ausgestellten Dokumentationen lässt sich feststellen, dass sich das Tun der Atelierista auf die Förderung bildnerischer Sprachen konzentriert. Damit wird in den Ateliers ein Spektrum von Ausdrucksformen vertreten, das der Kunstpädagogik zugeordnet werden kann. Dass dabei zunehmend medial-elektronische Verfahren der neuen Medien einbezogen werden, kann nur demjenigen als Widerspruch erscheinen, der Kunstpädagogik auf die traditionellen künstlerischen Ausdruckformen wie Zeichnen, Malen und Plastizieren beschränkt. Orientiert sich Kunstpädagogik auch an den aktuellen Formen ihrer Bezugsdisziplin – der Bildenden Kunst –, muss sie analog zu deren Entgrenzung weitere Formen wie Installationen, Konzept-Art, Triviales und Alltagskunst, Design, Warenästhetik und mediale Kunst einbeziehen. Ein Besuch der weltgrößten Schau moderner Kunst, der documenta in Kassel, führt jedem deutlich vor Augen, dass traditionelle Formen wie die Malerei längst nicht mehr im Zentrum dessen stehen, was heute mit Bildender Kunst in Verbindung gebracht wird.

So gesehen, bewegt sich selbst Piazza noch im Rahmen kunstpädagogischer Inhalte. In anderen reggianischen Ateliers wird das Spektrum möglicher Ausdrucksformen weniger ausgeschöpft. Das kann mit der Generationszugehörigkeit oder mit der persönlichen bildnerischen Schwerpunktsetzung der jeweiligen Atelierista zusammenhängen.

Die Anstellung bildender Künstler führt somit dazu, dass in den Ateliers jene künstlerischen Ausdrucksformen gefördert werden, in deren Sprachen die Atelierista ausgebildet wurden. Damit schöpft die Erweiterung der Verbalsprache um in erster Linie bildnerische Sprachen den reggianischen Ästhetikbegriff nicht aus.[196]

In diesem Zusammenhang stellt sich die Frage, ob die Dominanz bildnerischer Sprachen etwas mit deren besserer Visualisierbarkeit in Dokumentationen und letztendlich mit besserer Verkaufbarkeit zu tun haben könnte. Neueren veröffentlichten Dokumentationen sind allerdings CDs beigefügt, wodurch die musikalische Sprache ein angemessenes Dokumentationsmedium fand.

Es läge nahe, dass mit den bildnerischen Sprachen zugleich die Art des Spracherwerbs, die die Atelierista selbst erfahren haben, in die Ateliers übernommen wird. Der von Knauf angesprochene besondere Lerntypus im Atelier – der Lehrling lernt am Modell – legt dies nahe. Zum Teil deckt sich Knaufs Beschreibung mit meinen Beobachtungen in Reggio. Zur Beurteilung der Kompatibilität dieser Form des »Spracherwerbs« mit dem konstruktivistischen Selbstbildungskonzept erscheint es notwendig, kurz darauf einzugehen, in welchen methodischen Grundformen die Arbeit in den reggianischen Einrichtungen organisiert wird und inwieweit diese Formen im Gegensatz zum Ateliertypus stehen.

---

195 Vecchi 1998, S. 141 (Hervorhebung im Original)

196 Zur Behebung dieser Schwäche des reggianischen Ansatzes machte Annette Dreier bereits 1993 einen Vorschlag, der die dialogische Komponente der Reggiopädagogik unmittelbar aufgreift: »Vielleicht könnten in diesem Zusammenhang vorhandene innovative Modelle aus der Bundesrepublik nach Reggio ›importiert‹ werden!« (Dreier ‹1993› 1999, S. 87) Inwieweit sich die behutsame Öffnung insbesondere für die Sprache der Musik in einigen Einrichtungen auf Anregungen von außen zurückführen lässt, entzieht sich meiner Kenntnis.

3. Ästhetische Bildung im Kontext reggianischer Didaktik

Die Ateliers in den kommunalen Kindergärten von Reggio Emilia sind das sichtbarste Zeichen einer Konzeption, die sich durch die umfassende Förderung kindlicher Ausdrucksformen auszeichnet. Die Ergebnisse der Arbeit in den Ateliers lassen zugleich gezielte künstlerische Förderung vermuten. In welchem Verhältnis dieser künstlerische Schwerpunkt zum konstruktivistischen Verständnis kindlicher Bildungsprozesse steht und welchen Stellenwert die Atelierista im Alltag, in der Projektarbeit und bei den Dokumentationen haben, soll nun untersucht werden.

Im Folgenden gehe ich näher auf das Verhältnis von konstruktivistischen und instruktivistischen Anteilen in der Reggiopädagogik ein und untersuche, wie in der Arbeit im Atelier methodisch vorgegangen wird: instruktivistisch im Sinne gezielter Vermittlung und Einübung von Ausdrucksformen oder konstruktivistisch im Sinne entdeckender, projektorientierter Selbstbildungsprozesse?

Methodische Schwerpunktsetzungen in der Reggiopädagogik

Der Tagesablauf in einer reggianischen Einrichtung ist zeitlich und methodisch klar strukturiert. Seine Struktur wird eindeutig von den Erwachsenen vorbestimmt.[197]

Nur ein geringer Zeitanteil ist für die Durchführung von Projekten als der ersten methodischen Grundform im Alltag vorgesehen.[198] Da Projekte in der Regel nur mit einer kleinen Teilgruppe der Kinder durchgeführt werden, verkennen Zuschreibungen wie »Herzstück der Reggiopädagogik«[199] oder »zentrales Element im Alltag reggianischer Didaktik«[200] deren tatsächliche Bedeutung im reggianischen Alltag. Dies zieht die hohe Qualität der Projekte jedoch nicht in Zweifel.

Das Freispiel als zweite methodische Grundform nimmt – verglichen mit vielen deutschen Kindertageseinrichtungen – nur geringen zeitlichen Umfang ein. Da es in der Bringe- und Nachmittagsphase von pädagogischen Hilfskräften betreut wird, haben Beobachtung und Dokumentation keine Bedeutung.[201]

Die dritte methodische Grundform wird als thematische Arbeit bezeichnet und ist unseren Angeboten vergleichbar.[202] Diese Form wird kurzzeitig von Erzieherinnen und Atelieristas angeleitet: Die Kinder sollen sich auf weniges konzentrieren, dies aber genau und mit möglichst vielen Sprachen untersuchen.[203]

Freies Spiel und thematische Arbeit mischen sich oft. Das mag uns eher ungewöhnlich erscheinen, denn nach unserem Verständnis unterscheidet sich die Rolle der Erzieherin in beiden Spielformen stark. Die Auflösung dieses scheinbaren Widerspruchs liegt im reggianischen Verständnis des Freispiels, das wie folgt beschrieben wird: »... freies Spiel (ist) vielfach von Erwachsenen angeregt, inspiriert und begleitet.«[204] Auffällig ist in diesem Zusammenhang, dass die Bedeutung von »gezielten und systematischen Entwicklungsanregung(en)«[205] bei der Projekt- und der thematischen Arbeit deutlich hervorgehoben wird.

Insgesamt lässt sich festhalten: Im Alltag reggianischer Kindertageseinrichtungen nehmen angeleitete Aktivitäten quantitativ einen hohen Anteil ein, die zielgerichtete und systematische Förderung bestimmt das Handeln der Erzieherinnen, und damit fällt der Unterschied zum Atelierlerntypus von Knauf geringer als erwartet aus. Es stellt sich die Frage, inwieweit sich das Selbstbildungskonzept – das den Diskurs in der deutschen Elementarpädagogik prägt – im Atelier, aber auch im sonstigen reggianischen Alltag wiederfindet.

---

197 Vgl. Ullrich/Brockschnieder 2001, S. 47
198 Küppers/Römling-Irek stellen in »Die Auseinandersetzung mit der Welt. Theorie und Praxis reggianischer Projektarbeit« einen beispielhaften Tagesablauf einer reggianischen Kita vor, in dem der Begriff »Projekt« nicht vorkommt. Es ist von einer zweistündigen Phase mit »Freispiel, Aktionen, Angeboten« die Rede. (2011, S. 133)
199 Ullrich/Brockschnieder 2001, S. 51
200 Vgl. Stenger 2010, S. 135
201 Vgl. Ullrich/Brockschnieder 2001, S. 47f.
202 Vgl. Ullrich/Brockschnieder 2001, S. 48
203 Vgl. Ullrich/Brockschnieder 2001, S. 51. Die Inhalte und Methoden des thematischen Arbeitens, das dem angeleiteten Angebot bei uns entspricht, werden von den Erzieherinnen bestimmt – allerdings in steter Überprüfung mit den Beobachtungen, in Absprache mit dem Kita-Kollektiv und den Eltern. Vgl. Göhlich 1988, S. 124.
204 Ullrich/Brockschnieder 2001, S. 48
205 Ullrich/Brockschnieder 2001, S. 42f.

Vier didaktische Topoi der Entwicklung bildnerischer Ausdrucksformen

Bildnerische Ausdrucksformen werden in den reggianischen Einrichtungen in mehrfacher Weise gefördert: als zentrale Sprachen im Verbund mit anderen Ausdrucksformen in Projekten und unter systematischer Anleitung in der thematischen Arbeit. Schwerpunktmäßig sind die Atelieristas in den Ateliers dafür zuständig, aber auch die Erzieherinnen in den Gruppenräumen.

Verbindend für alle Formen der Förderung ist das Verständnis dessen, was Bilder für Kinder darstellen: »Bilder sind Teile des Prozesses der Weltauseinandersetzung und Weltaneignung.«[206] Diese auf die Reggiopädagogik bezogene Aussage Knaufs gilt allgemein für das kunstpädagogische Verständnis der Kinderzeichnung und enthält noch keine speziellen reggianischen Komponenten. Knauf nähert sich diesen Komponenten über den Hinweis auf das konstruktivistische Verständnis von Wirklichkeit: »Wirklichkeit wird selektiv auf Themen konzentriert, die Kindern bedeutungsvoll sind. Die Bilder der Kinder sind *Konstruktionen* und keine Abbildungen. Gerade bei jüngeren Kindern ist die Ähnlichkeit zwischen realem und gemaltem/gezeichnetem Gegenstand oft sehr gering ... Das Kind definiert das Zeichen und lädt es damit mit *persönlicher Bedeutung* auf.« Diese Bildkonstruktionen »spiegeln die Prozesse der Entwicklung von *Selbstkonzepten* wider«[207].

Von der Phänomenologie her entspricht eine solche Beschreibung dem, was in der Kunstpädagogik als Ausdrucksproportion bezeichnet wird: Die individuelle Bedeutung eines Gegenstands oder Wesens für das Kind bestimmt die Größe und Vielfalt der entsprechenden Abbildungen.

Eine umfassendere, auf dem Konstruktivismus beruhende Beschreibung ästhetischer Bildungsprozesse legte Schäfer 1995 vor, ohne darin direkt auf die Reggiopädagogik Bezug zu nehmen. Auch er verwendet den Begriff des Ästhetischen in Abgrenzung zu Schönheitsformen, bezieht sich stattdessen auf den Begriff der Aisthesis = Wahrnehmung und entfaltet unter dem Begriff der »ästhetischen Bildung« einen eigenen Ansatz des »ästhetischen Denkens«[208].

In seiner Auseinandersetzung mit der Bedeutung der inneren und äußeren Bilder in der Reggiopädagogik geht Knauf auf die wichtige dialogische Komponente ein, wenn er die Funktionen der Bilder für Kinder beschreibt: Sie sind »Ausdruck und Dokument ihrer Interessen, Wünsche, Ängste und Fantasien, aber auch ihrer sinnlichen Darstellungsfähigkeiten und Gestaltungsbedürfnisse, *Werke*, in denen sich Kinder (...) als Person und als Träger von Fähigkeiten ausdrücken, *Medien*; denn sie sind Kommunikationsmittel, mit denen Kinder Erwachsenen und anderen Kindern etwas mitteilen wollen...«[209]

Mehr noch als der Dialog macht der Transfer der Ausdrucksformen als zweiter Topos das Grundanliegen der Reggiopädagogik aus. Kinder setzen »verschiedene Sinne und Aktionsformen ein. Sie verbinden das Beobachten mit dem Nachdenken und dem Kommunizieren über das Beobachtete. Und wenn sie ihre Entdeckungen und Interessen in Zeichnungen und Bilder(n) dokumentieren, übertragen sie anschließend das Gezeichnete in andere Medien ... Damit schaffen sich Kinder selber unterschiedliche Zugänge zu der Besonderheit des Gegenstands und lernen zugleich die Bedeutung des Perspektivwechsels kennen und praktizieren«[210]. Dieser Perspektivwechsel wird auch als Erklärung für die jeden Betrachter der bildnerischen Produkte reggianischer Kinder faszinierende besondere Darstellungsqualität herangezogen.

Der Prozess des Transformierens durch gestalterische Mittel ist deshalb so bedeutsam, da die Erfahrung und das Erkennen der Kinder durch den Ein- und Ausdruck in unterschiedlichen Sprachen weiterentwickelt werden. Spielt hierbei das exemplarische Moment der Transformation die entscheidende Rolle, könnte die Wahl der künstlerisch-gestalterischen Sprachen und die Fokussierung darauf von untergeordneter Bedeutung sein.

Die Fachberaterin[211] Elena Giacopini erklärt, »wieso die Kinder in der Lage sind, so genau und detailverliebt Gegenstände mit bildnerischen Mitteln darzustellen: Die Kinder erreichen diese Darstellungsdichte nur, weil sie sich vorher und parallel mit dem Gegen-

---

206 Knauf 2005, S. 17
207 Knauf 2005, S. 19 (Hervorhebung im Original)
208 Vgl. Schäfer 2005, S. 117ff.
209 Knauf 2005, S. 20
210 Knauf 2005, S. 20
211 Pedagogista

stand emotional, gedanklich und vor allem sinnlich besonders intensiv beschäftigt haben«[212].

Den Hintergrund einer solchen intensiven Beschäftigung beschreibt Stenger mit einem zweifachen und zugleich komplementären Zugang des Kindes zur Welt: Mit diesem Zugang nähern sich Kinder Menschen, Tieren, aber auch Objekten über den dritten »Topos des Flirts« oder des »Sich-Verliebens«[213] an. Dieser Zugang verläuft über Sensibilität, Affektivität, Emotionalität und Intelligenz. Es ist gerade die starke emotionale Beziehung zu einer Sache, die den qualitativen Sprung in der Ausdrucksfähigkeit ausmache, gibt Stenger Malaguzzi wieder.[214]

Den vierten Topos beschreibt Stenger mit dem Begriff »Negoziazione«[215] als verbale Auseinandersetzung, als Konfrontation im Dialog, die vor dem Hintergrund des konstruktivistischen Weltverständnisses notwendig ist, um sich mit anderen Menschen über die verschiedenen Konstrukte von Wirklichkeit[216] verständigen zu können. In einem solchen Dialog sei im Gegensatz zum ersten Zugang gerade ein distanziertes Verhältnis des Kindes zu den Dingen notwendig.[217]

Wahrnehmungs- und Ausdrucksübungen als kunstpädagogisches Training

Besuchern in Reggio und Autoren, die Beiträge über die Reggiopädagogik veröffentlichen, stellt sich immer wieder die Frage nach dem methodischen klassisch-kunstpädagogischen Gehalt der Atelierarbeit. Als Beispiele seien die frühen Beobachtungen und Überlegungen von Dreier und Göhlich erwähnt. Dreier betont, »dass in den Krippen und Kindergärten kein unter didaktische Zwänge gestellter Kunstunterricht und auch kein ›visuelles Training‹ erfolgt, sondern vielmehr die gestalterischen Tätigkeiten von Kindern als Teil ihrer Aneignung von Wirklichkeit anerkannt werden«[218]. Zu den Arbeitsweisen der Erzieherinnen führt sie aus: »Entscheidend bei diesen Angeboten ist jedoch, dass sie nicht in Form pro-

duktorientierter Aufgabenstellungen erfolgen, die die Kinder ›richtig‹ oder ›falsch‹ erfüllen können, sondern im wahrsten Sinne des Wortes Anregung zur weiteren Auseinandersetzung mit der Umwelt sind.[219]

Von anderen Beobachtungen geht Göhlich aus, wenn er berichtet, dass Kinder beim Zeichnen von Atelieristas und Erzieherinnen zu Ergänzungen oder Vervollständigungen angeregt werden und dass anhand von Fotografien mit den Kindern überlegt werde, ob die Zeichnungen der Wirklichkeit entsprächen oder nicht. Beharre ein Kind auf der dargestellten Differenz, werde sie allerdings akzeptiert oder unterstützt.[220] Auch fiel ihm auf, dass Kinder aufgefordert werden, ein Bild mit besonders großem Einsatz zu malen, da es als Weihnachtsgeschenk für die Eltern eingerahmt werden solle und bestimmt im Wohnzimmer hängen werde.[221]

Diese frühen Angaben decken sich mit meinen Beobachtungen aus dem Jahr 2006. Auch damals wurde ein stark instruktionistisches Vorgehen der Erzieherinnen und der Atelierista deutlich: Kinder wurden angehalten, ihre Zeichnungen von Gegenständen, die als Vorlagen aufgestellt worden waren, immer wieder zu korrigieren. Vereinzelt waren direkte korrigierende Eingriffe der Erwachsenen in die Arbeiten der Kinder zu sehen.[222] Auch angeleitete ungegenständliche Farbübungen zur genauen Wiedergabe einer Musterfolge waren zu beobachten.

In beiden Beispielen wird die instruktionistische Vorgehensweise offensichtlich. Im zweiten, von den Atelierista angeleiteten Beispiel ist die methodische Systematik klar erkennbar. Sie erinnert an die ebenfalls klar strukturierte Vorgehensweise bei Montessori, wenngleich dort die Rolle der Erwachsenen eine andere ist.

Es wird deutlich, dass eine instruktionistische Vorgehensweise keineswegs im Widerspruch zu der zum Ausdruck kommenden Individualität der ausgestellten oder dokumentierten bildnerischen Werke der Kinder im Kontext von Projekten steht. Dies

212 Knauf 2005, S. 17
213 Vgl. Stenger 2002, S. 236
214 Vgl. Stenger 2002, S. 236f.
215 Verhandeln
216 Ko-Konstruktion
217 Vgl. Stenger 2002, S. 237f.
218 Dreier ‹1993› 1999, S. 83
219 Dreier ‹1993› 1999, S. 87
220 Vgl. Göhlich 1988, S. 101
221 Vgl. Göhlich 1988, S. 102
222 Vgl. auch Breuer 2006, S. 12

lässt sich zweifellos auf den hohen Stellenwert der Förderung bildnerischer Sprachen zurückführen. Die Kombination bestimmter Techniken im Sinne des Transfers von einer – größtenteils, aber nicht ausschließlich – bildnerischen Sprache in die andere macht das Außergewöhnliche der reggianischen Pädagogik aus. Die große Ausdruckskraft einzelner Bilder ist meiner Einschätzung nach auf mehrere Faktoren zurückzuführen:

- Intensive Eindrücke vermitteln sich über den Topos des Flirts oder des Verliebens.
- Die Eindrücke finden einen starken Ausdruck, weil den Kindern durch die nochmalige Konzentration auf bestimmte bildnerische Ausdrucksformen – insbesondere das Zeichnen und Plastizieren mit Ton – der Umgang mit diesen Ausdrucksformen vertraut ist.
- Dieses Vertrautsein entsteht durch häufiges Üben in bestimmten Ausdrucksformen. Grundlage dafür scheint ein instruktionistisches systematisches Lernen in der thematischen Arbeit zu sein. Dafür steht, wie erwähnt, im Tagesablauf viel Zeit zur Verfügung.

Einen Hinweis auf diese systematischen Übungen gibt auch der zu beobachtende ähnliche Zeichenstil, eine neben allen individuellen Variationen wahrnehmbare gewisse Gleichförmigkeit im Ausdruck. Man erinnere sich an die vielen verschiedenen Zeichenstudien über Pferde in Bewegung, die ein ähnlicher Zeichenstil verbindet. Einige von ihnen wurden ins Logo von Reggio Children übernommen.

Eine Irritation, die sich bei Besuchern reggianischer Einrichtungen angesichts von Kindern bei angeleiteten systematischen Ausdrucksübungen einstellt, hat ihren Hintergrund darin, dass der Blick auf Reggio von den Dokumentationen der großen Projekte geprägt ist, die in ihrem uns bekannten Ablauf ganz anders sind oder die wir bislang anders verstanden haben. Könnte es sein, dass die Basis der sichtbaren hohen Ausdrucksqualitäten in der alltäglichen Übungsarbeit, also in der thematischen Arbeit im Atelier, gelegt wird? Dann entspräche der Alltag der thematischen Arbeit der Pflicht, und die gelegentlichen Projekte wären die Kür.

4. Erleuchtung und Erkenntnis

Im Folgenden soll aus den vier identifizierten zentralen Sprachen der Reggiopädagogik eine herausgegriffen werden, um deren Bedeutsamkeit und deren Potenzial für die pädagogische Arbeit zu verdeutlichen. Dazu scheinen mir die drei klassischen Ausdrucksformen – Zeichnen, Malen und Plastizieren – weit weniger geeignet als die Experimente mit Licht und Schatten.

Die Bedeutung des Themas »Licht und Schatten«

Für die Behandlung dieser Sprache sprechen mehrere Argumente:

- Das Thema »Licht und Schatten« zieht sich wie ein roter Faden durch das reggianische Konzept; es wird sichtbar in den dokumentierten Projekten und in der Ausstattung der Einrichtungen. Seit 2004 wurde auf der Ebene der Praxisforschung mit der Einrichtung des Lichtstrahlen-Ateliers nochmals ein Entwicklungsschritt vollzogen.

- Die reggianische Arbeit mit Licht und Schatten wurde in deutschen Kindertageseinrichtungen bislang wenig rezipiert, sie erstreckte sich am ehesten auf einfache Experimente an Leuchttischen.

- Das Thema »Licht und Schatten« ermöglicht die Verbindung so unterschiedlicher Zugänge wie Ästhetik, Naturwissenschaften und Philosophie, die in deutschen elementarpädagogischen Konzepten bislang nicht verknüpft werden, und es eignet sich in besonderer Weise für projektorientierte Vorgehensweisen.

Zwei der in Deutschland publizierten Veröffentlichungen beziehen sich explizit auf Licht und Schatten. Damit markieren sie zugleich wichtige Stationen in der Behandlung des Themas: Der 1990 von der Gemeinde Reggio Emilia herausgegebene und 1999 erstmals auf Deutsch unter dem Titel »Alles hat einen Schatten, außer Ameisen« veröffentlichte Band dokumentiert die dreimonatigen Erfahrungen von Kindern zweier reggianischer Einrichtungen mit Schattenexperimenten[223]. Den dokumentarischen Teil begleiten sachanalytische und didaktische Überlegungen von Mariano Dolci.[224] Dolci untersucht die

---

223 Vgl. Reggio Children ‹1999› 2002
224 Mariano Dolci – bekannt als Puppenspieler – war der Theaterberater für die kommunalen Krippen und Kindergärten Reggio Emilias.

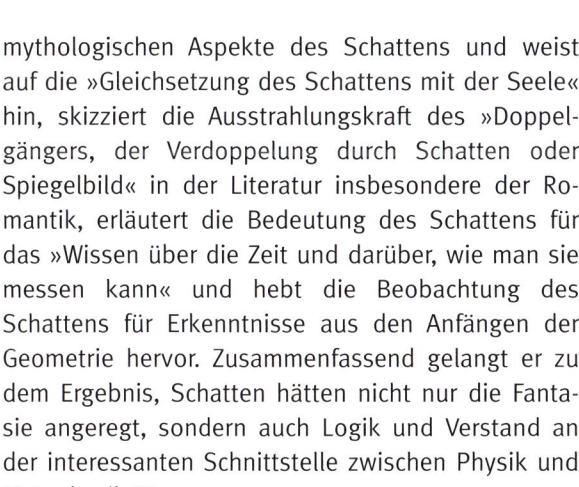

mythologischen Aspekte des Schattens und weist auf die »Gleichsetzung des Schattens mit der Seele« hin, skizziert die Ausstrahlungskraft des »Doppelgängers, der Verdoppelung durch Schatten oder Spiegelbild« in der Literatur insbesondere der Romantik, erläutert die Bedeutung des Schattens für das »Wissen über die Zeit und darüber, wie man sie messen kann« und hebt die Beobachtung des Schattens für Erkenntnisse aus den Anfängen der Geometrie hervor. Zusammenfassend gelangt er zu dem Ergebnis, Schatten hätten nicht nur die Fantasie angeregt, sondern auch Logik und Verstand an der interessanten Schnittstelle zwischen Physik und Metaphysik.[225]

Bezogen auf Beobachtungen in den Kindereinrichtungen, stellt Dolci fest, dass bereits kleine Kinder Interesse an Schatten hätten und sie im Alter von etwa acht Monaten aufmerksam verfolgen könnten. Die Bedeutung der gezielten Beschäftigung mit dem Schatten erschloss sich Dolci wie folgt:

Kinder suchen den Zusammenhang zwischen einem Gegenstand und seinem Schatten. Sie stellen fest, dass sich das Verhältnis beider zueinander verän-

dern kann und dass sie selbst diese Veränderungen bewirken können: Wenn sie den Abstand zwischen Lichtquelle und Gegenstand verändern, verändert der Schatten seine Größe. Dolci nennt dies die »elastische Perspektive« des Schattens.

Kinder stellen Unterschiede zwischen Gegenstand und Schatten fest: Ersterer lässt sich begreifen, letzterer nicht, ersterer hat Farben, letzterer in der Regel nicht.

In der Auseinandersetzung mit Schatten prallen »das Vertraute und das Ungewöhnliche aufeinander«, kommt es zu »Konflikten zwischen Vorhandensein und Nichtvorhandensein«, etwa wenn Kinder, die den Schatten der eigenen Hand wahrnehmen, sich fragen: Ist er meine Hand oder nicht? Die Bedeutung dieser paradoxen Erfahrung für die Entwicklung fasst Dolci folgendermaßen zusammen: »Dieses Paradoxon akzeptieren zu können ist eine Eigenschaft der menschlichen Intelligenz und die Voraussetzung für den späteren Zugang zu Metaphern und Symbolen«[226].

Im Umgang mit dem Schatten wird der Bruch mit dem Gewohnten deutlich, der das Kind verwirrt. Er

225 Vgl. Dolci 2002, S. 16ff
226 Dolci 2000, S. 19

zwingt es, sich Gedanken zu machen und Vermutungen anzustellen. Dolci stützt sich in seinen Überlegungen auf verschiedene entwicklungspsychologische Erkenntnisse, unter anderem von Piaget, um unterschiedliche Phasen der Aufmerksamkeit von Kindern für den eigenen Schatten erklären zu können: So erkennen Kinder etwa um den 15. Lebensmonat ihren eigenen Schatten und zeigen im weiteren Entwicklungsverlauf ein ähnliches Verhalten wie gegenüber ihrem Spiegelbild, bevor sie zur Erkenntnis des Andersseins dieses »Doppelgängers« gelangen. Beide stehen im Zusammenhang mit einem Körper, der beim Schatten durch Verzerrungen und Unschärfen jedoch vager und mittelbarer ist.[227]

Dolci entwickelt aus theoretischen Überlegungen und Beobachtungen der Kinder Fragen für die weitere Arbeit zum Thema »Schatten«:

- Was macht die Schatten für Kinder so verlockend?
- Auf welche Art und Weise erkennt ein Kind sich in seinem Schatten wieder?
- Wie erklärt es sich das Vorhandensein, die Eigenschaften und das Verhalten des Schattens?[228]

Diesem ersten Ansatz einer systematischen Auseinandersetzung mit dem Thema »Schatten« aus dem Jahre 1990 folgten diverse (dokumentierte) Projekte, in denen die Auseinandersetzung mit Phänomenen des Schattens ein Bestandteil war, so dass Licht und Schatten zu einer der 100 reggianischen Sprachen wurden.[229] Seitdem sind verschiedene Formen der Licht- und Schattenerzeugung in jeder Einrichtung zu finden: Tageslichtprojektoren, Diaprojektoren, Leuchttische und Schattenspielleinwände.

Ein zweites Mal befasste man sich ab Oktober 2004 systematisch mit dem Thema »Licht und Schatten«, als im Centro Malaguzzi – dem zentralen Begegnungs-, Ausstellungs- und Forschungszentrum der kommunalen Kindereinrichtungen in Reggio Emilia – das Atelier »Raggio di luce«, das »Lichtstrahlen-Atelier«, eingerichtet wurde. In den großzügigen Räumen führt eine multidisziplinäre Projektgruppe, zu der Atelieristas, Pädagogen und Wissenschaftler der Universität von Modena und Reggio Emilia gehören, Forschungsprojekte durch. Das Atelier ist für Kinder und Erwachsene geöffnet, als »Ort der Forschung,

der Experimente und des Eintauchens in eine Umgebung, in der das Licht in seinen verschiedenen Formen erlebt werden kann – mit der Wahrnehmung, den Gefühlen und dem Verstand«[230].

Bei den Experimenten geht es um »Phänomene und Konzepte aus der Physik: Reflexion, Lichtbrechung und -beugung, Polarität und Sättigung, Spektrum und Farben des Lichts«, die Kindern und Erwachsenen mittels spezieller Inhalte und Instrumente – »Illuminatorio« genannt – nahegebracht werden. Da diese Beschreibung wenig multidisziplinär anmutet, erfolgt sogleich die entschiedene Abgrenzung von wissenschaftlichen Workshops, denn es soll »nicht nach dem Modell aus Impuls und Reaktion« gelernt werden, um eine naturwissenschaftlich richtige Antwort zu erhalten. Vielmehr geht es darum, anhand des Lichts als eines ganz besonderen Objekts »nach der Intelligenz von Kindern und Erwachsenen, die lernen, und nach den verschiedenen subjektiven Formen des wissenschaftlichen Denkens, nach den günstigsten Bedingungen, damit das lernende Subjekt seine Sicht auf die Welt weiterentwickeln kann«, zu suchen und zu forschen.[231]

Die von diesem Lichtatelier ausgehenden Impulse für die Arbeit mit Kindern werden in der neuesten, weltweit gezeigten AusstelLung »The Wonder of Learning« von Reggio Children in einer eigenen Abteilung ausführlich dargestellt und im Begleitkatalog dokumentiert.[232]

Experimente mit Licht und Schatten und ihre Dokumentation

Anlässlich eines Studienaufenthalts in Reggio Emilia hörte ich im März 2006 einen Vortrag von Giovanni Piazza, in dem er seinen interdisziplinären Ansatz zur Entwicklung einer Grammatik des Lichts vorstellte und verschiedene physikalische, philosophische, wahrnehmungspsychologische, ethnologische und kunsthistorische Dimensionen erläuterte. Im Anschluss daran begleitete Piazza einen Teil des Auditoriums bei eigenen Experimenten im Lichtstrahlen-Atelier. Angeregt durch diese Erfahrungen, entwickelte ich ein

---

227 Vgl. Dolci 2000, S. 18ff
228 Vgl. Dolci 2000, S. 18f
229 Vgl. z. B. Breuer 2006
230 Bisi u. a. 2009, S. 26
231 Bisi u. a. 2009, S. 27
232 Reggio Children 2011, S. 122-151

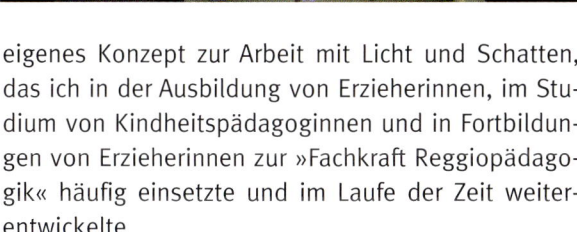

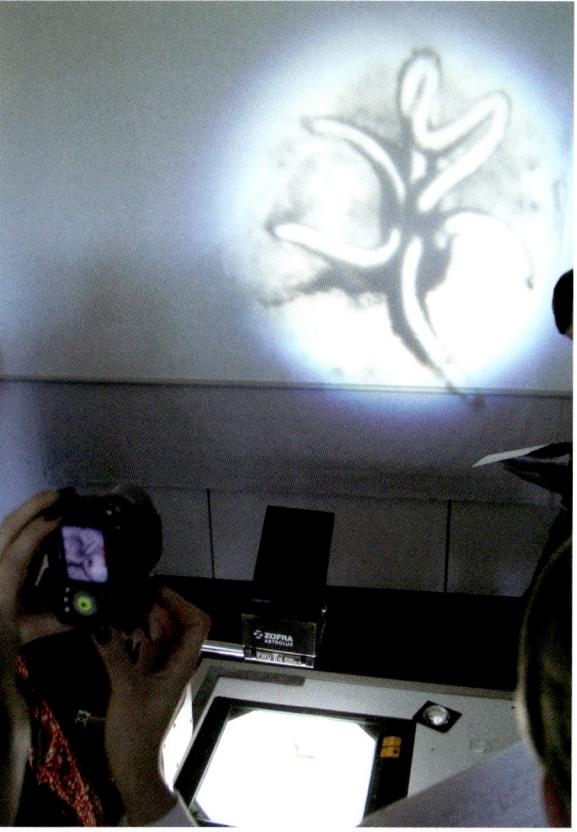

eigenes Konzept zur Arbeit mit Licht und Schatten, das ich in der Ausbildung von Erzieherinnen, im Studium von Kindheitspädagoginnen und in Fortbildungen von Erzieherinnen zur »Fachkraft Reggiopädagogik« häufig einsetzte und im Laufe der Zeit weiterentwickelte.

Notwendig für diese Experimente sind in der Minimalvariante – je nach Gruppengröße – einer oder mehrere Tageslichtprojektoren, eine weiße Projektionsfläche und diverse transparente, halbtransparente und lichtundurchlässige Materialien verschiedenster Form, Dichte und Konsistenz. Als Premiumausstattung kämen alle weiteren Ausstattungsmerkmale für Experimente mit Licht und Schatten in Frage[233], die für reggianische Kindertageseinrichtungen beschrieben werden.

Die Teilnehmerinnen und Teilnehmer experimentieren in Gruppen mit Licht und Schatten und entwickeln Hypothesen zum Verhalten von Licht und Farben. Dabei werden die Lernprozesse in verschiedenen Medien dokumentiert[234], so dass die Gruppen ihre Ergebnisse im Anschluss für alle sichtbar ausstellen können. Eine Reflexion des Experimentier- und Erkenntnisprozesses, der Dokumentation und des Transfers auf die Arbeit mit Kindern schließt sich an. Die in den gemeinsamen Experimentierprozessen sichtbar werdenden Erkenntnisse betreffen vier Ebenen:

- Auf der inhaltlich-sachlichen Ebene erlangen die Teilnehmerinnen und Teilnehmer gemeinsam Erkenntnisse über physikalische Gesetzmäßigkeiten von Licht und Schatten.
- Auf der persönlich-biografischen Ebene setzen sie sich mit eventuell bestehenden Vorbehalten gegenüber dem naturwissenschaftlichen Bereich auseinander und gewinnen ansatzweise einen nicht-schulorientierten Zugang.
- Auf der metakognitiven Ebene erfolgt eine Auseinandersetzung mit Prozessen der Hypothesenbildung, mit der Verschiedenartigkeit von Denkweisen und mit der Identifizierung von Entscheidungsschnittstellen.
- Auf der elememtardidaktischen Ebene erfahren

---

233 Optimal wäre ein eigenes Atelier oder eine Lernwerkstatt, die diese reggianischen Ausstattungsbestandteile enthält. Ein solches Atelier existiert für die Arbeit mit Studierenden und für Fortbildungen von Erzieherinnen an der Hochschule Esslingen.
234 Beim Dokumentieren mit Digitalkameras ergeben sich auch Metalichtexperimente, in denen man erfahren kann, wie Licht und Schatten adäquat fotografiert werden.

die Teilnehmerinnen und Teilnehmer etwas über den Charakter und die Wirkung verschiedener Formen von Impulsen: Aufgaben, Anregungen, Fragen, und Materialien.[235] Des Weiteren wird die Auseinandersetzung mit der Differenz zwischen der Hypothesenbildung bei Kindern und ihren Denkwegen im Verhältnis zu naturwissenschaftlichen Beweisführungen und Gesetzmäßigkeiten angeregt.

Aus den Erfahrungen mit den Experimenten und den daraus resultierenden Erkenntnissen können sich neben Anregungen für die Arbeit mit Kindern zum Thema »Licht und Schatten« allgemeine Impulse zur Projektarbeit, zu Dokumentationsformen und zum elementardidaktischen Diskurs über Modelle zur Förderung der mathematisch-naturwissenschaftlich-technischen Bildung ergeben.

Fazit

Die Metapher von den 100 Sprachen umreisst die programmatische Grundlage der Arbeit der reggianischen Ateliers und birgt ein großes Potenzial an Ausdrucksformen. In der Arbeit kommt den visuell-künstlerischen Sprachen die Funktion von Leitsprachen als Basis vielfältiger Tranformationsprozesse zu. Dabei finden vier zentrale Sprachen besondere Beachtung: Zeichnen, Malen, Plastizieren und Experimente mit Licht und Schatten. Dem Zeichnen als Mittel der Erkenntnisgewinnung kommt eine herausgehobene Stellung zu. So findet auf der Ebene der Wahrnehmungsprioritäten bevorzugt der visuelle Eindruck bildhaften, grafischen oder plastisch-gestalterischen Ausdruck.

In der Atelier-Arbeit finden sich zwei sehr unterschiedliche didaktische Konzepte wieder: instruktionistische Vorgehensweisen in Form von Wahrnehmungs- und Ausdrucksübungen in der thematischen Arbeit und konstruktionistische in der Projektarbeit. Erstere haben einen quantitativ weit größeren Anteil in der alltäglichen Arbeit, letztere stehen in der öffentlichen Wahrnehmung im Zentrum. Die Koexistenz eines konstruktivistischen Bildes vom Kind einschließlich des darin implizierten Selbstbildungskonzepts und des instruktionistischen Verhaltens der Erwachsenen in einem Teil des Alltags verschafft dem

---

235 Vgl. zur Impulsgebung auch Breuer 2006

Atelier ein sehr breites methodisches Potenzial. Einerseits scheinen beide Zugänge kaum miteinander vereinbar zu sein, andererseits scheint die besondere Qualität der Ausdrucksformen in den dokumentierten Arbeiten der Kinder aus dem Zusammenwirken beider Ansätze zu resultieren.

Bezogen auf die 100 Sprachen und auf die didaktischen Zugänge, lassen sich in der deutschen Rezeption der reggianischen Atelierarbeit zwei Tendenzen ausmachen, mit widersprüchlich erscheinenden Berichten aus Reggio Emilia umzugehen: Einerseits irritiertes Zur-Kenntnis-Nehmen, ohne tiefer auf die Hintergründe einzugehen – andererseits das Ausblenden offensichlicher Unstimmigkeiten.

Zwei Erklärungen für diese Differenzen bieten sich an, eine reggianische und eine deutsche:

Die Reggiopädagogik ist als »lernende Organisation«[236] in ständiger Weiterentwicklung begriffen. Von daher kann sie kein kohärentes, in sich geschlossenes Konzept wie beispielsweise die Waldorfpädagogik bieten. Eine dynamische Pädagogik hat zweifellos Brüche und muss mit Widersprüchen leben.

Auf deutscher Seite besteht vor dem Hintergrund der großen Faszination, die die reggianischen Arbeiten auslösen, in der Rezeption die Gefahr einer Idealisierung, die mit programmatischen Verabsolutierungen, Überhöhungen und inhaltlichen Verkürzungen verbunden ist. Doch ist ein Vorbild nicht erreichbar, schreckt es eher ab, als zur Inspiration anzuregen. Erschwerend kommt hinzu, dass der eher spärlichen Herausgabe deutscher Übersetzungen wegen hierzulande ein Zeitverzug in der breiteren Rezeption reggianischer Entwicklungen zu verzeichnen ist – ein Umstand, der auch den Dialog erschwert.

Aus diesen Erkenntnissen und Einschätzungen ergeben sich für die Weiterarbeit mit den Impulsen des reggianischen Ateliers mehrere Überlegungen:

Es bedarf einer vertieften Rezeption und Auseinandersetzung mit den Originalquellen oder den bereits ins Englische übersetzten Begründungen und Dokumentationen zur Atelierarbeit. Sie sollte den intensivierten Dialog mit reggianischen Pädagoginnen und Pädagogen, insbesondere mit den Atelieristas, einschließen.

Das dialogische Moment könnte dadurch unterstrichen werden, dass die Arbeit an Verfahrensweisen und Themen des Ateliers – zum Beispiel am Thema »Licht und Schatten« – auch in Deutschland vorangetrieben wird. Dabei wären insbesondere Hochschulen mit Lernwerkstätten im Kontext kindheitspädagogischer Studiengänge gefordert, an denen bereits Schnittstellen zwischen Hochschul- und Elementardidaktik existieren.

Eine weitergehende Erschließung der Atelierarbeit könnte äußerst fruchtbar für den aktuellen Elementardidaktikdiskurs in Deutschland werden. Dies auch deshalb, da – wie Ursula Stenger betont – im Ansatz der Reggiopädagogik bereits eine Forschung zur Didaktik enthalten ist, die am aufschlussreichsten in den seit 1980 weiterentwickelten Ausstellungen präsentiert wird.[237] Damit könnten zugleich weitere »Potenziale ästhetisch-künstlerischer Zugänge« erschlossen werden, wie Stefan Bree sie für die Herausbildung einer forschenden Haltung von Kindheitspädagoginnen fordert.[238]

Als Ergänzung zum physikalischen Zugang des Lichtstrahlen-Ateliers in Reggio Emilia wären eigene – zum Beispiel literarisch-künstlerische – Zugriffe denkbar, wenn etwa Laszlo Moholy-Nagys Arbeiten zur »Kunst des Lichts«[239] erschlossen werden.

Die Erfahrungen und konzeptionellen Begründungen der reggianischen Atelierarbeit sollten auch für die Diskussion über den Lernwerkstattansatz als elementardidaktischer Baustein genutzt werden. Einerseits basiert das Lernwerkstattkonzept auf Annahmen zum Bild des Kindes und dessen Lern- und Bildungsformen, die denen in den reggianische Ateliers ähneln.[240] Andererseits herrscht insbesondere in den elementardidaktischen Lernwerkstätten aufgrund ihrer noch starken grundschuldidaktischen Prägung häufig eine nach Bildungsbereichen getrennte Zugriffsweise vor – vorzugsweise eine naturwissenschaftlich-technische. Bezogen auf die speziellen Bildungsanforderungen dieses Bereichs, könnte das reggianische Atelier als Ausgangspunkt von Projekten wichtige Anregungen für einen ganzheitlichen Zugang bieten.[241]

236 Stenger 2010, S. 114
237 Vgl. Stenger 2010, 114
238 Vgl. Bree 2010, S. 12
239 Vgl. Moholy-Nagy 2010
240 Verbund europäischer Lernwerkstätten e.V. 2009
241 Vgl. Jansa 2011

Die hundert Sprachen des Kindes

Die Hundert gibt es doch
Das Kind besteht aus Hundert.
Hat hundert Sprachen
hundert Hände
hundert Gedanken
hundert Weisen
zu denken, zu spielen und zu sprechen

Hundert –
immer hundert Arten
zu hören, zu staunen und zu lieben.
Hundert heitere Arten
zu singen, zu begreifen
hundert Welten zu entdecken
hundert Welten frei zu erfinden
hundert Welten zu träumen.

Das Kind hat hundert Sprachen
und hundert und hundert und hundert.
Neunundneunzig davon aber
werden ihm gestohlen
weil Schule und Kultur
ihm den Kopf vom Körper trennen.

Sie sagen ihm:
Ohne Hände zu denken
ohne Kopf zu schaffen
zuzuhören und nicht zu sprechen.
Ohne Heiterkeit zu verstehen,
zu lieben und zu staunen
nur an Ostern und Weihnachten.

Sie sagen ihm:
Die Welt zu entdecken
die schon entdeckt ist.
Neunundneunzig von hundert
werden ihm gestohlen.

Sie sagen ihm:
Spiel und Arbeit
Wirklichkeit und Phantasie
Wissenschaft und Imagination
Himmel und Erde
Vernunft und Traum
seien Sachen, die nicht zusammen passen.
Sie sagen ihm kurz und bündig,
dass es keine Hundert gäbe.
Das Kind aber sagt:
Und ob es die Hundert gibt.

Loris Malaguzzi

Literatur

Bisi, O./Boni, D./Cagliari, P./Piazza, G./Tedeschi, M./Vecchi, V.: Das Atelier »Raggio di luce«. Kinder in Europa, Ausg. 16/2009, S. 26-27

Bree, St.: Surfen in Reggio oder Die Lust zu lernen – Annäherungen an eine andere Lernkultur. klein&groß, Heft 11-12/1999, S. 6-11

Bree, St.: Frühpädagogik studieren. Die Herausbildung einer forschenden Haltung durch die Verknüpfung von Bildungstheorie und ästhetischer Praxis. Betrifft KINDER, Heft 1-2/2010, S. 6-12

Breuer, D.: Neue Projektformen in Reggio. Betrifft KINDER, Heft 7/2007, S. 6-15

Dahlberg, G./Moss, P./Pence, A.: Beyond Quality in Early Childhood Education and Care. London 1999

Dahlberg, G.: Verbindungen knüpfen. In: Kinder in Europa: Balancieren am seidenen Faden. Juni 2004, S. 22-23

Dolci, M.: Der Schatten zwischen Mythen und Täuschungen. In: Reggio Children (Hrsg.): Alles hat einen Schatten, außer die Ameisen. Neuwied/Berlin 2002, S. 16-23

Dreier, A.: Was tut der Wind, wenn er nicht weht? Begegnungen mit der Kleinkindpädagogik in Reggio Emilia. Neuwied/Berlin ‹1993› 1999

Göhlich, M.: Reggiopädagogik – Innovative Pädagogik heute. Zur Theorie und Praxis der kommunalen Kindertagesstätten von Reggio Emilia. Frankfurt/M. 1988

Jansa, A.: Die Lernwerkstatt. Ein Ansatz für KiTas und ein Ort zur Erprobung neuen Lernens an der Hochschule Esslingen. ZukunftsHB KiTas/Bildung & Soziales. Januar 2011, S. 1-14

Knauf, T.: Atelier. In: Lingenauber, S. (Hrsg.): Handlexikon der Reggio-Pädagogik. Bochum/Freiburg 2004a, S. 9-14

Knauf, T.: Material. In: Lingenauber, S. (Hrsg.): Handlexikon der Reggio-Pädagogik. Bochum/Freiburg 2004b, S. 89-94

Knauf, T.: Das Auge schläft – bis es der Geist mit einer Frage weckt... Die konstitutive Kraft der Bilder in der Reggiopädagogik. TPS 9/2005, S. 17-21

Krieg, E.: Lernen von Reggio. Theorie und Praxis der Reggiopädagogik im Kindergarten. Lage 2002

Küppers, H./Römling-Irek, P.: Die Auseinandersetzung mit der Welt. Theorie und Praxis reggianischer Projektarbeit. Köln 2011

L. Bellelli Infant-toddler Center: The parc is ... Reggio Emilia 2002

Malaguzzi, L.: Der Schatten und der Abakus der Kinder. In: Reggio Children (Hrsg.): Alles hat einen

Schatten, außer die Ameisen. Neuwied/Berlin 2002, S. 24-28

Materialien aus dem italienischen Katalog zur Ausstellung »Das Auge schläft, bis es der Geist mit einer Frage weckt«. Berlin 1984

Moholy-Nagy, L.: Kunst des Lichts. Katalog zur gleichnamigen Ausstellung im Martin-Gropius-Bau Berlin. München 2010

Moss, P./Rinaldi, C.: Was ist Reggio? In: Kinder in Europa: Balancieren am seidenen Faden. Juni 2004. S. 2-3

Piazza, G./Barchi, P.: The Fax. In: Project Zero. Reggio Children: making learning visible. Children as individual and group learners. Reggio Emilia 2001, S. 214-227

Reggio Children/Domus Academy Research Center: Children, spaces, relations metaproject for an environment for young children. Reggio Emilia 1998

Reggio Children (Hrsg.): Advisories. Reggio Emilia 2002

Reggio Children (Hrsg.): Alles hat einen Schatten, außer Ameisen. Neuwied ‹1990› 2002

Reggio Children (Hrsg.): Children, Art, Artists. Reggio Emilia 2004

Reggio Children (Hrsg.): The Wonder of Learning. Reggio Emilia 2011

Rieber, D.: Der Kultur der Kinder auf der Spur. Ein Vergleich von Reggio-Pädagogik und Situationsansatz. Freiburg 2002

Rodari, G.: Die Grammatik der Phantasie: Die Kunst, Geschichten zu erfinden. Leipzig 1992

Schäfer, G. E.: Universen des Bastelns – Gebastelte Universen. In: Duncker, L./Maurer, F./Schäfer, G. E. (Hrsg.): Kindliche Phantasie und Ästhetische Erfahrung. Wirklichkeiten zwischen Ich und Welt. Langenau-Ulm 1990

Schäfer, G. E.: Bildungsprozesse im Kindesalter. Selbstbildung, Erfahrung und Lernen in der frühen Kindheit. Weinheim/München 1995

Schäfer, G. E.: Einführung in die Pädagogik der Frühen Kindheit. Anthropologische Grundlagen und Konzepte. Universität zu Köln 2002

Schäfer, G. E. (Hrsg.): Bildung beginnt mit der Geburt. Ein offener Bildungsplan für Kindertageseinrichtungen in Nordrheinwestfalen. Weinheim 2005

Schäfer, G. E.: Ästhetische Bildung. In: Fried, L./Roux, S. (Hrsg.): Pädagogik der frühen Kindheit. Weinheim 2006. S. 184-189

Stenger, U.: Schöpferische Prozesse. Phänomenologisch-anthropologische Analysen zur Konstruktion von Ich und Welt. Weinheim/München 2002

Stenger, U.: Zur Didaktik der Reggio-Pädagogik: In: Kasüschke, D.: Didaktik in der Pädagogik der frühen Kindheit. Kronach 2010, S. 114-143

Ullrich, W./Brockschnieder, F.-J.: Reggio-Pädagogik im Kindergarten. Freiburg 2001

Vecchi, V.: What kind of space for living well in school? In: Reggio Children/Domus Academy Research Center: Children, spaces, relations metaproject for an environment for young children. Reggio Emilia 1998, S. 128-135

Vecchi, V.: The Role of the Ateliersita. An Interview with Lella Gandini. In: Edwards, C./Gandini, L./Forman, G. (Hrsg.): The Hundred Languagees of Children. London 1998, S. 139-147

Vecchi, V.: Die verschiedenen Quellen des Wissens. Kinder in Europa: Balancieren am seidenen Faden. Juni 2004, S. 18-21

Vecchi, V.: Mut der Träume. KINDER in Europa, Ausg. 14/2008, S. 16-20

Verbund europäischer Lernwerkstätten e.V.: Positionspapier. Bad Urach 2009

http://www.velw.org/index.php?option=com_remository&Itemid=29&func=fileinfo&id=6

Ich habe einen Traum

Marina Kuban

Ich fliege durch die Morgendämmerung. Welch herrliche Aussicht über die norddeutsche Landschaft! Weit unter mir scheint es, als hätte ein Landschaftsschneider gigantische Stücke und Bahnen aus Stoffen in Naturfarben ausgelegt. Dazwischen steppte er schmale und breite graue Bänder mit weißen Streifen in der Mitte und goss mäandernde, blau glänzende Flüsse zwischen die ganze Pracht.

Aus der Luft erkenne ich alte Grenzen, längst von der Natur in Beschlag genommen. Ich gleite über einen kleinen Wald und traue meinen Augen nicht. Ein Schiff inmitten hoher Bäume? Tatsächlich, es handelt sich um einen großen Kahn aus Holz, kunstvoll verziert mit Intarsien aus metallenen Ornamenten, fachkundig umfunktioniert zu einem Kinderspielplatz. Leinensegel spenden Schatten, wenn kleine Argonauten sich auf den Weg machen wollen, um Weltwissen zu erwerben. Vielleicht wollen sie zu den wilden Kerlen? Egal wohin – hier ist ein Ort für Kinder. Ich will mehr sehen.

Mit Adleraugen ziehe ich meine Kreise über einem großen, eingegrenzten Außenspielgelände von etwa 1.000 Quadratmetern. Einer der gepflasterten Wege führt außen ganz herum und endet wie die Weltenschlange bei sich selbst.

Ein großes Gebäude trägt eine Photovoltaikanlage auf dem Dach. Eine Windhexe mit langer Zipfelmütze zeigt die Richtung an, aus der es gerade weht.

Viele attraktive Aktionsbereiche und kleine Häuser verraten die Arbeitsergebnisse kreativer Grünflächenexperten. Ideal für Spiele ohne Grenzen, bildschirmfreie Zeiträume.

Ein Weg mit einer niedrigen Mauer aus natürlichen Steinen umgibt ein Gelände für sehr kleine Kinder. Ich sehe mehrere Sand- und Wasserspielplätze, teilweise überdacht. Ein Trampolin ist im Boden eingelassen. Die Schaukeln sind niedrig, die Klettergeräte für kleine Körper mit entsprechenden Arm- und Spannbreiten konzipiert. Vereinzelt stehen halbhohe Motorräder zum Wippen im Gras. An einem winzigen Spielhäuschen ist ein farbenfrohes Mosaik aus Porzellanscherben angebracht, aus dem die Tülle einer Teekanne ragt. Beim näheren Hinsehen erkenne ich, dass ein Schnuller daran hängt, und freue mich über das anrührende Bild für den seelenlosen Begriff »Übergangsobjekt«.

Ein Kriechtunnel aus Zeltplane, große Findlinge und eine Rennstrecke für kleine Fahrzeuge bieten Freispielmöglichkeiten. Ein Puppenwagen, gestern noch zum Ausfahren liebevoll zugedeckter Bauklötze gedacht, steht unter einem Regenschutz. Sanfte Hügel, dichtes Buschwerk, niedrige Hecken und eine Wiese mit Gänseblümchen laden ein, diese Welt aufrechten Ganges oder auf allen Vieren zu erkunden.

In einem Kirschbaum schaukelt ein Babykorb, zu dieser Uhrzeit noch ohne weiche Kissen. Mit kleinem Gartenwerkzeug könnte nachgeforscht werden, wo die Eichhörnchen ihre Vorräte einbuddelten.

Eine Terrasse bietet einer Krippengruppe direkten Zugang zu all diesem Grün. Ältere Kinder können leicht in den angrenzenden Spielbereich klettern oder den Gang durch eine mit Glöckchen behängte Gartentür wählen.

Der größte Außenspielbereich für Kinder im vorschulischen Alter wird von einer Hecke aus verflochtenen Weiden begrenzt – mit Durchgängen an einigen Stellen. Mehrere Hütten und ein Haus, das in einen Kletterbaum getischlert wurde, laden zum Besuch ein. Ob dieser Baum vor hundert Jahren schon ahnte, dass seine eher horizontale Wuchsrichtung ihm einmal so viel Anerkennung einbringen würde, obwohl seine Kollegen ihn hoch überragen? Das Innere des Baums ist auf verschiedene Weise zu erreichen: Man kann ein paar flache, breite Stufen nehmen und sich am Geländer festhalten oder von der anderen Seite über niedrige Äste ins Haus gelangen. Klettermaxen können sich an den Knoten eines dicken Seils hocharbeiten.

Mein Blick fällt auf eine gezimmerte Lokomotive im Gras. Sie zieht drei überdachte Waggons, jeweils mit Tisch und Bänken versehen. Bei Wind und Wetter könnte man mit diesem Zug bis nach Panama fahren. Oh, wie schön wäre das!

Ein in die Hanglage gearbeitetes kleineres Gebäude bietet auf einer Seite eine Art Freilichttheater, bestehend aus halbkreisförmig angeordneten Sitzreihen aus Sandstein. Es eignet sich auch bestens für kinderparlamentarische Sitzungen. Welch kostbarer Entwicklungsraum, sich hier spielerisch vor anderen zu erproben, einander mit Rückmeldungen und Optimierungstipps zu bereichern. Ein unschätzbares Fundament für das spätere Leben!

Von der tiefer gelegenen Seite ist dieses Gebäude ebenfalls begehbar und erweist sich als praktischer Schuppen, der reichlich Platz bietet. Alle Kinderfahrzeuge und das Spielzeug für draußen können darin verstaut werden, große Schirme stehen für ihren Einsatz gegen zu viele UV-Strahlen bereit. Der gemauerten Stufen wegen ist alles bequem erreichbar.

Die Gebäudeseiten wurden zum Rutschen, Klettern und Schaukeln konstruiert.

Das Gleichgewicht kann beim Balancieren über liegende Baumstämme und auf einer an Ketten aufgehängten Wackelbrücke trainiert werden.

Wünsche und Träume, gesummt oder geflüstert, sammeln sich in einem großen, ausgehöhlten Stein oder werden ein paar Meter weiter in einen Parabolspiegel gejubelt.

Einer der Hügel bietet einen Tunnelgang, in dem man mit lautem Gebrüll mutig lästige Dämonen vertreiben kann. Emotionen erkennen und kanalisieren, das gehört hier zum guten Ton. Ebenso das Nein-Sagen im rechten Moment. In extra ausgewiesenen Wut- und Schimpfecken ist es erlaubt, die allerbösesten Wörter zu sagen, wenn keine jungen Nachplapperer in Hörweite sind.

In der Ferne erkenne ich kleinere Versammlungsplätze, mal im Kreis in einer Senke, mal in Reihe auf einem Hügel. Gemauerte, großartig verzierte Trinkbrunnen leuchten in der Nähe von Plätzen, die zum wilden Spiel einladen. Buschwerk mit Beeren verlockt in Spielpausen zum Naschen.

Ein Weidentipi, innen mit Wachstuch bespannt und mit Polstern bestückt, bietet ein naturnahes Ausruhplätzchen, dem die Klangspiele in den Bäumen träu-

merische Begleitmusik liefern. So verwandeln sich sinnliche Erfahrungen in Wissen. Die Kirsche auf der Sahne der Weltaneignung!

Der äußere Kreis des Kindergeländes ist in erster Linie für die größeren Kinder gestaltet, kleine Besucher sind aber willkommen. Neben dem Segelschiff im Trockendock befindet sich ein Seilgarten in den Bäumen, mit ausgewiesenen Öffnungszeiten. Hier finden anspruchsvolle Klettertouren statt, Übungen im Gruppenzusammenhalt. Ein Ort für Hilfsbereitschaft, Erfolg und Selbstbewusstsein. Kein Ort für Langeweile oder falsche Komplimente. An einem der Bäume hängt ein Erste-Hilfe-Kasten.

Auf dem benachbarten Bolzplatz mit Toren und Toilettenhäuschen können Kinderwelt-Meisterschaften ausgetragen werden. Ein Schachspiel mit Ein-Meter-Figuren fordert zum strategischen Denken und zum Wettkampf mit dezentem Körpereinsatz heraus.

Mehr Energieaufwand ist auf dem Box- und Rangelplatz zu erwarten, wenn hitzige Welpenkämpfchen ausgetragen werden. Fairness-Regeln, bildhaft dargestellt, präsentiert ein Hinweisschild: »Sofort aufhören, wenn jemand STOP sagt oder weint! Niemals mehrere gegen einen!«

Dieser Platz ist eine von verschiedenen Möglichkeiten, Energieüberschüsse abzubauen, TV-Erlebnisse zu verarbeiten oder angestaute Wut abzulassen. Mädchen und Jungen nutzen sie und machen Erfahrungen mit Sieg, Niederlage und anderen vorübergehenden Phänomenen emotionaler Art. Win-win-Ergebnisse sind zwar pädagogisch wertvoll, aber manchmal braucht es auch Polaritäten.

Wer sich außer Konkurrenz abrackern möchte, kann auf einer Baustelle mit Schutzkleidung ab Größe

128, entsprechenden Schippen und einem Bagger unter Anleitung eines erfahrenen Arbeiters Hand anlegen. Ein Stapel Bretter wartet geduldig darauf, zu einer Butze zu werden.

Für Gartenarbeit stehen große und kleine Gerätschaften parat. Kinder helfen gern, wenn ein Sinn dahinter steht, der ihnen einleuchtet, und sie mögen auch gern selbst gezogenes Gemüse verputzen. Mit den gut versorgten Hasen und einer Riesenschildkröte in ihren jeweiligen Tiergärten werden die vegetarischen Erzeugnisse geschwisterlich geteilt.

In einem fest gemauerten Haus für kleine Forscher kann bei jedem Wetter experimentiert und gewerkelt werden – nicht nach Schema F, sondern nach eigenen Interessen und Zielen. Das Haus ist praktisch möbliert, mit Waschbecken und Heizung ausgestattet. Arbeitsflächen am Fenster und mehrere Stromquellen ermöglichen mehreren jungen Experten gut beleuchtetes Tüfteln: Was passiert mit dem Weiß, wenn der Schnee geschmolzen ist? Wie lange braucht Eisen, um zu rosten? Und was ist mit Messing?

Ein kleines Stillleben – bestehend aus einem Holzkasten, verziert mit Blumen, silbernem Bonbonpapier und einer Haarspange, bestückt mit Räucherstäbchen und einem Kohlrabi – fesselt mein Adlerauge. Was ist das? Ein Altar? Ein Mausegrab? God save the spleen!

Es gibt auch leere Flächen auf dem Boden. Sie werden für Überraschungen zum Staunen und Wissenwollen freigehalten. Von Zeit zu Zeit könnten zum Beispiel geheimnisvolle Kisten angeliefert werden, mit kuriosen Inhalten wie riesige Strömungstafeln, Strudelmaschinen oder durchsichtige Kästen mit Magnetsand.

Ein kunstvoll aufgeschichteter Holzstapel bietet Insekten kostenlose Hotelunterkünfte. Gastierende Schmetterlinge bevorzugen die duftigen Fliederblüten für ihre Sommerfrische. Ist es nicht erstaunlich, dass man sich jedes Jahr wieder so auf den Frühling freut?

Alles in allem ist diese Welt ein Paradies. Hier spricht man nicht von anstrengenden, hyperaktiven Kindern, sondern schenkt allen Mädchen und Jungen originelle Orte, Aufmerksamkeit und bietet Freiraum. Kinder, denen es noch niemand vermiesen konnte, lieben jedes Wetter. Sie brauchen die Natur zum Spielen, Entdecken und Erproben. Dabei stärken sie ihre gesundheitsfördernden Widerstandskräfte und lernen, sich selbst kostenfreie Glücksmomente zu schenken. Nichts Trennendes ist zwischen ihnen und dem Himmel.

Wie mag es in der Kindertagesstätte aussehen, die so ein Außenspielgeländε hat? Zieht der rote Faden sich auch dort durch alle Räume, muss ein großes paritätisches Bündnis dahinter stecken: Partizipation und Politik im Wortsinn.

Bevor ich eintrete, wandere ich um das Haus herum. Außendarstellungen sind bekanntlich Visitenkarten. Fahrradständer, Blumenkübel, eine große Skulptur aus zusammengeschweißtem Schrott, bunte Bänder in den Zaun gewebt. Mit Petunien bepflanzte Kästen und Schokoladenblumen vor den Fenstern, Gardinen und Bambusrollos. Hier und da leuchten Fragmente aus transparent-bunten Folien auf. Mobiles aus Stöckchen, gewebter Wolle und Federn schweben in Fensternähe. Auf einer Fensterbank liegen Bonbons auf einer Landkarte von Island, daneben von Kindern gemalte Figuren mit Flügeln und ein Zettel, auf dem steht: »schmeksdir kleine Fee?«

Lächelnd gehe ich zum Haupteingang, über dem ein großes Schild prangt: GLÜCKSKINDER. Begrüßungsworte in vielen Sprachen und Dialekten empfangen alle, die hier hineinspazieren: Moin Moin!

Das Haus wurde mit Umweltbewusstsein und gesunden Baustoffen saniert. Alles wirkt gepflegt, es riecht angenehm nach Holz, guten Ölen und Lavendel. Nachvollziehbare Energiekreisläufe sind zu besichtigen, zum Beispiel Strom- und Wasserleitungen über Putz.

An den Wänden eines geräumigen, mediterran anmutenden Flurs sind Drahtseile an alten Porzellanisolatoren befestigt. Daran hängen Strahler in verschiedenen Formen.

Ich wende mich dem niedrig angebrachten Wegweiser zu: ein maßstabsgerechter Grundriss mit erklärenden Hinweisen. Daneben ein von Kindern gemaltes Empfehlungsschild mit Pfeil auf die heutige Außenbekleidung: Sonnencreme und Kopfbedeckung.

Im Foyer stehen Omas Sofa und ein Tisch mit Getränken bereit. Daneben schwimmt Herr Witzmann, ein dicker Goldfisch mit glücklicher Familie, durch ein stattliches Aquarium.

Überall finde ich kleine Zeichen aus verschiedenen Kulturen: tibetische Gebetsfahnen, ein stilisierter Fisch und ein buntes Kreuz, ein siebenarmiger Leuchter, das Yin-Yang-Zeichen. Mit einem Eisschirmchen in der Hand lächelt mir die schwarze Madonna aus Les

Saintes-Maries-de-la-Mer zu. Das blauäugige Nazar-Amulett an einer Türklinke soll alle Kinder beschützen. Beim Vorbeigehen sehe ich in der Küche einen großen Knoblauchzopf. Soll der vor Vampiren schützen oder im Kochtopf landen?

Ein Teil des großzügigen Flurs dient als Ausstellungsfläche. Kunstwerke von Kindern sind zu bewundern. Hinter ausrangierten Bullaugen von Waschmaschinen gibt es kategorisierten Kleinkram.

Ich treffe auf zahlreiche Sinnes- und Bildungsanregungen. Große bemalte Holzscheiben verändern Muster und Farbe beim Drehen, ein an Strippen befestigtes Spürnasen-Memory schult die olfaktorische Wahrnehmung. Fühlkästen erfordern Mut beim blinden Hineingreifen. Auf Abbildungen aus dem Alltag der Kinder stehen Zahlen, Buchstaben und Wörter in verschiedenen Sprachen.

Im Flur ist viel Platz. Die Kinder können Holztierchen oder ausrangierte Computermäuse hinter sich herziehen, Puppen ausfahren, 20-Meter-Hüpfen veranstalten. Eine Ecke lädt mit Bogenlampe, Zweiersofa und Bücherregal zum Schmökern ein. Daneben – veilchenfarben glitzernd – eine meterhohe Druse aus Amethyst.

In den meisten Türen sind Ausschnitte ausgespart, die den jüngsten Kindern erweiterte Horizonte zeigen. Ein Trinkbrunnen mit unterschiedlich hohen Zapfstellen löscht großen und kleinen Durst. Zur Freude der Betrachter wurde er mit Perlmuttstückchen, Muggelsteinen und Schneckenhäusern verziert.

Funktionale Garderoben zweigen sich rechts und links ab. Sie haben schön gestaltete Wände und Decken, erlesene Lampen, und neben den handelsüblichen Bänken findet sich ein Sofa oder Sessel. Vor den Gruppenräumen hängen – auf Kinderaugenhöhe – »Steckbriefe« der vertrauten Mitarbeiterinnen und der wechselnden guten Geister.

Hier kann jeder Tag für Kinder und Eltern angenehm beginnen und enden. Die wenigen Garderobenhaken machen mir klar, dass es den bekannten Stressfaktor crowding in dieser Kita nicht gibt.

Die Gruppenräume bieten Identifikation, hergestellt über Eigentumsfächer, Bilder der angemeldeten Kinder, gemeinsame Gestaltung der Umgebung. Kein Gruppenraum weist starre Funktionsbereiche auf. Alle Räume tragen den Charakter von Spielwerkstätten. Dem Anspruch an selbstwirksames Handeln und Interaktion wird man durch veränderbare Zonen gerecht.

Jeder Raum hat gemütliche Ruhe- und Rückzugsbereiche. Die Beleuchtungssysteme sind gut durchdacht, individuell schalt- und teils dimmbar. Unter allen Decken ist Schallschutz angebracht. Breite Fensterbänke in unterschiedlichen Höhen laden zum Spielen, Arbeiten und Werkeln ein.

Für jede Alters- und Entwicklungsstufe sind anregende Materialien verfügbar, die kreativ und vielseitig einzusetzen sind. Es gibt viel Raum zwischen Freiheit und Regeln, die ich – altersgerecht dargestellt – in jeder Gruppe antreffe.

Dem Anspruch an eine sichere Umgebung genügend, sind alle Türen der Kita mit Klemmschutz ausgestattet. Steckdosen und elektrische Schalter sind entsprechend präpariert.

Ich finde in der Einrichtung Ordnung und Überschaubarkeit: keinen vollgestopften Raum, keine Gerümpelecken, keine stagnierende Energie, keine Reizüberflutung. Alles ist gut erreichbar – offensichtlich eine konzeptionell verankerte Überzeugung des pädagogischen Teams.

Jede Gruppe hat direkt angegliedert einen 8 Quadratmeter großen Abstellraum mit Leiter und aufgeräumten Regalen, bis hoch zur Decke.

Die Gruppenräume fördern Zugehörigkeitsgefühl und räumliche Orientierung in einer komplexen, sich ständig verändernden Welt. Alle Kinder können sich wunschgemäß oder bei gemeinsamen Aktionen besuchen und gruppenübergreifenden Beschäftigungen nachgehen.

Der erste Raum gehört den Schulkindern. Ich registriere: Krökelautomat, Schränke mit Tafelfarbe gestrichen, Kreide für Infos: »Heute 15 Uhr Versammlung im Kletterwald! Mittwoch Putzdienst: Kim und Erkan! Azia sin doof!«

Ein Mannschaftsplan für Fußball und Bogenschießen, Gruppenregeln, Dienstpläne und eine Metaplanwand mit der bereits gepunkteten Planung für eine Ferienfahrt, einige Begriffe in Bildern dargestellt.

Jedes Kind besitzt einen eigenen Spind. Auf einem niedrigen Tisch in einer einladenden Wohnlandschaft liegen Zeitschriften, Kinderbücher und Bildbände. Eine Gitarre steht auf einem Ständer am Fenster. Im Nebenraum können Hausaufgaben ungestört erledigt werden.

Ein innen stabilisierter Waschmaschinenkarton dient als Kartenhaus. Auf jede Kartonwand ist eine Karte tapeziert, eine Welt-, eine Deutschland-, eine Niedersachsen- und eine Karte der Region. Oben drauf das

Himmelszelt, innen drin ein Nest mit Kissen und Decken, die gelungene Quadratur unserer Kugel.

Eine Theaterecke, innen verspiegelt, mit Kostümen und Requisiten ausgestattet, lockt die Kinder, hineinzugehen und in anderen Rollen wieder herauszukommen. Sich zu erproben, das macht Spaß, weil man verschiedene Situationen ausprobieren kann. Eine pädagogische Idee, die dahintersteckt: Empathie entwickeln.

Im Sanitärbereich der Schulkinder bin ich überrascht, wie aufmerksam man der nahenden Pubertät begegnet. Eine Zwischenwand sorgt für getrennte Mädchen- und Jungenwaschräume.

Die Jungen wählten Weltraumatmosphäre – runde Waschbecken aus glänzendem Edelstahl, eingefasst von einer Platte aus dunkelblauem Labradorit mit irisierenden Einschlüssen. Ein Ufo an der Wand sorgt für frische Luft. Zahnputzutensilien, Seifenspender, Kämme, Haargel, Einmalhandtücher, alles cockpitmäßig in einem praktischen Aufbewahrungssystem untergebracht. Halogenstrahler funkeln in alle Richtungen. Kinderhände bemalten, wischten und betupften die Wände in kräftigen Violett-Tönen. Galaxien von winzig-weißen Himmelskörpern explodierten aus feinen Pinseln. Ein kleines Universum entstand. Riesige Aufnahmen vom Hubble-Weltraumteleskop verleihen dem farbenprächtigen Raum eine fast schwebende Atmosphäre.

Zwei WCs sind für die Jungen installiert, in 36er und 38er Höhe. Außerdem gibt es zwei Edelstahl-Urinale, in denen das Pinkeln zum akustischen Erlebnis wird. Eine Dusche mit farbwechselndem Brausekopf sorgt nach Sport und Spiel für angenehme Erfrischung.

Auf der Tür nebenan ist das Wort Mädchen in vielen Sprachen zu lesen. Drin erblicke ich einen mittig aufgehängten Leuchter mit großen, flirrenden Pailletten. Überdimensionale Farbkreise in Pink und Orange beleuchten schneeweiße Wände. Es gibt zwei Waschplätze, gegossen aus Beton, mit Spiegeln und Halterungen für Kämme, Bürsten, Föhn und Cremetöpfe. Die duftende Seife spendet ein Purzelbaumvogel. Zum Abtrocknen gibt es Frottee- oder Papierhandtücher.

In die Dusche gelangt man durch eine angedeutete gemauerte Spirale. Das belebende Wasser ergießt sich als breiter Wasserfall, unter dem mehrere Mädchen zugleich baden können. In einer Kabine stehen zwei Toilettenbecken nebeneinander für ein ausgedehntes Plauderstündchen. In der anderen Kabine gibt es ein Toilettenbecken, ein Bidet und ein kleines Waschbecken samt Regal mit Pflegeutensilien. Im Sitzen hat man den besten Blick auf einen Jahresmondkalender.

An einer Wand bieten Abbildungen badender Mädchen und Frauen aus verschiedenen Kulturen einen Blick auf Lebenswelten außerhalb unserer Komfortzone.

Vor dem mittig gelegenen Raum der altersübergreifenden Gruppe sehe ich neben den Garderobenhaken zugeklappte Scharnier-Rahmen, auf denen Namen zu lesen sind. Ich öffne einen Rahmen und lese den Satz »Namastè, ich bin heute da«. Das Portrait eines dunkelhäutigen Kindes, aufgenommen, als es in die Kita kam, hängt neben einem Spiegel zum täglichen Vergleich. Welch feine nonverbale Kommunikation, mit einem Stupserchen in Richtung Selbstwahrnehmung.

Der Raum, eingerichtet für Kinder im Alter von zwei bis sechs Jahren, umfasst etwa 60 Quadratmeter, unterteilt in verschiedene Zonen, veränderbar durch regalartige Raumteiler, die auf feststellbaren Rollen stehen. Es gibt Tische und Bänke in verschiedenen Höhen. Darüber hängen stabile Pendelleuchten, die man bei Bedarf verschieben kann.

In einer Ecke ist eine stabile Holzarchitektur eingepasst, die zum Spielen, Klettern und Rutschen auffordert. Von oben kann man aus einem angedeuteten Türmchen durch Gucklöcher und ein drehbares Fernrohr in den Raum schauen: Perspektiven, Sichtachsen und Transparenz für die Schulung räumlichen Denkens.

Ganz unten befinden sich geheimnisvolle Butzen und Höhlen, deren Lichtquellen zu Aktionen einladen oder die durch Halbdunkel Rückzug ermöglichen. An Seidenbändern sind Lochsteine und Muscheln, Hölzer und Schafspelzstückchen befestigt. Ein Raum im Raum, kindgemäß und wunderschön.

Auf einem Podest dürfen Kinder ihre Spuren auch über Nacht hinterlassen, heute in Form unzähliger Spielzeugfahrzeuge, aufgestellt entlang der Muster eines farbenprächtigen orientalischen Teppichs.

Es gibt viele Anreize zu Exploration und Zweckentfremdung in dieser Welt mit Treppen, Ecken und Kanten. Es gibt Zeug zum Spielen und Alltagsgegenstände – für jeden in der breiten Altersspanne gibt es etwas Interessantes.

Besonders interessant finde ich das handgefertigte Möbelstück für frei zugängliche Materialien. Findige Handwerker müssen Kinder zwischen einem und sechs Jahren bei ihrem Tun beobachtet, ausgemessen und befragt haben. Das führte sie letztendlich zu dieser praktischen Lösung: eine Art Regalschrankspirale aus schönem Holz mit Fächern, Schubladen und Schranktüren. Ganz unten sind die Schubladen und Körbe für die Jüngsten zum Aus- und Einräumen. Darüber finden sich Spielmaterialien, die zu groß zum Verschlucken, und ungeeignet zum Stopfen in Nase oder Ohren sind. Auf gleicher Höhe gibt es unterschiedliche Papiere, ausrangierte Kataloge, Stoffe, eine Schachtel mit Gummiringen, Fellstücke und Wolle. Ab 1,10 Meter und höher kommen Bau- und Stecksteine, Tischspiele, Farben, Scheren, Büroutensilien, eine Blechdose mit alten Knöpfen, große Gläser mit Muscheln, Perlen und getrockneten Hülsenfrüchten – je kleiner im Detail, desto höher untergebracht. In den obersten Schrankfächern befinden sich risikoreiche oder teure Dinge, die die älteren Kinder unter Aufsicht benutzen: scharfe, spitze Scheren, kräftige Klebstoffe, ein kostbares Mikroskop, ein Diaprojektor, ein goldener Kompass.

An einer Wand sehe ich große Fotos mit Aufnahmen von Kindern, nackt oder in Badehosen. Im Spiel tauchten sie ein in die Farben projizierter Dias und verwandelten sich in Leoparden, Kühe, Papageien oder Wesen aus dem Meer. Unter ihnen ein Kind mit Down-Syndrom, ein anderes mit Beinschienen.

Beim Eintreten in den altersübergreifenden Nassbereich staune ich, und zwar nicht nur über die Größe von etwa 30 Quadratmetern. Die Bodenfliesen deuten Wasser, Strand und Erde an. Ein riesiger Wal, die Haut aus Mosaiksteinen, steigt in einer Ecke des Raums majestätisch aus dem Meer empor und trägt

Jonas, klein wie eine Puppe, auf dem Rücken. Das Meerestier hat sein Maul weit geöffnet und bietet gutmütig Gelegenheiten zum Waschen, Zähneputzen und Spielen. Lange lasse ich diesen Anblick auf mich wirken und genieße die perfekten Proportionen. Nicht einmal im Traum sah ich je einen solchen Wasserbereich für Kinder.

Neben der kunsthandwerklichen Leistung beeindruckt mich die kindgerechte Heranführung an eine der großen Weltreligionen, die empfindliche Wahrnehmung von Kindern einfühlsam berücksichtigt.

Es gibt eine barrierefreie Toilette, und in einer geschützten Ecke ist ein Wickelbereich – 1,20 Meter im Quadrat – mit kleinem Lift für schwerere Kinder eingerichtet. Rechts und links sind Warmwasserbecken und eine ebenerdige Dusche mit halb hoher Kabinenwand platziert. Weitere kleine und große Toiletten, mit und ohne Sichtschutz, stehen den Kindern zur Verfügung, so dass niemand warten muss, obwohl eine Gartenbank aus wetterfestem Holz und mit geschmiedeten Beinen dazu einlädt.

Ich bin überzeugt, dass die Kinder ihre Körperpflege in diesen Räumen nicht als Muss, sondern als sinnliche, Kraft spendende Erfahrung begreifen.

Weiter hinten, im ruhigsten Teil des Gebäudes, ist die Krippengruppe untergebracht. Ein Teil des Flurs bietet Parkmöglichkeiten für Kinderkarren.

Ich zähle neun Kleiderhaken und Eigentumsfächer. Schön, dass kein Kind »Eimer« oder »Schwein« sein muss, weil man auf die handelsüblichen Schildchen verzichtete, die neuen Kindern oft verpasst werden.

In der Garderobe mit laminierten Bildern von Menschen oder Tieren, die sie am liebsten mögen, werden die Jüngsten allmorgendlich empfangen. Neben niedrigen Bänken gibt es eine Lift-Bank, auf der Kinder in Rücken schonender Erwachsenhöhe angekleidet werden können. In einer Polsterecke können sie sich auf einem Bildschirm sehen: Jemand hat Fotos beim Spielen gemacht. Nach kurzer Zeit erscheint immer ein neues Foto. Das erleichtert das Warten, zum Beispiel vor gemeinsamen Ausflügen.

Im Gruppenraum der Jüngsten – Gesamtfläche cirka 55 Quadratmeter – wurden unter Acryl Boden-Bilder eingelassen: Marc und Monet, Kandinsky und Klee. Die Kinder können drüberkrabbeln und staunen. Leicht zu reinigen ist die Kunst auch. Spiegel und Edelsteine an einer Fußleiste ergänzen den zauberhaften Raumeindruck.

Bodentiefe Fenster sind einen halben Meter hoch geschützt vor Test-Attacken mit Bobbycar und Puppenkarre. Unter der Decke wurden Nerven schonende Dämmplatten installiert, die den natürlichen Spracherwerb nachweislich begünstigen, weshalb sich aufgesetzte Förderprogramme erübrigen.

Der Gruppenraum ist unter Sicherheitsaspekten ausgestattet. Aufrichtungs- und Lauflernprozess, Neugier und Erkundung, Waghalsigkeit und alle Wohlfühl-Bedürfnisse berücksichtigt das mit Präventionsfachleuten der LUK sorgfältig durchdachte Raumkonzept.

An den Seiten stehen niedrige Stapelhocker und Bänke, die von kräftigen Krippenkindern bewegt werden können. Eine Riesentasche, eigentlich für Gartenabfälle gedacht, enthält Küchenutensilien jeder Art. Überall entdecke ich herrlich zweckentfremdete Gegenstände wie dicke Taue, Karabinerhaken, Eimer und Kunststoffrohre. Es gibt herrlich viel von Etwas!

In gepolsterten Ecken liegen Kissen, Decken und große Puppen zum Herumschleppen. Waschmaschinenkartons bieten Materialerkundung oder Unterschlupf in Leichtbauweise. In Körben sind große Muscheln und Meeresschneckenhäuser gestrandet, die man betasten und deren eingefangenen Raumklang man entdecken kann, wenn man sie ans Ohr hält.

In einer Kiste liegen Schuhe jeder Form, Größe und Farbe für Balanceübungen bereit. Interessante Kopfbedeckungen, Chiffontücher, Perlenketten und Taschen sorgen für Spaß beim So-tun-als-ob.

Ein Teil des Raums ist mit festen Einbauten versehen, die Wiedererkennung ermöglichen und kleinen Kindern, die auf Veränderungen irritiert und verunsichert reagieren, Orientierung bieten.

Jeden Tag lädt das runde, mit Reet gedeckte Holzhaus ein, über vier breite Treppenstufen, die mit Zahlen versehen wurden, auf die obere Ebene zu steigen und einen Tennisball durch ein dickes Drainagerohr nach unten zu kullern. In cirka 40 Zentimetern Höhe sind kreisförmige Materialien zur taktilen Erfahrung aufgebracht: Fell, Glas, Sandpapier, Metall, Spiegel, Pappe, Bänder und Holz. Das Innere dieses Häuschens ist mit Polstern, Kissen und Decken ein gemütlicher Rückzugsort.

An einer Wand hängt eine geschneiderte Schnuller-Garage. Darin findet jedes Kind seinen kleinen Trost, wenn es sich im aufregenden Alltag stabilisieren möchte. An einem stabilen Balken hängt ein Babykorb, mit Lammfell ausgekleidet.

In einer heimelig wirkenden Küchenzeile können im Beisein der Kinder kleine Speisen und Getränke zubereitet oder Kuchen gebacken werden. Ein Tischlein-deck-dich ermöglicht es, Hunger oder Durst sofort zu stillen.

Neben den festen Einbauten gibt es viele Möglichkeiten zum Umstellen, Verändern und Stapeln.

Der Sanitärbereich für die Krippenkinder ist wie die anderen Gruppenräume vom Flur aus zu erreichen. Dies bietet nicht nur Hygiene- und Geruchsschutz, sondern ermöglicht auch den sicheren Übergang von der Nass- in die rutschfeste Trockenzone.

Da Hygiene und Spiel im Kleinkindalter noch nicht in Einzeldisziplinen auseinanderfallen, wurde ein Waschraum mit ganzheitlichem Anspruch konzipiert: schön, funktional, sicher, sauber und gut duftend. Auf drei Mini-Toilettenschüsseln in verschiedenen Höhen von 30 bis 34 Zentimetern können Erfolgserlebnisse gefeiert werden, mit und ohne Sichtschutz. Daneben hat man winzige Töpfchen und eine Puppenwickelstation mit allem Drum und Dran aufgestellt.

Zum Waschen und Spielen bei cirka 24 Grad stehen eine Kaskaden-Wasserrinne mit unterschiedlichen Wasserhähnen und ein prächtig verzierter Brunnen zur Verfügung, den selbst die ganz Kleinen bedienen können. Ich kann mir gut vorstellen, dass hier jeden Tag fröhlich gespritzt, gestaut, geschluckt und gespuckt wird.

Der 1mal1-Meter-Wickelplatz mit Sicherheitsaufkantung befindet sich in einer nicht gleich einsehbaren, wohltemperierten Ecke. Emmi Pikler hätte ihre Freude, könnte sie diese Wirkungsstätte achtsamer Pflege sehen: Ein ästhetischer Bereich mit direkt angrenzendem Badewaschbecken, gut erreichbaren Regalen, Körben, Schubladen, über allem eine Wärmelampe. Der versenkbare Treppenaufstieg beugt spontanen, unbeaufsichtigten Kletterpartien vor und ist zudem ein Abwehrzauber gegen Hexenschuss. Von der Decke pendelt ein Glasprisma, das eingefangene Sonnenstrahlen in Regenbögen verwandeln kann.

In einer Ecke wurde ein wahrer Jungbrunnen geschaffen: Minikacheln in Farben von weichem, dunklem Grün, ab und zu eine winzige goldene Fliese, ein Fries mit Seerosen, eine Duschbrause und allerlei Wasserspielzeug. Mehrere Kinder können hier gleichzeitig füllen, gießen und plempern oder betrachten, wie farbige Seife sich beim Vermischen auflöst, und fühlen, wie getrocknete Algen sich in warmem Wasser verändern. Der Versuch, luftgefüllte Bälle unter Wasser zu halten, trainiert Muskeln und die Gehirnareale, in denen physikalische Erkenntnisse verarbeitet werden.

In der Nähe des Gruppenraums befindet sich der etwa 25 Quadratmeter große Schlafraum, in anthroposophisch angehauchtes Rosa gewandet. Unter der Decke schwebt ein weißer Fallschirm. Der Fußboden ist mit hellem Schafwollteppich ausgelegt.

In aller Stille, guter Luft und bei 20 Grad Raumtemperatur sinken müde Kinder jeden Alters in den Schlaf. Ob allein oder Händchen haltend – sie können es sich bequem machen. Wer möchte, kann sich ein Bett in einem alten, geschnitzten Schrank aussuchen oder ein Ruheplätzchen im Alkoven. Auch in einem gepolsterten Korb oder auf großen Schlafmatratzen kann man neue Energie tanken. Die Allerkleinsten schlummern in der Sicherheit ihrer Kinderbettchen.

Der vertraute Duft der heimischen Bettwäsche, ein Stofftier oder Mamas Schal helfen den Kindern, sich zu entspannen. Von allen Plätzen aus haben sie einen schönen Blick, den sie in ihre Kinderträume mitnehmen können.

Auf dem Tischchen neben einem Kingsize-Sessel für die Erzieherin steht ein CD-Player. Ich entdecke erfreut die Kompositionen Gymnopèdies und Nocturnes von Erik Satie.

Neben der Küche im Herzen des Gebäudes befindet sich die Kakaotèria für alle Gruppen. Dachfenster sorgen für Tageslicht. Da die Architektur luftig und transparent ist, gestattet sie während der Mahlzeiten Ein- und Ausblicke in andere Bereiche der Kita. Gepflegte Pflanzen, Wand- und Pendelleuchten, zwei lange Tafeln mit gepunkteten Wachstuchdecken für verschieden große Essensgäste sorgen für eine einladende Atmosphäre.

In den Regalen steht unterschiedliches Porzellan, für jeden Geschmack etwas Passendes. Unterschiedliche Essbestecke inklusive Stäbchen liegen bereit.

Ein gerahmtes Foto zeigt mir, wie wandlungsfähig der Raum ist: Die Möbel der Kakaotèria stehen an den Seiten, in der Mitte sind bunte Teppiche ausgelegt. Kinder sitzen um eine große Schüssel und formen mit den Händen Bällchen aus festem Brei. Ein großes Lebkuchenherz hängt an der Wand. Darauf steht: Zucker ersetzt Liebe nicht.

Die Küche, cirka 25 Quadratmeter groß, beherbergt neben dem üblichen Koch-, Arbeits- und Wasserbereich eine Ecke, die von Kindern nicht betreten werden soll: extra Spülbecken, Wärmebehälter (keine Mikrowelle!) und eine kleinere Spezialspülmaschine für Babygeschirr.

Ansonsten gibt es große Edelstahlwaschbecken, einen Herd, eine professionelle Spülmaschine, ein

Schmutzwasserbecken für erdiges Gemüse, Kräutertöpfchen vor dem Fenster. Ich staune über gigantische Schneebesen und Suppenkellen.

Eine Eckbank mit Tisch ermöglicht Verschnaufpausen. An der Wand hängen ein Geburtstagskalender, ein paar Cartoons und der eingangs erwähnte Knoblauchzopf.

Nebenan befinden sich ein Vorratsraum für Eisschrank und Regale sowie ein Hauswirtschaftszimmer mit Waschmaschine, Trockner und Wäscheständer. Interessant finde ich, dass auch ein kleiner Wäscheständer für Puppenwäsche und ein Minibügelbrett vorhanden sind. Ein Blick in den separaten Putzmittelraum bestätigt meine Vermutung: Neben dem verschließbaren Putzmittelschrank warten Besen, Wischmopps, Eimer und dergleichen auf ihren Einsatz, ordentlich aufgereiht und jeweils auch en miniature vorhanden. Ein Putzplan mit Symbolen in Kinderaugenhöhe hängt aus. Ich kann ihm entnehmen, dass die Kinder vom fünften Lebensjahr an kleine Aufgaben bei der Reinigung ihrer Räume übernehmen.

Das Leitungsbüro umfasst cirka 18 Quadratmeter und ist mit dem üblichen technischen Equipment ausgestattet. Ein aufgeräumtes Regal, Magnetwände mit Dienstplänen und Übersichten zeugen von strukturierter Arbeitsweise. Auf einem Dienstplan stehen zusätzliche Namen: Handwerker, Künstler und Menschen mit anderen hilfreichen Kenntnissen sind gern gesehen – sei es für einen ganzen oder einen halben Tag. Eine Handlungsanweisung für Notfälle fehlt nicht, eine Orchidee sieht aus dem Fenster.

Ein kleinerer Raum schließt sich an, für Gespräche mit Eltern oder Kindern eingerichtet. Blickfänge sind expressionistisch anmutende Bilder in Acryl auf Leinwand. Kaum zu glauben, aber laut Signatur von Kindern angefertigt. Farblich passen die Vorhänge und Stuhlkissen. An einem runden Tisch können Themen erörtert oder Probleme besprochen werden.

Der Personalraum ist fast doppelt so groß wie das Büro, weil er als Arbeitsplatz für bis zu 15 Erwachsene bemessen ist. Im Flur davor steht ein Kopiergerät.

Ein langer Tisch mit unterschiedlichen Sitzmöbeln bietet dem Kollegium Platz. Regale mit Fachbüchern, glückliche Pflanzen, eine spektakuläre Hängeleuchte, die den ganzen Tisch erfasst, schaffen eine angenehme Atmosphäre. Umfunktionierte Fensterbänke bieten zusätzliche Arbeitsflächen, inklusive Kindercomputerplatz mit Zeitschaltuhr.

An einer großen Magnetwand hängen Fotos von konzentriert beschäftigten Kindern. Neben den Fotos kleben Zettel mit Texten, offensichtlich die Vorbereitung einer Ausstellung. Unter einem Bild, auf dem ein Kind einen Puppenstuhl durch den Raum schiebt, lese ich: »Emilies Glück besteht momentan darin, Stühle durch den Raum zu schieben oder vollgepackte Taschen zu schleppen. Sie sammelt Erfahrungen mit verschiedenen Materialien, mit deren Gewicht und Fassungsvermögen, mit Entfernungen und trifft Absprachen mit anderen Kindern.«

So kann Wissensteilhabe für die Eltern aussehen: Fotos ihrer Sprösslinge mit Beschreibungen alltäglicher Bildungsprozesse – als Geschenk des Teams. Wer besteht da noch auf Zwangsarbeit zum Muttertag?

Jetzt muss ich unbedingt noch die vier Aktionsräume sehen. Gespannt öffne ich die erste Tür und stehe in einem Atelier mit Staffeleien, Farben, Pinseln, Schwämmen, kleinen Ästen mit Blattwerk, Wasserpöttchen, Knete, Ton, Papiere, Draht, Wolle – kurz: mit allem, was Hände kreativ verarbeiten können. Über einem niedrigen Waschbecken hängt eine beeindruckende Kinderzeichnung neben einem vertüdelten Zentimetermaß. Daneben sehe ich die Proportionsstudie des Menschen, wie von Leonardo da Vinci, nur mit dem Unterschied, dass es sich hier um den Umriss eines etwa zweijährigen Kindes handelt, auf aneinander geklebte Tapetenbahnen gemalt.

Auf einer Werkbank liegt ein halb auseinander geschraubtes elektronisches Gerät neben einem Kasten mit brauchbarem Werkzeug.

Der Bau- und Konstruktionsraum ist mit Arbeitsflächen für unzählige Bausteine, Magnete und anderes Konstruktionsmaterial ausgestattet. Bauen, einreißen und aufbauen – ein weites Feld für Auseinandersetzungen mit Schwerkraft und Statik. Und wer unerlaubt die Bauwerke anderer einreißt, kann zudem soziale Erfahrungen sammeln...

Beim Eintreten in den größten Aktionsraum, eine Bewegungsbaustelle von cirka 60 Quadratmetern, versetzt mich der Boden sogleich in Schwingungen. Mein Blick fällt auf ein Riesenbanner mit den zwölf Positionen des Yoga-Sonnengrußes, auf Fotos dargestellt von älteren Kindern der Einrichtung.

Ich befinde mich in einem attraktiven Erlebnisbereich mit Seilen, Schaukeln, Rutsch- und Rollbrettern. Kletterwände, dicke und dünne Matten, Riesenbälle, Pedalos, Gummitwistbänder, Reifen und große Tücher liegen für Kinder in Bewegung bereit. Ein idealer Raum für das freie Spiel der Kräfte.

An den Fenstern sind optische Linsen befestigt, durch die man die Außenwelt in Rot, Gelb oder Blau betrachten kann. Die Beleuchtung ist so installiert, dass Ballspiele auch mit Karacho stattfinden können. Auf dem Fußboden zeigen Linien Spielfelder an.

Breite Fensterbänke mit Sitzpolstern über Heizkörpern sind für Kinder oder Erwachsene gedacht, die nur zuschauen, nur dabei sein möchten.

An der verschlossenen Tür des letzten Aktionsraums steht in großen Lettern: Überraschung. Was mag sich dahinter verbergen?

Plötzlich höre ich lautes Gebimmel und zucke zusammen. Mein Wecker! War ich nicht eben noch in Wolkenkuckucksheim? Mein Unterbewusstsein muss mir einen Streich gespielt haben! Es hat mir eine Traumkita zusammengepuzzelt, aus 1.000 realen Erlebnissen, verwoben mit Textfragmenten aus Wettbewerbs- und Fachbeiträgen.

Ob so eine Einrichtung wie die geträumte tatsächlich möglich wäre?

Mit Sicherheit ist viel mehr möglich, als man denkt. Oder, frei nach Oscar Wilde: Die Zukunft gehört den Träumern, die Möglichkeiten erkennen, bevor sie offensichtlich werden.

Mehr Wildnis wagen –
Zur besonderen Bedeutung des Außenspielgeländes

Udo Lange und Thomas Stadelmann

Doch das Paradies ist verriegelt. Wir müssen die Reise um die Welt machen und sehen, ob es vielleicht von hinten irgendwo wieder offen ist.
Heinrich von Kleist

Kinder brauchen Orte, an denen sie selbstbestimmt und ungestört eigene Erfahrungen sammeln und bearbeiten können. Wo gelingt dies besser als im Freien?

Doch was braucht es, damit sich das Außenspielgelände der Kita zu einem verheißungsvollen Schauplatz gelingender Kindheit entwickeln kann? Es braucht einen Ort, an dem sich bereits die Jüngsten authentisch und ausdrucksstark mit elementaren Dingen beschäftigen können, die in keinem Katalog zu finden sind.

Wir wollen uns auf die Reise begeben und nach Antworten suchen.

Schenken wir den Erzählungen vieler Erwachsener Glauben, dann existiert in uns allen ein tiefes Wissen, wie naturnahe Spielorte beschaffen sein müssen, um Kindern komplexe Selbsterfahrung und Selbstverwirklichung zu gewähren. Da werden Spielsituationen aus der eigenen Kindheit benannt, in der es noch Brachflächen, frei zugängliche Bachläufe oder heimliche Verstecke im Dickicht gab. Häufig waren es die verbotenen Zonen, die Fantasien beflügelten und besondere Spielanreize boten. Wild musste es sein und fernab der ständigen Kontrolle der ordnenden Erwachsenenwelt.

Wir sollten dieses Wissen nutzen, um uns als Lobbyisten von Kindern für die Gestaltung von Freiflächen einzusetzen, in denen Wildwuchs und Selbstbestimmung möglich sind. Und zwar aus zwei guten Gründen:

Erstens: Kinder wollen spielen

Heute erleben wir, dass die natürlichen Spielräume im direkten Wohnumfeld von Kindern durch expandierende Bebauung und Siedlungsverdichtung immer rarer und unzugänglicher werden. Untersuchungen zur aktuellen Lebenssituation belegen auch in ländlichen Gebieten eine drastische Einschränkung der außerhäuslichen Spielorte und Begegnungsmöglichkeiten. Zwar ist unsere moderne Gesellschaft scheinbar mobiler geworden, Kinder hingegen werden durch das Schließen der letzten Baulücken und die ansteigende Verkehrsdichte zunehmend behindert. Mit der Vertreibung ungebändigter Natur aus dem Siedlungsraum geht die weitgehende Ausgrenzung kindlicher Spielerfahrung einher. Natur kommt in vielen Wohnquartieren fast nur noch als pflegeaufwändige Kulisse vor. Vorgärten, Höfe und öffentliche Grünflächen wurden so zurechtgestutzt und gezähmt, dass sie der Beanspruchung durch wilde Kinderspiele nicht mehr standhalten oder schlichtweg langweilig sind. Nicht nur bestimmte Pflanzen und Tierarten sind vom Aussterben bedroht – auch viele traditionelle Spieltätigkeiten und explorierende Materialerfahrungen geraten vielerorts in Vergessenheit.

Die Kita muss hierauf reagieren und naturbelassene Erfahrungsräume anbieten, in denen schon Kleinstkinder genügend Anregungen vorfinden, um sich und ihre Körper in sinnstiftende Beziehung zu ihrer natürlichen Umwelt zu bringen. Ähnlich einem Biotop wären diese Spielotope sinnliche Katalysatoren für eine besondere Kultur des Lernens. Denn Kinder benötigen zur Entfaltung ihrer Persönlichkeit vor allem wahrnehmungsförderliche Orte mit differenzierten Rückzugs- und Betätigungsmöglichkeiten, an denen sie sich mit Spielpartnern immer wieder aufs Neue erfinden und erproben können.

Eingeschränkte Spielerfahrung führt immer auch zum Verlust komplexer Lebenserfahrung. Daher brauchen wir in unseren pädagogischen Einrichtungen großzügige Außenspielflächen, die sich nicht an ihren Quadratmeterzahlen, sondern an ihren Möglichkeiten zur persönlichen Aneignung messen lassen.

Zweitens: Kinder wollen lernen

Wir wissen heute, dass der Entzug unmittelbarer sinnlicher Reize gerade bei Kleinstkindern zur signifikanten Verarmung der Wahrnehmungsfähigkeit und zu Einschränkungen in der körperlichen und geistigen Entwicklung führt. Wir wissen auch, dass Kinder sich vor allem im freien Spiel ihre Umwelt aneignen. Diese verspielte Form des Weltbegreifens erhebt das Kind zum Akteur seiner Entwicklung und öffnet den Blick für eine eigenwillige Lernkultur, die auf Neugierde und forschendes Handeln ausgerichtet ist. Hier entwickelt sich die Basis für alle späteren Lernformen.

Lange bevor begrifflich-abstrakte oder abgesicherte Wissensbestände wirksam werden, erfährt das Kind mit ungezügeltem Erfahrungshunger und Betätigungsdrang alles über sich und die Welt, in die es hineinwächst. Das eigenständige Entdecken und Erforschen ist somit nicht nur seine schöpferische Form der Weltaneignung, es fördert gleichzeitig die Motivation, lernen zu wollen! Wo könnte dies in einer pädagogischen Einrichtung störungsfreier geschehen als im naturnah gestalteten Außengelände, ausgestattet mit einer Vielzahl an mobilen und vielfältig interpretierbaren Alltagsmaterialien?

Es braucht wenig Spielzeug, aber viel Zeug zum Spielen, um in eigener Regie lernen zu wollen. Kinder spielen und experimentieren, ohne es begrifflich benennen zu müssen, mit den physikalischen Gesetzen der Schwerkraft und Mechanik, der Beschleunigung und des freien Falls. Sie erleben Wind- und Wasserkraft, machen Bekanntschaft mit der Oberflächenspannung des Wassers oder beobachten, wie sich der Himmel in einer Pfütze spiegelt. Aufsteigen-

des und fließendes Wasser kann in improvisierte Rohrsysteme geleitet werden und vermittelt auf der vorbegrifflichen Stufe handlungsbezogenes Expertenwissen, das Jahre später im Physikunterricht der Schule wissenschaftlich benannt wird.

Der Wissensdurst ist in diesem Alter noch unersättlich, und im sinnlichen Zugang liegt der Schlüssel zur Welt. Was eine Baumrinde ist, erfährt das Kind, indem es den Baum berührt oder sich an einem starken Ast entlang hangelt. Beim Anbohren und Abblättern der Rinde eines abgestorbenen Stamms entdeckt es unbekümmert die Existenz von Lebewesen, für die es noch keinen Namen hat. Mit einer belehrenden Erklärung kann es wenig anfangen – rein begriffliche Abstraktionen benutzt es erst viel später. Im ursprünglichen Sinne des Wortes begreift und erfasst es seine Umwelt und merkt sich das Gefühl, den Geruch, das Aussehen, den Geschmack oder das, was sich in der Folge seines Tuns ereignet. Es ordnet ähnliche oder übereinstimmende Wahrnehmungen, bildet Kausalzusammenhänge und verleiht ihnen Bedeutung, um sich so unzählige innere Bilder von der Welt zu erschaffen. Das gibt Sicherheit und ist Anlass für weitere Erkundungen.

In einem guten Spielgelände erfährt sich das Kind in seiner Körperlichkeit immer anders, immer wieder neu. In keinem anderen Lebensabschnitt strebt es so sehr danach, die Welt über seinen Körper zu erleben, seine Bewegungsabläufe zu koordinieren und zu vervollkommnen. Sein unbändiger Drang, körperliche Grenzen auszuloten und zu verschieben, führt manchmal zu schmerzlichen Erfahrungen, die aber durch keine noch so fürsorgliche Belagerung zu verhindern sind.

Springlebendige Kinder nutzen ihre Bewegungslust als basales Ausdrucksmittel. Für sie beinhaltet Bewegungsfreiheit auch immer ein Stück individueller Freiheit, die unabdingbar für die Entwicklung ihrer Gesamtpersönlichkeit ist. Wahrnehmung, Bewegung und Tätigsein ermöglichen ihnen, aus den Erfahrungen, die sie über ihre Körper und die Sinne machen, auch geistiges Wissen und emotionale Einstellungen herauszubilden. Die kognitive und emotionale Entwicklung ist in diesem Alter eng mit selbstbestimmten Bewegungserfahrungen verbunden.

Beim heutigen Ausmaß an städtebaulicher Sterilität und Ausgrenzung in vielen Wohngebieten kommt somit dem Außenspielgelände in der Kita eine unentbehrliche Ersatzfunktion für den stetigen Verlust bespielbarer Erfahrungsräume zu, die für Kinder in der nahen Vergangenheit noch frei zugänglich waren. Dass diese Erkenntnis in den pädagogischen Einrichtungen weitaus konsequenter in der Gestal-

tung der Innenräume umgesetzt wurde, muss verwundern. Solange das Außengelände lediglich als ein begrüntes Anhängsel des Gebäudes begriffen wird, haben wir wenig von den elementaren Entwicklungsbedürfnissen und den besonderen Lernstrategien der Kinder begriffen.

Die folgenden Gestaltungskriterien für kindgerechte und naturnahe Außenspielflächen sind als Maßstab und Orientierung gedacht, um Diskussionsprozesse voranzutreiben und vor allem die Phase der Ideenfindung nachhaltig zu beleben.

Die pädagogische Einbettung

Das Außengelände muss konsequent und ganz bewusst in die pädagogische Konzeption der jeweiligen Einrichtung eingebettet sein. Die Freiflächen sind immer in Ergänzung und direkter Beziehung zu den Innenräumen zu betrachten. Vieles von dem, was Kinder im Inneren des Gebäudes spielen, erfahren und was sie bewegt, findet draußen seine Fortsetzung.

Auch im Außengelände gibt es gut definierte und klar ausgewiesene Erfahrungsfelder mit entsprechender Materialausstattung, in denen sich die Kinder in erweiterter Form mit Ideen beschäftigen können, die bereits in den Innenräumen der Kita ihren Anfang nahmen. Beispielsweise müssen die Kinder zum Thema »Bauen und Konstruieren« in der Natur an Fragestellungen und Lösungsansätzen arbeiten, die sich im Bauraum ganz anders darstellen. Das Rollenspiel im Freien beflügelt Darstellungskünste, die in der Enge des Raums oftmals an Grenzen stoßen. Die Erfinderwerkstatt unter freiem Himmel öffnet ungeahnte Möglichkeiten, um die großen Entdeckungen der Menschheit im Spiel zu erfahren. Der Flaschenzug, das Pendel, die schiefe Ebene und das Rad können aus der Kindperspektive erprobt und immer wieder neu erfunden werden. Das Forscherlabor im Grünen öffnet den Blick für Lebensformen, zu denen in der Kinderbibliothek weitergeforscht werden kann.

Folgende Fragen können Planungsprozesse zur Belebung der Außenspielflächen einleiten:

- Welche Entwicklungsschritte der Kinder wollen wir unterstützen? Welche Erfahrungen sollten den Kindern unter den konkreten räumlichen Bedingungen im Außengelände ermöglicht werden?
- Welche räumlichen und materiellen Rahmenbedingungen sind notwendig, damit selbstbestimmtes Spiel entstehen kann und lebendig bleibt?
- Welchen Stellenwert haben die sinnliche Erfahrbarkeit der Außenwelt und vielfältige uneingeschränkte Bewegungsmöglichkeiten in unserer Einrichtung?
- Wo liegen die Schwerpunkte, die wir im pädagogischen Alltag mit den Kindern setzen? Welche besonderen Möglichkeiten einer kindorientierten Lernkultur ergeben sich daraus für unser Außengelände?

Raumgestaltung, ob innen oder außen, symbolisiert immer unsere Einstellung zum Leben und verrät, ob wir bereit sind, den Kindern Vertrauen, Selbständigkeit und Freiheit zu gewähren.

Übergangsbereiche zwischen Innen und Außen

Wenn irgend möglich, sollte das Außengelände von den Gruppenräumen oder Funktionsbereichen aus frei zugänglich sein. So kann der Terrassenbereich als eine willkommene Erweiterung des Innenraumes begriffen werden. Vor dem Atelier- und Werkstattraum können Arbeiten verrichtet und Gestaltungstechniken ausprobiert werden, die im Gebäude nur mit viel Aufwand möglich sind. Das Schleifen von Steinen oder das Malexperiment mit selbst angerührten Matschfarben aus Pfützenwasser kann hier mit aller Hingabe erlebt werden.

Ein Raumteilverfahren kann in vielen Fällen helfen, die Terrassen vom übrigen Außengelände abzuheben. Mittels einer Bepflanzung oder minimalen Erdmodellierung wird Spiel- und Erlebnisraum vor dem Fenster geschaffen, der die Anbindung an das Geschehen in den Innenräumen ermöglicht. So entsteht überschaubarer und geschützter Raum, der auch für die Jüngsten frei zugänglich ist.

Das Fenster – »noch drinnen und schon draußen« – bietet Gestaltungsraum für besondere Wünsche, Bedürfnisse und Erfahrungen. Ein Regentag am Fenster, die Beobachtung der Schneeflocken oder die Kontrolle der Wetterfahne hat erst dann hohen Aufforderungscharakter, wenn Logenplätze oder Beobachtungshilfen in Form von farbig markierten Sehfeldern vorhanden sind. Im Eingangsbereich kann ein kleines Podest mit Sitzstufen vor dem Fenster Wartezeiten verkürzen oder Verabschiedungsritualen von den Eltern Raum schaffen.

Kinder als Experten

Kinder sind die eigentlichen Experten auf dem Gebiet der Spielraumplanung. Sie zeigen uns zielsicher, welche Bedürfnisse ihr Spielgelände erfüllen soll und wo es sich gut spielen lässt. Die verschlungenen Trampelpfade in der dichten Hecke, die Rutschspuren im Hang, die schwimmenden Stöcke in der Regenpfütze oder die speckigen Griffe auf der Rinde des Kletterbaums künden von den lustvollen Ausflügen der Kinder in eine pädagogenfreie Zone. Ermahnungsresistent erobern und verteidigen sie ihr Territorium.

Problematisch wird es im Alltag immer dann, wenn die Gestaltungsbemühungen der Kinder aus dem Blickwinkel der Erwachsenen abgewertet und kaum wahrgenommen werden.

Warum muss das Spielhäuschen aus Holz noch immer weit entfernt von den Sandflächen stehen, selbst wenn breite Sandspuren in der Wiese signalisieren, dass dieser Standort nicht mit den Spielthemen korrespondiert? Warum werden pflegebedürftige Ziergewächse gepflanzt, wenn robuste, heimische Gehölze deutlich interessantere Möglichkeiten für die Spielenden bieten? Bedarfsgerechte Spielraumplanung gelingt erst dann, wenn wir unsere Ideenwelt daran messen, ob sie auch aus der Kindperspektive sinnvoll erscheint. Solange bei der Gestaltung von Außenspielflächen noch immer künstlich zwischen Planern (die Erwachsenen) und Nutzern (die Kinder) unterschieden wird, muss es zwangsläufig zu Nutzungskonflikten kommen. Hier ist viel Sensibilität und Einfühlungsvermögen gefragt, um die Botschaften der Kinder in realisierbare Planung zu übersetzen.

Sinnliche Erfahrbarkeit von Natur

Kinder müssen sich ihrem Spielgelände mit allen Sinnen erforschend nähern können. Düfte und Farben, Licht und Schatten, Wärme und Kühle, Geräusche und Stimmen, Wind und Regen, die Vielfalt natürlicher Farben und Formen und vieles mehr sollten auf einem naturnah gestalteten Gelände täglich, zu jeder Jahreszeit und bei jedem Wetter erfahrbar sein. Stark und robust ist Natur allein durch eine

gelände braucht Wildnis, in der übertriebene Pflege ebenso unnötig ist wie Verbote. Nur wenn sie nicht als Schutzzone oder museales Heiligtum verklärt wird, finden die Kinder robusten Zugang zur Natur. Erst in der tätigen Auseinandersetzung mit den Phänomen und Wirkungszusammenhängen unserer Umwelt kann sich schützendes Bewusstsein und nachhaltiges Handeln entwickeln.

Ein dynamisches Gelände

Vielfalt, in der unterschiedliche Lebensgemeinschaften von Tieren und Pflanzen einander unterstützen, Schutz und Nahrung bieten. Und genau diese natürliche Vielfalt ist es, die Kinder brauchen, um Zusammenhänge spielerisch zu erfahren, Werden und Vergehen zu erleben und Kreisläufe zu begreifen. »Die Natur ist unsere größte Lehrmeisterin«, das wissen bereits die Jüngsten.

Wir erleben, dass es zunehmend mehr Kinder gibt, denen der freie Zugang zur Natur abhanden gekommen ist oder die nicht die Möglichkeit hatten, eine Beziehung zu ihr aufzubauen. Welche Herausforderungen und Begegnungsmöglichkeiten bietet da die bewusste Gestaltung naturbelassener Freiflächen!

Es wäre unsinnig, das gesamte Gelände in eine blühende Blumenwiese verwandeln zu wollen. Vielmehr muss es Bereiche geben, in denen Wildwuchs und Brachflächen erwünscht sind, damit Kinder sich im selbstvergessenen Spiel vom Reichtum der Natur inspirieren lassen können. Ein gut strukturiertes Spiel-

Um die vielfältigen Möglichkeiten der eigenen Bewegungsfähigkeit zu verfeinern und sich in ihrer ganzen Körperlichkeit zu erfahren, brauchen Kinder ein Spielgelände, dessen Struktur sich an ihren unterschiedlichen Ausdrucksbedürfnissen orientiert. Natürlich muss es genügend Raum zum Rennen, Toben, Springen, Klettern, Rutschen, Verstecken, zum Sitzen, Verweilen und Ruhen geben.

Selten sind es die genormten Spielgeräte, die zum ausdauernden Spiel anregen. Vielmehr ist es die geschickte Modellierung der Außenspielflächen, die auf Kinder hohe Anziehungskraft ausübt. Erdaufschüttungen in Form einer bewegten Hügelkette ergeben Ausblicke, die Orientierung ermöglichen und Bewegungsfantasien mobilisieren. Bereits kleine Wälle gliedern mit entsprechender Bepflanzung die Fläche und schaffen in Verbindung mit einer leichten Absenkung des Terrains reizvolle Spiel- und Rückzugsbereiche. Solch eine Modellierung ist leichter zu bewerkstelligen, wenn wir uns beim Gestalten an den Grundsatz halten: Die Spielfläche muss wieder zur Landschaft werden.

Ein naturnahes Gelände, das Landschaft ist

Landschaft muss wachsen, sich entwickeln und kann nicht am Reißbrett geplant werden. Immer entstand sie aus einer Symbiose zwischen Mensch und Natur.

Landschaft besitzt ein Eigenleben und verändert sich stetig. Sie ist nie streng geometrisch, lebt von Zufällen und Ungenauigkeiten, und trotzdem hat sie ihren eigenen Rhythmus und ihre Struktur, deren wichtigste Eigenschaft Offenheit ist. Dieses Prinzip muss auch bei der Gestaltung naturnaher Außenspielflächen als Planungsgrundlage dienen.

Ein Spielgelände, das sich an gewachsenen Landschaftsformen orientiert, ist abwechslungsreich, nicht immer übersichtlich und verlockt zu überraschenden Einblicken und Ausblicken. Im Idealfall beinhaltet es Erinnerungen an Hügel, Mulden, Ebenen, Abbrüche, Gräben – kurz: viele unterschiedliche Bereiche, die nicht unbedingt jederzeit einsehbar sind. Lassen wir diese Vielfalt zu, damit sich die Kinder in kleinen Spielverbänden zurückziehen und ihren Spielfantasien folgen können.

Natürliche Landschaften sind im positiven Sinne ungepflegt, und lebendige Spiellandschaften sind nicht nur »schön«. Kinder brauchen »Schönheitshindernisse« und reagieren unmittelbar auf alles, was sich ihrem Entdeckergeist und Forscherdrang nicht verschließt.

Gestaltete Landschaft zeigt häufig Siedlungsspuren. Auch Spielende brauchen Behausungen, in die sich zurückziehen, in denen sie sich aufhalten und verstecken können. Die Höhle im Berg, Flechtbauwerke aus Haselnuss und Weide, ein luftiges Haus im Astwerk des Baums oder das gemauerte Ruinenfragment, auf das sie klettern oder an dem sie sich niederlassen, sind beliebte Begegnungsorte. Wege, auf denen sie zu ihren Spielbereichen gelangen, ermöglichen Orientierung. Auch die sensible Einbettung von Spielgeräten wie Rutsche und Schaukel in die Geländegegebenheiten birgt vielfältige Möglichkeiten und kann zur Bereicherung einer Spiellandschaft beitragen.

Berücksichtigung der Standortgegebenheiten

Jede Freiflächengestaltung erfordert eine individuell zugeschnittene Lösung. Der Ort, an dem die Spiellandschaft entsteht, hat bereits eine Geschichte und Besonderheiten, die im günstigsten Fall einzubetten sind. Ein Mauerrest, der Blick auf den nachbarschaftlichen Nutzgarten oder eine Senke, in der das Regenwasser steht, sind wichtige Bezugspunkte und sollten bei Umgestaltungsarbeiten mit besonderer Aufmerksamkeit behandelt werden. Auch auf den Sonneneinfallswinkel und die Bodenstruktur mit ihrer standortbedingten Vegetation ist zu achten.

Jede Geländestruktur hat ihr spezielles Mikroklima: In einem schattigen Innenhof gedeiht kein Weidenhaus, und die Ausrichtung der Rutsche nach Süden birgt nie endende Probleme. Um eine solide Planungsgrundlage zu erhalten, sollten wir all die vorhandenen Gegebenheiten sorgfältig prüfen und berücksichtigen.

Hoher Aufforderungscharakter und freie Zugänglichkeit

Ein anregendes Spielgelände darf die Kinder weder bevormunden noch entmündigen. Es muss nach entsprechenden Absprachen im gesamten Tagesverlauf für die Kinder frei zugänglich sein und sollte keine Spielbereiche enthalten, die ständiger Beaufsichtigung bedürfen. Spielgeräte, die nur mit Beistand Erwachsener zu benutzen sind, haben auf dem Gelände einer Kita keine Zukunft und sollten konsequent demontiert werden.

Kinder brauchen ein Gelände und differerenzierte Materialangebote, die ernsthafte Auseinandersetzung zulassen. Eine reizarme Umwelt stumpft ab, macht passiv, erfahrungsresistent und unterstützt das Phänomen der Langeweile. Wir benötigen Bereiche, die baukörperlich und landschaftlich ausgewogen rhythmisiert sind, so dass sie eine anhaltende Provokation der kindlichen Bewegungs- und Sinnessysteme auslösen.

Lebensnähe und mobile Spielmaterialien

Kinder spielen eigentlich überall, aber am liebsten dort, wo sie etwas über sich und ihr späteres Leben in der Erwachsenenwelt erfahren können. Für sie bedeutet die Trennung ihres Spielraums vom übrigen Lebensraum einen weitreichenden Verlust an komplexer Lebenserfahrung.

Spiel gelingt dort, wo sich Kinder immer neuen Herausforderungen stellen, Bekanntes vertiefen und im freien Materialexperiment auf der Handlungs-

Rückzugsmöglichkeiten

Ein kindgerechtes Spielgelände benötigt kleinräumige Rückzugsbereiche, denn Kinder wollen sich verstecken und ungestört beobachten. Vor allem in Ganztageseinrichtungen sind diese nicht einsehbaren Spielzonen geradezu existenziell, denn zur Identitätsbildung gehört auch der Anspruch auf Intimität.

Ideal wären Büsche und Sträucher, die Höhlen und Nester bilden, oder Flechtzäune, hinter die sich kleinere Spielgruppen zurückziehen können. Außerhalb der Großgruppe können sich so intensive Spiele und Aktionsmöglichkeiten entwickeln.

Sicherheit

Das Sicherungsinteresse von Erwachsenen darf eigenständiges Handeln von Kindern nicht verhindern. Abenteuer zu bestehen, Kräfte zu messen und Risiken einzugehen, das war zu allen Zeiten ein wichtiger Bestandteil kindlichen Spiels.

Die Ansprüche und Vorschriften in Bezug auf Materialsicherheit, Untergrund, Umwehrungen, bewegliche Spielelemente, Fallhöhen und Sicherheitsabstände sind von den örtlichen Unfallversicherungsträgern des jeweiligen Bundeslandes genau festgelegt und dort in der neuesten Fassung erhältlich. Die meisten dieser Reglungen beziehen sich auch auf die sicherheitstechnischen Anforderungen für Spielgeräte, feste Einbauten und deren Nutzungsmöglichkeiten.

Der Schutzgedanke darf allerdings nicht als Vorwand benutzt werden, um in Vollkaskomentalität alle Risiken auszuschalten. Nirgends, auch nicht am TÜV-geprüften und DIN-genormten Spielgerät, lässt sich

ebene Hypothesen aufstellen und überprüfen können. Mit Gebrauchsgegenständen wie Brettern, Steinen, Schläuchen, Röhren, Kisten und anderen Fundstücken lassen sich wunderbare Aktionen arrangieren. In solch einem Szenario ist mehr über die Welt zu erfahren als in manch einer künstlich aufbereiteten Lernsituation. Was für Außenstehende zunächst als ungeordnetes Sammelsurium an Naturmaterialien, ausrangierten Alltagsgegenständen und Sperrmüllfundstücken erscheint, entpuppt sich bei genauerem Hinsehen als ein Ort der Selbstbildung und des Weltbegreifens.

ausschließen, dass ein latentes Verletzungsrisiko besteht. Daher müssen Kinder bereits im Vorschulalter lernen, entsprechend ihrem Entwicklungsstand kalkulierbare Risiken und Gefahren selbst einzuschätzen. Aktuelle Untersuchungen der Unfallversicherungsträger belegen zudem, dass die eigentlichen Unfallrisiken in der motorischen Schwäche und Unsicherheit der Kinder zu suchen sind. Um das Selbstsicherungsverhalten von Kindern zu fördern, müssen wir Spielsituationen zulassen, in denen die Kinder ihre Grenzen selbst ausloten können.

Bewusste Auswahl und Einbettung von Spielgeräten

Brauchen wir überhaupt noch Spielgeräte? Alle Kinder, die wir dazu befragt haben, bejahen dies, denn das Schaukeln, Rutschen und Klettern zählt zu den häufigsten Erwartungen an ein gutes Spielgelände. Es erscheint daher wenig sinnvoll, in den Kitas plötzlich die Diktatur naturbelassener Außenspielflächen zu propagieren und alle Spielgeräte zu verbannen.

Nicht jeder Spielplatz benötigt als fortschrittliches Aushängeschild ein Weidenhäuschen oder eine Lehmbaustelle, aber in jedem kindgerechten Außengelände sollten bewusst ausgewählte Spielgeräte naturnah in die Landschaft eingebettet sein. Spielgeräte und Spiellandschaft schließen einander nicht aus und können sich durch Geländemodulation sinnvoll ergänzen.

Beispielsweise kann der Schaukelbereich durch eine muldenartige Vertiefung und die Aufschüttung eines schützenden Erdwalls in einen Schaukelgarten verwandelt werden, der neben dem Sicherheitsgedanken weitere Vorzüge besitzt. Durch Bepflanzung mit

winterharten Staudengewächsen und duftenden Kräutern wie Lavendel und Zitronenmelisse werden die Schaukelbewegungen von Geruchsspuren begleitet und stimulieren die Wahrnehmung. In dieser Pflanzkulisse findet das Auge zudem Bezugspunkte und wird zum perspektivischen Sehen angeregt.

Nicht jedes Bewegungsbedürfnis wird durch ein genormtes Spielgerät befriedigt. Knorrige Baumstämme, vorzugsweise aus Robinienholz, schaffen in einer sanft modulierten Hügelkette reizvolle Übergänge, die Geschicklichkeit und Mut herausfordern. Seilkonstruktionen, Sitzpfähle und Kletternetze können zu einem Bewegungsparcours kombiniert werden, der in die Gegebenheiten des Geländes eingebettet ist, also nicht isoliert auf der grünen Wiese steht.

Belebung durch künstlerische Gestaltungselemente

Künstlerische Gestaltungselemente eignen sich in besonderer Weise, um die Wahrnehmung zu sensibilisieren und auf dem Spielgelände eine heitere, anregende Atmosphäre zu schaffen. Farbenprächtige Mosaike auf Wänden sind deutlich anspruchsvoller und beständiger als schablonenhafte Dekorationsversuche mit klassischer Wandfarbe. Das geheimnisvolle Mosaikfragment, im Sandkasten versteckt, ist täglich neu verschüttet und wird vom jungen Grabungsteam freigelegt. So trifft Spiel auf Kunst, und Kunst belebt das Spiel.

Mit Erdfarben bemalte Schwartenbretter markieren besondere Spielorte im Gelände oder beleben triste Metallzäune. Oft sind ausdrucksstarke Skulpturen in einem Spielgelände wirksamer platziert als in unbelebten Kulturstätten, denn die in Sandstein

gehauene Katze im Terrassenbereich der Kita wird häufig besucht und hat viele Bewunderer. So bereichern künstlerische Elemente nicht nur das Spielgelände, sondern auch die Fantasien der Spielenden.

Mitbeteiligung

Ein wirklich gutes Außengelände ist niemals fertig, denn Kinder lieben und brauchen das Unfertige. Sie werden dort zum Gestalter und Akteur, wo es etwas zu entdecken gibt, wo sie aktiv Ideen hinzufügen können. Dass sie dabei eigene Vorstellungen von Zweckmäßigkeit und Ästhetik entwickeln, liegt im Wesen der Kindheit begründet.

Lebendige Spielräume entstehen vor allem dort, wo die Dynamik und der Gestaltungswille der Kinder Raum finden. Ein pädagogisch wertvolles Außengelände sollte sich mit den Fantasien und Ideen der Spielenden verändern und somit in ständiger Bewegung sein. Schon Kleinstkinder brauchen Spielorte und Spielsituationen, die sie herausfordern, sich als Baumeister und Akteure ihrer Wirklichkeit zu betätigen. Für das pädagogische Personal ergibt sich somit auch immer die Option, weniger zu tun, um Kinder zum Tun kommen zu lassen.

Die Neu- oder Umgestaltung des Außengeländes in Kindertageseinrichtungen ist nicht nur aus pädagogischer Sicht sinnvoll. Sie birgt vor allem unter dem

Aspekt der Mitbeteiligung jede Menge Chancen für mehr Lebensnähe und Lebensqualität. Solch ein Vorhaben ist immer ein Prozess. Mit allen, die an der Konzeption, Planung, Gestaltung und Umsetzung des Projekts beteiligt sind, werden wir nun auf längere Zeit immer wieder zusammenkommen. Wir werden Ideen sammeln, Vorschläge diskutieren und abwägen, Finanzierungen berechnen und aufbringen, Ortsbegehungen durchführen, Kontakte zu Verwaltung, Handwerkern und Experten aufnehmen, gemeinsame Arbeitstage organisieren, durchführen und schließlich unser Werk gemeinsam feiern. So etwas schweißt zusammen, denn es birgt gemeinsame

Erlebnisse und intensive Erinnerungen. Hierin liegt die große Chance, dass vom Großvater bis zum Enkel, vom Architekten bis zum Stadtplaner, von der Stadtteilgruppe bis zum Vorstand der Einrichtung, von der Erzieherin oder dem Erzieher bis zu den jüngsten Kindern alle einander ein wenig besser kennenlernen, ein wenig mehr tolerieren und ein wenig mehr voneinander erfahren. Die Planung und Gestaltung eines neuen Spielgeländes kann als Lernprozess begriffen werden, in dem demokratische Umgangsformen praktisch geübt, Hierarchien und Berührungsängste abgebaut und zudem verschiedene Generationen zusammengebracht werden.

Da Kinder, bezogen auf das Denken und Handeln in Gesellschaft, Politik und Verwaltung, in erster Linie zu den Betroffenen zählen, sind wir aufgefordert, ihre Interessen anzuerkennen, zu achten und zu wahren. Die Architektur für Kindertageseinrichtungen muss bei aller Funktionalität an erster Stelle daran gemessen werden, inwieweit sie Achtung vor der Persönlichkeit und dem Selbstbestimmungsrecht der Kinder vermittelt. Außenspielflächen und Spielmaterialien, die von standardisierter Lebensferne und Künstlichkeit geprägt sind, erfüllen diesen Anspruch nicht und stabilisieren ein Kontrollsystem, das auf einem erwachsenenzentrierten Weltbild basiert.

Es gibt noch viel zu tun. Packen wir es an!

Gartengestaltung für Kinder und mit Kindern

Herbert Österreicher

Bedeutung und Wert kindgerechter Außenanlagen und Spielplätze für die kindliche Entwicklung werden bereits seit langem diskutiert. Nicht selten ist die Aufmerksamkeit für diese Thematik dort am größten, wo besonders große Defizite bestehen: in innerstädtischen Bereichen und anderen dicht besiedelten Gebieten, in denen die Grundstückspreise hoch sind und vielfach nur kleine oder kleinste Freiflächen zur Verfügung stehen. Verschärft wird diese Situation dadurch, dass die ohnehin knapp bemessenen Areale oft nur mit gewissen baulichen Einschränkungen genutzt werden können. So müssen entsprechend befestigte Flächen von Feuerwehr- und anderen Zufahrten auf das Gartengelände grundsätzlich von Bepflanzungen, Spielhäuschen und anderen Einbauten frei gehalten werden. Oder ein alter Baumbestand, der kaum Sonne in einen kleinen, hofartigen Garten lässt, ist geschützt und muss erhalten werden. In anderen Fällen verhindert eine Tiefgarage unter dem Außengelände die Anpflanzung größerer Bäume oder Bodenmodellierungen. Nicht zu reden von jenen Fällen, in denen der Außenraum einer Kindertagesstätte lediglich in einer Dachterrasse besteht...

Abgesehen von solchen räumlichen Schwierigkeiten, muss jede Neu- oder Umgestaltung eines Gartens für

Kinder einer ganzen Reihe wichtiger Sicherheitsvorschriften gerecht werden. Darunter fallen nicht nur die spezifischen Anforderungen an Spielgeräte aller Art, sondern auch Vorgaben bezüglich der Gestaltung befestigter Flächen, Treppen und Rampen, Empfehlungen zum Bau von Wasserspielplätzen und Angaben zur Bepflanzung, zum Beispiel das Verbot besonders giftiger Pflanzen. Selbstverständlich spielen auch Abnutzungs- und Alterungsprozesse eine große Rolle. So sind Spielgeräte regelmäßig auf die jeweiligen Sicherheitsaspekte hin zu überprüfen, und eine Ansiedlung unerwünschter oder gefährlicher Wildpflanzen durch Samenanflug, zum Beispiel der Riesenbärenklau, sollte frühzeitig erkannt werden, um die betreffenden Pflanzen umgehend aus dem Gelände zu entfernen.

Darüber hinaus gibt es einen dritten Bereich, der die Nutzung des Außengeländes durch die unterschiedlichen Personengruppen betrifft. Dabei ist zwischen verschiedenen und teilweise konträren Bedürfnissen, Ansprüchen und Interessen zu unterscheiden. Kinder sehen einen Garten mit ganz anderen Augen als Erwachsene. Mitunter gibt es auch deutliche Unterschiede zwischen den Wünschen der pädagogischen Fachkräfte und den Erwartungen der Eltern,

die sich heute mehr als früher für die Qualität des Außengeländes interessieren. Gerade für jene Eltern, die naturverbunden sind oder gern Sport treiben, ist ein attraktives Außengelände ein wichtiges positives Entscheidungskriterium, wenn sie eine Tageseinrichtung für ihr Kind suchen.

Kinder wollen draußen sein

Die allermeisten Kinder haben von sich aus das Bedürfnis, sich möglichst viel im Freien aufzuhalten. Das kann verschiedene Ursachen haben. Häufig steht an erster Stelle, dass es auf dem Außengelände mehr Möglichkeiten für eigenständiges Tun und Ausprobieren gibt als in den Innenräumen des Hauses. Außerdem fühlen die Kinder sich leichter ungesehen und ungestört von Erwachsenen – ein Bedürfnis, das wir respektieren sollten.

Zentralen Stellenwert besitzen in diesem Zusammenhang die psychologisch zu verstehenden Mechanismen von Selbstwirksamkeit und Selbstregulation. Selbstwirksamkeit heißt: Das Kind macht die unmittelbare Erfahrung, individuelle Ziele durch eigenes Handeln erreichen zu können. Diese Erfahrung ist eine unverzichtbare Voraussetzung der Selbstregulation, also der Fähigkeit, die eigenen Bedürfnisse wahrzunehmen und angemessen zu befriedigen.

Diese Erfahrungen können Kinder natürlich nicht nur im Garten machen, aber bereits der im Vergleich zu den Innenräumen größere Bewegungs- und Handlungsspielraum motiviert und unterstützt sie in ihren Aktivitäten. Nicht von ungefähr sind Kinder im Freien häufig viel neugieriger auf Entdeckungen und Erkundungen aller Art.[242]

Darüber hinaus spielt das Bewegungsverhalten in einer Zeit, in der sehr viele Kinder unter Bewegungsmangel leiden, eine besonders wichtige Rolle. Finden die allermeisten pädagogischen Angebote in Innenräumen statt, steht zu befürchten, dass Kindern damit zu viel von ihrer Spontaneität und Kreativität genommen wird. Und: Bewegung sollte nicht zu eng auf die rein körperliche Komponente bezogen werden – sie ist das »Tor zum Lernen«.[243]

Ein weiterer Grund, der Kinder regelrecht »ins Freie zieht«, hängt mit dem Bedürfnis nach Erlebnissen in Gemeinschaft mit anderen Kindern zusammen. Kinder lernen vor allem von Kindern, heißt es immer wieder, und das lässt sich dort besonders gut beobachten, wo Kinder für sich sein können und dürfen, wo es genügend Platz und interessante Materialien gibt, wo die Verhaltensregeln sie – hoffentlich –

nicht ebenso einschränken wie im sonstigen Alltag. Deshalb sollte ein Garten für Kinder vor allem ein »Aktionsraum«[244] sein, also ein Areal, in dem Kinder in ihren Gemeinschaften altersgemäße Bewegungs-, Handlungs- und Gestaltungsmöglichkeiten finden.

Begünstigt wird all dies durch eine anregende Umgebung, die schon aufgrund natürlicher Veränderungs- und Entwicklungsprozesse stets neue Entdeckungen ermöglicht. Ein Gartengelände ist kein statischer, unveränderlicher Raum, sondern befindet sich in ständiger Wandlung. Die Natur bietet eine ungeheure Vielfalt im Kleinen und Kleinsten und ermöglicht immer wieder aufs Neue überraschende und abwechslungsreiche Entdeckungen, deren Variabilität die bunte Warenwelt der industriell hergestellten Spielzeuge bei weitem übertrifft. Diese Aspekte sollten wir bei der Planung, der Gestaltung und auch bei der späteren Nutzung und Weiterentwicklung eines Außengeländes berücksichtigen.

Es bleibt die Frage, was das im Einzelnen bedeutet – für den Träger einer Kindertageseinrichtung als Auftraggeber der Gartengestaltung, für Planer, ausführende Firmen und – last but not least – für das pädagogische Fachpersonal.

242 Explorationsverhalten
243 Hannaford 2008
244 Blinkert 2005

Barrieren abbauen und Freiheit ermöglichen

Damit Kinder solche Erfahrungen machen können, muss die grundsätzlich gute Erreichbarkeit entsprechender Außenräume gesichert sein. Das mag banal klingen, ist aber keineswegs selbstverständlich. Kann ein Garten beispielsweise nur über einen öffentlichen Weg erreicht werden, schränkt dies seine Nutzung bereits stark ein.

Eine andere, weit häufigere Barriere sind zeitlich-organisatorische Aspekte. In zahlreichen Einrichtungen können Kinder das Außengelände leider nur in einem zeitlich eng begrenzten Rahmen nutzen. Dafür werden verschiedene Gründe angeführt, zum Beispiel:

• Personalnot: »Heute haben wir niemanden, der die Aufsicht im Garten übernehmen kann«;
• ungünstigen Wetterbedingungen: »Bei diesem Wetter bringen die Kinder zu viel Schmutz ins Haus«;
• Programmpunkte, die aufgrund eines bestimmten Bildungsverständnisses als wichtiger angesehen werden: »Die Kinder sollen jetzt am Projekt teilnehmen, und das geht nur im Gruppenraum.«

All diese Gründe sind letztlich in Frage zu stellen, denn dort, wo der Wert des Draußen-Seins erkannt wurde, lassen sich widrige Rahmenbedingungen überwinden.

Damit ist ein dritter Bereich von Hindernissen angesprochen, der der Gartennutzung oft im Weg steht: der Bereich der persönlichen Motivation. Wer sich gern im Freien aufhält, an Naturräumen, Pflanzen und Tieren interessiert ist, wird nicht nur bemüht sein, Kindern Gelegenheit zu entsprechenden Naturbegegnungen zu geben, sondern ist auch ein Vorbild im Umgang mit Umwelt und Natur.

In diesem Zusammenhang sollten wir die Art und Weise unseres Lebensstils hinterfragen: Draußen-Sein muss sich nicht in der Entscheidung für eine bestimmte »Trendsportart« erschöpfen, bei der das richtige Outfit oftmals wichtiger ist als der Sport.[245] Erwachsene, die sich für Wildpflanzen, Pilze, Insekten, Gesteine oder bestimmte Naturphänomene interessieren und begeistern, machen Kinder nicht nur neugierig auf diese Dinge, sondern fördern ganz nebenbei auch deren Umweltwissen und Handlungskompetenzen.

Erfahrungen, die Kinder in einem facettenreichen, lebendigen Gartengelände machen können, sind besonders wertvoll: Unmittelbare Naturerfahrungen setzen starke, emotional berührende und kognitiv anregende Impulse. Das, was Kinder in diesem Zusammenhang erleben, darf von uns aber nicht vereinnahmt und lediglich unter Lernaspekten gesehen werden: »Es ereignet sich die Wirkung von Natur nämlich nebenbei. Nur der Naturraum wird als bedeutsam erlebt, in dem man eigene Bedürfnisse erfüllen, in dem man eigene Fantasien und Träume schweifen lassen kann und der auf diese Weise eine persönliche Bedeutung bekommt.«[246] Kurz: Erfahrung basiert auf Wahrnehmung, und Wahrnehmung ist ein aktiver Prozess.

245 Vgl. Settertobulte 2002, S. 204
246 Gebhard 2009, S. 98

Ein besonderer Gartentyp

Wenn wir die verschiedenen Anforderungen, die an das Außengelände einer Kindertageseinrichtung zu stellen sind, genauer betrachten, zeigt sich rasch, dass es sich dabei um einen ganz eigenen Gartentyp handelt. Ein Garten, der in erster Linie Erlebnis-, Spiel- und Handlungsraum für Kinder sein soll, kann zwar viele Elemente eines Hausgartens aufweisen, aber funktional wertvoll wird er für Kinder erst, wenn Zier- und Nutzpflanzen, Wege, Sitzplätze und andere hausgartentypische Bestandteile durch Elemente ergänzt werden, die eher aus dem Umfeld einer Werkstatt, eines Lagerplatzes oder einer verwildernden Brachfläche stammen. Erde, Sand, Wasser, Steine und Hölzer sind Baustoffe, die keineswegs immer streng voneinander getrennt zu halten sind, sondern in vielfältigen Aktivitäten nebeneinander oder miteinander verbunden eingesetzt werden. Das dadurch entstehende Chaos mag für manchen von uns nur schwer zu akzeptieren sein, aber wenn wir uns vergegenwärtigen, dass der eigentliche Wert eines Gartens für Kinder eben nicht im gefälligen Äußeren liegt, sondern in der Veränderbarkeit, Vorläufigkeit und Bearbeitbarkeit, gelingt es uns vielleicht besser, die besondere Ästhetik eines solchen Gartens zu verstehen und zu würdigen.

Selbstverständlich stoßen gestalterische Maßnahmen, Materialangebot und -verwendung dort an Grenzen, wo sicherheitsrelevante Punkte berührt werden. So müssen Fallräume im Bereich der Kletterspielgeräte von gefährdenden Gegenständen frei gehalten werden, und der Bau eines Wasserspielbereichs unterliegt ebenso bestimmten technischen wie alltagspraktischen Erfordernissen wie die Aufstellung von Spielhäuschen und ähnlichen Einbauten für Rollenspiele, Rückzugs- und Versteckmöglichkeiten.

Allerdings zeigt die Erfahrung, dass es in diesem Punkt seltener Meinungsverschiedenheiten gibt als bezüglich der allgemeinen und übergeordneten Gestaltungsziele. Hier prallen oft zwei Grundhaltungen aufeinander, die kaum kompromissfähig sind: Dem Wunsch nach einem anregenden und möglichst »wilden« Garten steht das Bedürfnis nach Ordnung und Aufgeräumtheit, Übersichtlichkeit und Wartungsfreiheit entgegen. Dahinter verbergen sich nicht nur jeweils bestimmte und mitunter sehr entschieden vorgebrachte Argumente, sondern auch subjektive persönliche Haltungen, Erfahrungen und Bewertungen, die nicht ignoriert werden dürfen.

Um solche Gegensätze wenigstens zum Teil zu überwinden – und das ist erstrebenswert –, ist es unverzichtbar, die besonderen Anforderungen eines Gartens für Kinder immer wieder zu reflektieren und zu diskutieren: im pädagogischen Team, mit den Eltern und nicht zuletzt mit dem Träger der Einrichtung oder der jeweiligen Fachberatung sowie mit externen Fachleuten wie Architekten und Sicherheitsbeauftragten.

Die entscheidenden Akzente, die ein Garten für Kinder aufweisen sollte, liegen nun mal in seiner ganz besonderen Mischung von Natur und Kultur, Begrenzung und Freiheit, spielerischen Experimenten und ernsthafter Arbeit.

Vom Wunsch zur Wirklichkeit

Im Rahmen dieses Beitrags können viele Aspekte der Gartengestaltung und Gartennutzung nur angerissen werden. Das betrifft insbesondere zahlreiche Planungs- und Ausführungsfragen, die im Grunde nur dann gut zu beantworten sind, wenn sie sich auf einen konkreten Planungsfall beziehen. Hier kann auf solche Fragen nur pauschal eingegangen werden. Noch schwieriger ist es, auf die vielfältigen und manchmal sehr unterschiedlichen Gegebenheiten der Nutzung und Weiterentwicklung eines bestehenden Gartengeländes einzugehen. Daher werden an dieser Stelle lediglich einige zentrale Aspekte aufgeführt, geordnet nach Dringlichkeit und Bedeutung für die Praxis:

1. Besonders bei Neuanlagen sollte grundsätzlich stets versucht werden, ein möglichst großes Außengelände bereitzustellen. Eröffnet sich die Gelegenheit, ein vorhandenes Gelände zu erwei-

tern, sollte das zumindest sorgfältig geprüft und nach Möglichkeit angestrebt werden.

2. Der Umfang der befestigten Flächen – Platten- und Pflasterbeläge oder Asphaltflächen – sollte bewusst zurückhaltend geplant werden. Das verringert nicht nur die Baukosten und vermeidet sterile Flächen, sondern kann die spätere Entwicklung des Gartens erleichtern:
   • Spontanvegetation auf offenen Böden;
   • Möglichkeiten der Bodenmodellierung: graben, Löcher buddeln, Material aufschütten;
   • gezielte, eventuell zeitlich befristete Bepflanzung: Beete, Beerenobst.

3. Ein weiterer Punkt betrifft den Wunschkatalog: Einerlei, ob das pädagogische Team oder die Eltern Spielgeräte und andere Einbauten aufstellen möchten, ob ein Planungsbüro eine umfangreiche Neu- oder Umgestaltung des Gartens entwirft – der Grundsatz »Weniger ist mehr« trifft in jedem Fall zu. Die »Möblierung« eines Gartens mit Spielgeräten aller Art schränkt die eigentlichen Handlungsspielräume der Kinder sehr viel mehr ein, als diese Geräte und Konstruktionen zu bieten vermögen. Außerdem werden spätere Gestaltungsveränderungen verhindert oder erschwert, von den Kosten ganz abgesehen. »Leerstellen« oder das Reservieren von Arealen, deren Gestaltung zu einem späteren Zeitpunkt erfolgen soll – oder vielleicht unterbleiben kann – verleihen einem Garten für Kinder einen ganz besonderen Reiz, weil sie das Entwicklungspotenzial des Geländes hervorheben: Es gibt noch Raum, es gibt noch etwas zu tun, es ist noch nicht alles entschieden.

4. Bei jedem Gestaltungsvorhaben spielen Termine und Fristsetzungen eine große Rolle. Das kann sich negativ auf das Ergebnis auswirken, weil natürliche Entwicklungs- und Wachstumsprozesse ebenso vernachlässigt werden wie Veränderungen, die sich durch das Verhalten und Handeln der Kinder ergeben. Ein Garten ist kein Wohnraum, der an einem Tag völlig verwandelt werden kann. Bei der Gestaltung eines Gartens müssen stets auch biologische Prozesse einbezogen werden, die – wie soziale Prozesse – der Planung nur teilweise zugänglich sind. Daher ist schrittweises, eventuell bewusst verzögertes Vorgehen gerade bei der Gartengestaltung kein Nachteil, sondern

die Voraussetzung für eine organische und in sich stimmige Entwicklung. Damit es möglich ist, so vorzugehen, müssen sich alle Beteiligten bereits im Vorfeld der Planung und bei der Festlegung der Ausführungsschritte verständigen und einigen.

5. Ein letzter Aspekt bezieht sich auf das Konfliktpotenzial der Garten(um-)gestaltung und schließt in gewisser Weise ein, was bereits gesagt wurde: Der Verzicht auf gängige Spielgeräte und das Offenhalten von Arealen, die bewusste Verzögerung von Ausführungsarbeiten, das Einbringen größerer Mengen flexibel einsetzbarer Materialien wie Steine, Holzstücke, ausrangierte Haushaltsdinge und andere, ähnlich ungewöhnliche Vorgehensweisen lassen den Garten rasch ungepflegt, chaotisch und unübersichtlich erscheinen. Um Konflikte im pädagogischen Team und Missverständnisse anderer Personen oder Stellen zu vermeiden, sind ein klar formuliertes Konzept und gute Vorbereitung unumgänglich. Den jeweiligen Gestaltungsmaßnahmen sollten stets ausführliche Gespräche und schriftliche Informationen vorausgehen, nach Möglichkeit auch gemeinsame Schritte wie Besuche vergleichbarer Außenanlagen von Kindertageseinrichtungen, ein Planungsseminar an einem Klausurtag und eine Beratung durch externe Fachleute mit entsprechenden Erfahrungen.

Damit sind die wichtigsten und grundlegenden Aspekte der Gartengestaltung umrissen. Wer sich näher mit der Planung und Entwicklung eines Gartens für Kinder, insbesondere für Kleinkinder auseinander setzen will, findet in dem Buch »Gärten für Kleinkinder«[247] detaillierte Angaben zu allen relevanten Fragen und zahlreiche Gestaltungsvorschläge.

Umwege und Nebenwege

Die bewussten Verzögerungen bei der Neu- oder Umgestaltung eines Gartens für Kinder gestatten es nicht nur, die Folgen einzelner Entwicklungs- und Wachstumsprozesse besser in das Gesamtkonzept zu integrieren, sondern ermöglichen ein suchendes und experimentelles Vorgehen, zum Beispiel die flexible Anlage bestimmter Wegstrukturen, Sitzplätze oder Versteckmöglichkeiten. Anstelle später verwendeter Materialien wie Wegplatten oder Konstruktionshölzer werden zunächst lediglich wenige einfache

247 Österreicher/Prokop 2010

Materialien eingesetzt, mit deren Hilfe ein bestimmtes Planungsziel im Gelände markiert wird:

- Sand, in Bahnen und Flächen auf den Boden gestreut, markiert Wege und andere Flächen, die später befestigt werden sollen;
- Lattenkonstruktionen mit Stoffen oder Planen ergeben vorläufige Spielhäuser.

Bleiben die Hilfskonstruktionen über mehrere Wochen oder Monate bestehen, lässt sich gut beobachten, auf welche Weise die Kinder diese Strukturen aufnehmen und nutzen. Meist tauchen ganz nebenbei Detailfragen auf, die ihrerseits dazu führen können, die Hilfskonstruktionen zu variieren, zu verfeinern oder zu ergänzen.

Bei einem solchen Vorgehen handelt es sich zwar um eine vorläufige Lösung, und man wird die verwendeten Hilfsmaterialien nach einer gewissen Zeit durch dauerhaftere Materialien ersetzen. Das muss aber keineswegs immer der Fall sein. Vielleicht nutzen die Kinder die auf Vorläufigkeit und Veränderlichkeit angelegten Elemente so intensiv, dass sich ein völlig neues Gestaltungskonzept ergibt, das auf feste Einbauten weitgehend verzichtet und den Kindern stattdessen größeren Spielraum eigener Raumgestaltung zuerkennt.

Verglichen mit den üblichen Planungskonzepten nach festen Vorgaben und mit möglichst zügig ausgeführter Fertigstellung, sind solche Umwege und Nebenwege auch in sozialer Hinsicht interessanter. Durch die verlangsamten Gestaltungsprozesse können die Ergebnisse natürlicher Veränderungen des Gartenraums berücksichtigt werden[248], und es gibt Zeit und Gelegenheit, viele erst allmählich aufkommende Ideen und Vorstellungen der Nutzer – Kinder, pädagogische Fachkräfte, Eltern – zu integrieren. Im Ergebnis handelt es sich um nichts weniger als soziale Planungsprozesse.

Auf die professionelle Planung und Begleitung wird man deshalb zwar nur selten ganz verzichten, aber ihre Aufgabe wird nun durch Moderations- und Beratungsleistungen zu ergänzen sein.

Verschiedene eigene Projekte zur Neu- oder Umgestaltung eines Gartens für Kinder belegten immer wieder, dass es sich lohnt, ein solches Vorhaben mit pädagogischen Fachkräften und interessierten Eltern gemeinsam zu erarbeiten. Die dafür nötigen Abstimmungen mögen zwar mehr Zeit und Geduld erfordern oder die ursprünglichen planerischen Intentionen manchmal umstoßen, aber die so entwickelten Gärten und Außenanlagen werden von Kindern wie

248 Sukzession

Erwachsenen als Ergebnis des eigenen Engagements wahrgenommen. Dadurch erhält der Garten intensive Aufmerksamkeit und wird immer wieder zum Zentrum weiterer Ideenfindung und Betätigung.

Der Garten als Lern- und Bildungsort

Obwohl nur einige Stichworte zur Gestaltung eines Gartens für Kinder gegeben werden konnten, dürfte der zentrale Aspekt deutlich geworden sein: Die Planung und Entwicklung eines solchen Gartens erfordern einen grundsätzlich anderen Ansatz als andere Aufgaben der Garten- und Landschaftsarchitektur. Wenn hier für diesen anderen Ansatz geworben wird, dann deshalb, weil ein solcher Gartentyp nicht für sich allein steht, sondern stets im Zusammenhang mit der Kindertageseinrichtung zu sehen ist. Das bedeutet: Pädagogische Überlegungen und Zielsetzungen müssen in jedem Fall Vorrang haben. So wichtig gärtnerische und andere Aspekte im Einzelfall sein mögen – sie bleiben letztlich der Pädagogik nachgeordnet. Zumindest sollten sie den pädagogischen Zielen nicht entgegenstehen.

Nach unserem heutigen Verständnis sind Kindertageseinrichtungen als Bildungseinrichtungen anzusehen. Dabei wird der Aufenthalt der Kinder im Freien

oder im Garten nicht selten als weniger bedeutend angesehen, denn nach wie vor ist die Meinung verbreitet, dass das Außengelände »nur« dem Spielen und Austoben diene. Abgesehen davon, dass das, was wir als kindliches Spiel betrachten, für die Kinder eine wichtige und ernsthafte Auseinandersetzung mit ihrer Umwelt ist – und damit eine Form von Arbeit –, ermöglicht gerade ein sinnvoll ausgestattetes Gartengelände eine Vielzahl elementarer Lernerfahrungen. Bereits die Tatsache, dass Kinder im Garten fast immer weit mehr Bewegungsspielraum haben als in den Innenräumen des Hauses, fördert ihre Aktivität, Neugier und Aufmerksamkeit.

Das hat auch Auswirkungen auf die Arbeit der pädagogischen Fachkräfte. Ihre Aufgabe liegt weniger in der Planung eigener Angebote oder Programme, sondern vielmehr im aktiven und Anteil nehmenden Beobachten der Kinder. Es geht um die Aufmerksamkeit und das Verständnis für den Prozess des Lernens selbst, um das »Lernen lernen«. Dieser Ansatz »zielt darauf, das Bewusstsein der Kinder für ihre Lernprozesse zu fördern, indem Lernen so organisiert wird, dass die Kinder bewusst erleben, dass sie lernen, was sie lernen und wie sie es gelernt haben. Dieses Vorgehen erhöht die Fähigkeit der Kinder, ihre Lernprozesse bewusst wahrzunehmen und eigenständig zu steuern. Darüber hinaus führt es zu

einem vertieften Verständnis für die jeweiligen Sachverhalte«.[249] Damit stärken wir die lernmethodischen Kompetenzen von Kindern einschließlich ihrer Fähigkeiten zur Selbstregulation unmittelbar und wirkungsvoll.[250]

Ein Garten kann diesen Ansatz auf vielfache Weise unterstützen – mit vergleichsweise geringem Aufwand an Kosten und Energie. Über den Erfolg entscheiden das durchdachte und von allen Beteiligten getragene pädagogische Konzept und eine Gartengestaltung, die sich weniger den Standards herkömmlicher Kinderspielplätze verpflichtet fühlt als dem Gedanken einer unaufgeräumten und ein wenig aus der Zeit gefallenen Ideenwerkstatt.

Literatur

Blinkert, B.: Aktionsräume von Kindern in der Stadt. Eine Untersuchung im Auftrag der Stadt Freiburg. Centaurus, Pfaffenweiler 2005

Gebhard, U.: Kind und Natur. Die Bedeutung der Natur für die psychische Entwicklung. VS Verlag für Sozialwissenschaften, Wiesbaden 2009

Gisbert, K.: Lernen lernen. Lernmethodische Kompetenzen von Kindern in Tageseinrichtungen fördern. Beiträge zur Bildungsqualität. Hrsg. v. Prof. Dr. W. E. Fthenakis. Beltz, Weinheim 2004

Hannaford, C.: Bewegung – das Tor zum Lernen. VAK Verlags GmbH, Kirchzarten 2008

Hellfritsch, M.: Förderung lernmethodischer Kompetenzen – eine Herausforderung für pädagogische Fachkräfte in Kindertagesstätten. In: Bildung und Erziehung in Deutschland. Hrsg. v. Becker-Stoll, F./Nagel, B. Cornelsen, Berlin/Düsseldorf/Mannheim 2009, S. 140-145

Österreicher, H./Prokop, E.: Gärten für Kleinkinder. verlag das netz, Weimar/Berlin 2010

Settertobulte, W.: Fit (f)or Fun. Lebensstile und ihre Auswirkungen auf die Gesundheit von Kindern. In: umwelt medizin gesellschaft, Heft 3/2002. UMG Verlagsgesellschaft, Bremen 2002

249 Gisbert 2004, S. 19
250 Vgl. Hellfritsch 2009

Kinder nutzen Räume anders

Edeltraud Prokop

Wenden wir uns der Thematik »Raum und Raumgestaltung für Kinder« zu, muss es in erster Linie darum gehen, Kindern Räume zur Verfügung zu stellen, die sie selbstständig nach ihren eigenen Bedürfnissen und Interessen nutzen können. Das ist alles andere als selbstverständlich und erfordert mehr, als bestimmte Räume lediglich dem Namen nach für Kinder zu reservieren und sie den einschlägigen Sicherheitsvorschriften entsprechend einzurichten.

Sollen Räume und Raumgestaltung Kindern wirklich gerecht werden, ist es erforderlich, sich sorgfältig mit zahlreichen pädagogischen Fragen und mit Erkenntnissen aus Entwicklungspsychologie und Lernforschung auseinander zu setzen. Dabei müssen wichtige ethische und gesellschaftliche Forderungen wie das Recht der Kinder auf Partizipation und eigene Gestaltungsmöglichkeiten einbezogen werden.

Das Gruppenraumkonzept

Unsere heutigen Einschätzungen und Bewertungen hinsichtlich der Raumgestaltung für Kinder fußen auf einem Konzept, das über viele Jahre beherrschend war und mancherorts noch heute eine große Rolle spielt: das Gruppenraumkonzept. Dieses Konzept prägte auch meine und die Arbeit meines Teams über viele Jahre hinweg. Obwohl wir heute das Konzept des Kinderhauses als Lebens- und Lernort favorisieren, war das Gruppenraumkonzept Ausgangspunkt vieler Diskussionen über Raumgestaltung und Raumentwicklung. Schon deshalb ist es sinnvoll, sich mit den früheren Gegebenheiten zu befassen.

Vor etwa 20 bis 25 Jahren war die Kindertageseinrichtung, deren Leitung ich damals übernahm, in Gruppenräume gegliedert, die mehr oder weniger einheitlich mit den gleichen Elementen ausgestattet waren: eine Puppenecke, eine Bauecke, eine Bücherecke und eine Tischgruppe, die viel Platz beanspruchte. Selbst die übrigen Utensilien bis hin zum Spielmaterial waren einander in allen Gruppenräumen zumindest ähnlich.

Geschmückt wurde jeder Gruppenraum hingegen individuell. Das übernahm die Gruppenerzieherin, folgte dabei ihrem persönlichen Geschmack und investierte meist viel Zeit in diese Arbeit. Das Ergebnis: ein Gruppenraum, der dem Wohnzimmer glich, ein »eigenes kleines Reich«. Natürlich sollten das Inventar und besonders die Spielmaterialien in diesem Raum bleiben. Deshalb wurden sie mit Farben gekennzeichnet: Gelb gehörte in die Sonnengruppe, Rot in die Marienkäfergruppe.

Auch im Gruppenraum wurde Ordnung groß geschrieben: Auf dem Sofa durfte nur sitzen, wer sich Bücher anschaute. Tische und Stühle waren keine Spielelemente. Und in die Bauecke durften immer nur drei Kinder zugleich.

Selbstverständlich wurden auch die Kinder den Gruppenräumen zugeordnet und in Gruppen zusammengefasst. Im Tagesablauf wechselten Freispiel und gebundene Beschäftigungen nach einem vorgegebenen Plan, und die Erzieherinnen entschieden,

wann alle Kinder in den Garten gehen und wann sie in die Gruppenräume zurückkehren müssen. Auf diese Weise waren nicht nur die Räume und Dinge in den Räumen streng geordnet – auch die Kinder waren einem starren System von Regeln unterworfen. In Details durfte sich das Regelwerk allerdings von Raum zu Raum unterscheiden, denn immerhin hatte die Gruppenerzieherin in »ihrem« Raum das Sagen.

Die Zuständigkeit für den »eigenen« Gruppenraum und die »Stammgruppe« – so wurde die betreffende Kindergruppe damals auch bei uns genannt – veranlasste die Gruppenerzieherinnen zu sonderbaren Haltungen, die Besitzansprüche ausdrückten. Immer wieder ging es um die »eigenen« Kinder, die »eigene« Gruppe. Für andere Kinder fühlte man sich nur bedingt zuständig.

Das Statusdenken in Bezug auf den »eigenen« Gruppenraum hatte zur Folge, dass bereits längeres Verweilen von Eltern in diesem Raum als unangenehm empfunden wurde, weil es das Tagesprogramm durcheinanderbringen könnte. Nicht zuletzt deshalb wurden Bring- und Abholzeiten strikt geregelt und genau überwacht, was häufig Konflikte nach sich zog.

In den Gruppenräumen herrschte oft große Lautstärke – ein Umstand, der in merkwürdigem Widerspruch zu den vielen Regeln und Ordnungselementen stand. Der durchweg hohe Geräuschpegel war für alle Beteiligten belastend. Für Abhilfe sollten Beschäftigungsprogramme sorgen, damit die Kinder möglichst »ruhig« spielen, und die Regelwerke zur Herstellung und Aufrechterhaltung von Ruhe wurden immer wieder diskutiert und verändert.

Für das eigentliche Tagesprogramm entwarf jede Gruppenerzieherin ihren eigenen Plan. Im Vordergrund stand dabei häufig Konkurrenzdenken und setzte die Teammitglieder unter Druck. Die unterschiedlichen Stärken und Kompetenzen der Kolleginnen wurden eher als indirekte Bedrohungen wahrgenommen und nicht als Unterstützung oder Entwicklungspotenziale.

Flucht nach draußen

Rückblickend verstehen wir gut, dass die Kinder sich schon damals gern im Garten aufhielten. Obwohl alle gleichzeitig dort waren – die Zeit war frei von Programmen – gab es trotz der beengten Verhältnisse wesentlich mehr Bewegungsspielraum. Viele Kinder freuten sich auf die »Gartenzeit« aber offensichtlich auch deshalb, weil sie dann in Kontakt mit den Kindern und Erzieherinnen der anderen Gruppen kommen konnten. Immer wieder entwickelten sich selbst gewählte, Gruppen übergreifende Freundschaften und Interessengruppen – bis die Rückkehr in die Gruppenräume die Kinder trennte.

Während die Kinder Autonomie und Selbsttätig-Sein in den Gruppenräumen nur eingeschränkt erleben konnten, bot das Gartengelände weitaus mehr Raum für eigene Aktivitäten, und die Begegnungen zwischen Kindern und Erwachsenen waren von mehr Partnerschaftlichkeit und interessiertem Miteinander geprägt. Das hatte vor allem mit der entspannteren und ruhigeren Atmosphäre zu tun.

Im Garten erfanden die Kinder häufiger eigene und mitunter sehr intensive Spiele. Das wurde vor allem

dadurch begünstigt, dass der Gartenraum von den Erwachsenen weder inhaltlich oder programmatisch festgelegt noch durch Tisch- und Stuhlgruppen oder anderes Mobiliar zugebaut war.

Im Laufe der Jahre verlängerte sich die Zeit, die die Kinder im Garten verbringen durften. Das war ein beinahe unbemerkter, schleichender Prozess, der auf die Zufriedenheit mit der »Gartenzeit« zurückzuführen war. Dieser Umstand wurde in Teambesprechungen thematisiert. Wir beschlossen, unsere diesbezüglichen Erfahrungen genauer unter die Lupe zu nehmen, begannen, Alltagssituationen in den Räumen und im Garten zu filmen, und reflektierten die Ergebnisse gemeinsam. Unser Ziel war, herauszufinden, wie sich die Kinder in den unterschiedlichen Räumen verhalten, welche Rolle die Erwachsenen dabei einnehmen, also wie wir das Verhalten der Kinder steuern oder beeinflussen.

Forschungsergebnisse und die Praxis

Zu diesem Zeitpunkt – es war 1990 – startete in München das Modellprojekt »Frühförderung von Kleinstkindern durch Unterstützung junger Familien bei der Erziehungsaufgabe und durch pädagogische Qualifizierung von Krippen« unter der Leitung von Prof. Dr. Kuno Beller. Dieses Projekt bestätigte und unterstützte uns dabei, unsere Verhaltens- und Handlungsweisen zu überprüfen und das Gruppenraumkonzept zu hinterfragen. Zudem wollten wir uns nicht nur theoretisch informieren, sondern die einschlägigen Forschungsergebnisse in der Praxis erproben.

Seither setzen wir uns intensiv mit der Entwicklungs- und Lernforschung der frühen Kindheit auseinander, um unser pädagogisches Konzept fortlaufend zu aktualisieren. Besonders wichtig waren und sind uns dabei folgende Erkenntnisse:
- Kinder kommen neugierig und wissenshungrig auf die Welt. Sie sind mit lebenswichtigen Fähigkeiten ausgestattet und beziehungsfähig.
- Kinder setzen alle Energien ein, um ihren Hunger auf Entdeckungen und neue Erfahrungen zu sättigen. Sie sind Konstrukteure ihrer eigenen Bildung und Entwicklung.
- Kinder erwerben in den ersten drei Lebensjahren die wichtigsten Denkstrukturen, die sie für ihr gesamtes späteres Leben brauchen.
- Kinder lernen überwiegend durch eigenes und kooperatives Tun und Handeln in einem anregenden Lernumfeld. Vielfältige Erfahrungen in einem ansprechenden und veränderbaren Ambiente (Raumstrukturen) sind besonders wichtig.
- Kinder lernen in ko-konstruktiven Prozessen. Besonders nachhaltig ist dieses Lernen, wenn wir ihr direktes und emotionales Interesse aufgreifen und ihre Lernprozesse auf einfühlsame Weise begleiten.

Als wir vor 20 Jahren begannen, uns mit diesen und ähnlichen Befunden auseinander zu setzen, wurde uns der Widerspruch zwischen bestehenden pädagogischen Strukturen und neueren entwicklungspsychologischen Erkenntnissen immer deutlicher bewusst. Bereits seit Jahren befinden sich immer mehr Kinder immer längere Zeit in Kindertageseinrichtungen. Bezogen auf das herkömmliche Gruppenraumkonzept bedeutet das, dass sich manche Kinder bis zu zehn Stunden überwiegend in Gruppenräumen aufhalten. Das lässt sich mit den aktuellen Ergebnissen der Säuglings- und Hirnforschung nicht mehr vereinbaren. Es schränkt die gesundheitliche Entwicklung sowie die Lern- und Bildungsmöglichkeiten der Kinder mindestens stark ein.

Diese und andere Überlegungen führten im Team zu weiteren Fragen wie:
- Können Kinder in unserem Haus ihr Umfeld autonom erforschen und ihre Neugierde wirklich befriedigen?
- Können Kinder ihre Spielräume verändern und ihren eigenen Interessen, Vorlieben und Lernbedürfnissen selbsttätig nachgehen?
- Können Kinder in unserem Haus ko-konstruktive Prozesse erleben, ihren Alltag und ihre Lernprozesse mitgestalten?

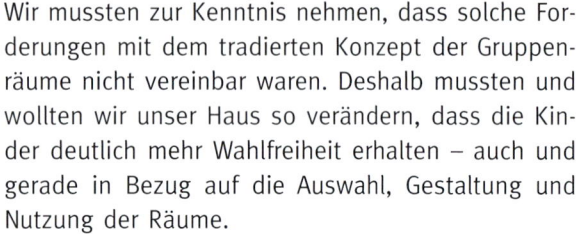

Wir mussten zur Kenntnis nehmen, dass solche Forderungen mit dem tradierten Konzept der Gruppenräume nicht vereinbar waren. Deshalb mussten und wollten wir unser Haus so verändern, dass die Kinder deutlich mehr Wahlfreiheit erhalten – auch und gerade in Bezug auf die Auswahl, Gestaltung und Nutzung der Räume.

Die Übergangs- und Entwicklungsphase

Unsere erste Schritte zur Veränderung der Raumstrukturen unseres Hauses standen in enger Verbindung mit den Erfahrungen, die wir im Garten gemacht hatten. Immer deutlicher wurde uns bewusst, wie wichtig und förderlich ein relativ wenig reglementierter Bereich, der viele unterschiedliche Handlungsmöglichkeiten bot, für die Kinder ist. Diesen Bereich wollten wir weiter ausbauen und versahen das Außengelände nach und nach mit Elementen, die uns geeignet erschienen: ein Versuchsbeet für Wildpflanzen, einige Rückzugs- und Versteckbereiche, ein selbst gebautes Wasserbecken mit einem kleinen Bachlauf und anderes mehr.

Von Anfang an waren die Eltern in unser Vorhaben einbezogen und halfen engagiert mit, als wir – meist unter fachlicher Anleitung eines von uns engagierten Gartenbauingenieurs – die einzelnen Vorhaben der Gartengestaltung nach und nach umsetzten. Weil damals bereits Kinder von drei Monaten bis zum sechsten Lebensjahr in unserer Einrichtung betreut wurden, war es uns wichtig, den Gartenraum so zu gestalten, dass er von allen Kindern gut genutzt

werden kann. Zwar waren wir dabei nicht immer gleichermaßen erfolgreich, aber wir lernten in dieser Zeit viel über den Unterschied zwischen gärtnerischen und pädagogischen Fragen und darüber, welche Angebote im Garten sinnvoll oder weniger geeignet sind. Nicht zuletzt dadurch entwickelten wir eine starke Beziehung zum Gartengelände, die unser pädagogisches Konzept bis heute prägt.

Fast gleichzeitig mit den Arbeiten zur Gartenumgestaltung begannen wir auch im Haus mit ersten Veränderungen. Am Gruppenraumkonzept hielten wir zunächst zwar noch fest, aber die gruppenübergreifenden Aktivitäten im Außengelände wirkten wie ein Katalysator und stellten die Gruppenzuordnungen zunehmend in Frage. Häufig trafen sich die Kinder nur noch zum Frühstück, zum Mittagessen und zur Brotzeit am Nachmittag in ihren Gruppenräumen. Sie fanden es interessanter, mal in diesem oder in jenem Gruppenraum mit ihren selbst gewählten Spielkameraden zu frühstücken oder Mittag zu essen. Auffallend war, dass die Gruppenräume bei weitem nicht so intensiv zum Spielen genutzt wurden wie das Gartengelände. Lag es daran, dass die Räume weitgehend gleich aussahen und ähnlich ausgestattet waren?

In Filmaufnahmen, die wir in dieser Zeit zur Reflexion unser Arbeit machten, wurde ein Aspekt sichtbar, der bald zur wichtigsten Maxime unserer Raumgestaltung werden sollte: Kinder brauchen Raum, Zeit und Gelegenheit, um Handlungsketten entwickeln und ihnen ungestört folgen zu können. Bei der Analyse der Filmaufnahmen entdeckten wir, dass ausgerechnet

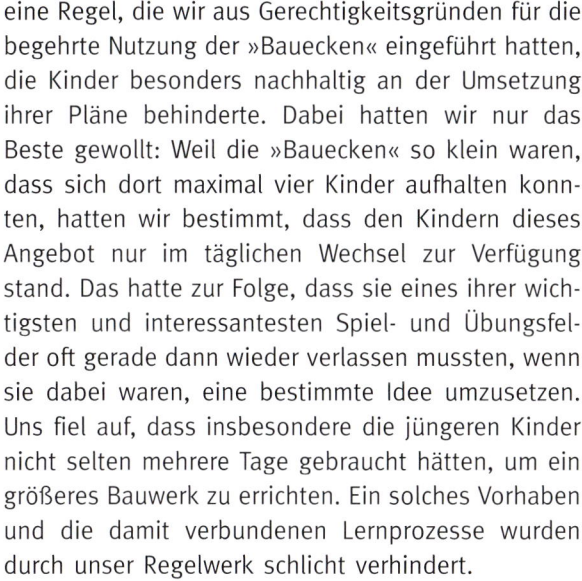

eine Regel, die wir aus Gerechtigkeitsgründen für die begehrte Nutzung der »Bauecken« eingeführt hatten, die Kinder besonders nachhaltig an der Umsetzung ihrer Pläne behinderte. Dabei hatten wir nur das Beste gewollt: Weil die »Bauecken« so klein waren, dass sich dort maximal vier Kinder aufhalten konnten, hatten wir bestimmt, dass den Kindern dieses Angebot nur im täglichen Wechsel zur Verfügung stand. Das hatte zur Folge, dass sie eines ihrer wichtigsten und interessantesten Spiel- und Übungsfelder oft gerade dann wieder verlassen mussten, wenn sie dabei waren, eine bestimmte Idee umzusetzen. Uns fiel auf, dass insbesondere die jüngeren Kinder nicht selten mehrere Tage gebraucht hätten, um ein größeres Bauwerk zu errichten. Ein solches Vorhaben und die damit verbundenen Lernprozesse wurden durch unser Regelwerk schlicht verhindert.

Um das zu ändern, war es zwingend erforderlich, unser Raumkonzept zu verändern: Gruppenräume sollten zu Funktions- oder Themenräumen werden, und die Kinder sollten alle Räume jederzeit aufsuchen und nutzen dürfen. Da wir das größte Hindernis einer solchen Veränderung in den Tischgruppen sahen, die jeden Gruppenraum dominierten und jede Neugestaltung erschwerten, entschieden wir uns, einen der größeren Räume als Speiseraum für alle Kinder einzurichten. Das hatte den Vorteil, dass alle anderen Räume weitgehend frei von Tischen und Stühlen wurden. Nun war es ein Leichtes, einen der beiden anderen Räume als Bauraum zu gestalten und den anderen als Musikraum, der wahlweise und bei geringem Umbauaufwand auch als Atelier fungieren konnte.

Die neu strukturierten Räume wurden von den Kindern rasch und gern akzeptiert. Anders war es im Team: Erst nach den grundsätzlichen Veränderungen in Aussehen und Funktion der Räume begannen die eigentlichen Diskussionen über Zuständigkeiten und Verantwortlichkeiten: Wer sollte wo welche Kindergruppe betreuen? Wie sollte all das über das ganze Jahr hin funktionieren? Ein nicht unerhebliches Konfliktpotenzial. Außerdem wurden wir in dieser Situation mit einer noch größeren Veränderung konfrontiert: dem Komplettumzug in ein neu gebautes Haus mit mehr Räumen, aber auch mit deutlich mehr Kindern...

Ein Haus als Lebens- und Lernort

Der Neubau, den wir im Jahr 2005 bezogen und in dem wir heute arbeiten, kam unserem Raumkonzept sehr entgegen. Dabei spielte eine wichtige Rolle, dass wir bereits in der Bauphase mehrmals Gelegenheit hatten, den Architekten unsere Ziele und Überlegungen mitzuteilen. Glücklicherweise konnte einiges berücksichtigt und realisiert werden, denn wir wollten unsere bisherigen Erfahrungen ins neue Haus einbringen.

Unser Konzept eines »offenen Hauses« ließ sich nun tatsächlich verwirklichen. Das neue Haus, ein freistehender Bau, hat drei Etagen – Keller, Erdgeschoss und Obergeschoss –, die durch breite Treppen miteinander verbunden sind. Auch die Flure sind breit, wecken Lust auf Bewegung und bieten genügend Raum für kleine Ausstellungen und anderes.

Von den Räumen im Erdgeschoss führen mehrere breite Glasschiebetüren auf eine große Terrasse und in den angrenzenden Garten. Auch innerhalb des Hauses verbinden Schiebetüren die Räume, was praktisch ist und unserer Arbeitsweise entgegenkommt.

Während wir im alten Haus trotz der Einführung von Funktionsräumen noch weitgehend an festen Raumzuständigkeiten der Erwachsenen und der Verantwortlichkeit für »Stammgruppen« festgehalten hatten, konnten wir nun die Betreuung flexibilisieren.

Offenkundig war es nicht sinnvoll, dass eine bestimmte Kollegin ausschließlich für das Atelier zuständig war, eine andere für den Speiseraum und eine weitere für den Musikraum. Viele Kinder hatten sich deshalb nach der Eingewöhnungsphase lange Zeit nur in jenem Raum aufgehalten, in dem sie ihre Bezugsperson fanden. Damit war der Erfahrungs- und Handlungsspielraum für sie ebenso eingeschränkt wie für die jeweiligen Bezugspersonen.

Um das zu vermeiden, entschieden wir uns, die »Stammgruppen« aufzulösen und ein System der rotierenden Raumverantwortlichkeit einzuführen, mit dem wir heute sehr erfolgreich arbeiten: Wöchentlich wechselt die Zuständigkeit für einen bestimmten Raum, so dass alle Teammitglieder regelmäßig in allen Räumen zu tun haben und in dieser Zeit Hauptansprechpartner für die Kinder sind, die die Räume gerade nutzen. Die Zuständigkeit einer pädagogischen Fachkraft für ein bestimmtes Bezugskind ist dabei nicht aufgehoben, sondern in ihrer Wirksamkeit sogar gestärkt: Während der Eingewöhnung »wandern« die Kinder mit ihrer Bezugsperson durch alle Räume des Hauses und werden dadurch rasch mit den jeweiligen Gegebenheiten vertraut, ohne sich unsicher fühlen zu müssen.

Exkurs: Der Übergang von der Familie ins Kinderhaus

Bei uns werden alle Kinder etwa sechs Wochen lang in unser »offenes Haus« eingewöhnt. Eine gelungene Übergangsphase ist das Fundament für Wohlbefinden, Sicherheit und Explorationsfreude der Kinder, so dass sie ihre Umwelt vertrauensvoll erforschen können. Ihr Bedürfnis nach emotionaler Sicherheit und Geborgenheit wird befriedigt, obwohl sie alle Teammitglieder sowie die Räume und unser Gartengelände schnell kennen lernen.

Selbstverständlich kann jedes Kind jederzeit seine Bezugsperson, also seine vertraute Erzieherin errei-

chen, um sich bei Bedarf zu sichern und seine Erkundungen oder andere Aktivitäten danach wieder aufzunehmen. Fällt die Bezugsperson eines Kindes durch Urlaub oder Krankheit aus, sind alle anderen Teammitglieder dafür verantwortlich, durch Beobachtung und Absprache für die Sicherheit und Geborgenheit des Kindes zu sorgen. Von allen wird allerdings akzeptiert, wenn sich ein Kind – aus welchen Gründen auch immer – für eine neue Bezugsperson entscheidet.

Die Realisierbarkeit und Akzeptanz unseres Systems der rotierenden Raumverantwortlichkeit im Team und bei den Eltern erfordern rücksichtsvolles und engagiertes Miteinander. Immerhin müssen wir uns stets ausreichend über wichtige Beobachtungen und Erfahrungen verständigen und informieren. Andererseits erhalten die Bezugspersonen einzelner Kinder durch die wechselnden Raumzuständigkeiten wertvolle zusätzliche Hinweise für ihre Beobachtungsdokumentationen oder Bildungs- und Lerngeschichten. Sie werden in den Teambesprechungen ausgetauscht und dienen uns als Reflexionsgrundlage.

Den wöchentlichen Raumwechsel erleben wir als bereichernd und interessant. Dass die Räume unseres Hauses mittlerweile intensiv von allen Kindern genutzt werden, führen wir auch auf dieses Betreuungskonzept zurück.

Die wichtigsten Funktionsräume im Überblick

Erdgeschoss

Im Speiseraum befinden sich zweckentsprechend fast nur Tische und Stühle, aber aufgrund seiner zentralen Lage ist er für alle Kinder, Fachkräfte und Eltern, die sich im Haus aufhalten, ein wichtiger Treffpunkt.

Der zweite große Raum ist unser Bauraum. Er ist großzügig mit verschiedenen Bauelementen ausgestattet. Die dort gebauten Konstruktionen bleiben manchmal viele Tage lang stehen, so dass sie immer wieder verändert und ergänzt werden können.

Das Atelier weckt mit seinen Staffeleien und der Vielfalt an Papieren, Farben und Malwerkzeugen Lust am Malen und Gestalten.

Direkt daneben befindet sich ein kleiner Materiallagerraum, dessen Ausstattung – Tücher, Decken, Kissen, Kleiderkiste und Kinderküche – die Kinder vor allem zu vielseitigen Rollenspielen animiert.

Ein Rückzugsraum enthält Matten und Kissen. Er dient den Kindern zum Höhlen-Bau, aber auch zum Ausruhen und Kuscheln. Zudem gibt es dort ein kleines Kletterpodest, das in Verbindung mit den Matten und Kissen vor allem von den jüngsten Kindern gern genutzt wird.

Der lange Flur ist weit mehr als eine Verbindung zwischen verschiedenen Räumen. Einerseits nutzen die Kinder ihn gern für Lauf- und andere Bewegungsspiele, andererseits betrachten sie ihn auch als interessanten Aufenthaltsraum, in dem immer etwas los ist: ständiges Kommen und Gehen, das zum Beobachten einlädt. Nicht zuletzt die Krabbelkinder lieben diesen Raum sehr und scheinen dort viele Anregungen zu finden – auch und gerade von anderen Kindern: »Durch gemeinsames Handeln lernen die Krabbelkinder voneinander, was ihnen miteinander wichtig ist.«[251] Außerdem bieten uns die Wände des Flurs die Möglichkeit, Informations- und Dokumentationsmaterialien auszuhängen.

251 Michélsen 2011

Der Vollständigkeit halber soll hier auch auf den Garten hingewiesen werden, der den Kindern täglich und bei jedem Wetter zugänglich ist und ihnen unersetzliche Naturerlebnisse ermöglicht.

Obergeschoss

Unser Werk- und Laborraum ist mit verschiedenen Hölzern, Töpferton, Steinen und anderen Materialien sowie einfachen Werkzeugen einschließlich verschiedener Waagen und anderer Messgeräte bis hin zur Stereolupe ausgestattet, so dass die Kinder hier viele Möglichkeiten zum Forschen, Konstruieren und Ausprobieren haben.

Den anschließenden großen Raum bezeichnen wir als Medienraum. Hier erhalten die Kinder vielfältige Impulse durch Lernmaterialien aller Art: Montessori-Materialien, audiovisuelle Medien, Materialien zum Malen, Drucken und grafischen Gestalten.

Ein kleiner, abtrennbarer Durchgangsraum enthält eine Sitzgruppe für Elterngespräche und ähnliches. Die Kinder nutzen ihn gern für Rollenspiele.

Ein großer Musik- und Tanzraum beherbergt verschiedene Musikinstrumente und macht Lust auf musikalische und rhythmische Spiele. Darüber hinaus nutzen wir diesen Raum wegen seines weichen Teppichbodens gern für Bewegungsspiele und meditative Angebote.

Auch im Obergeschoss gibt es einen langen, breiten Flur, der ähnlich wie der Flur im Erdgeschoss genutzt wird.

Kellergeschoss und Treppen

Neben einigen Lagerräumen und dem Heizungskeller, die den Kindern als einzige Räume des Hauses nicht zugänglich sind, gibt es im Keller einen Trockenraum für die Kleider und Schuhe der Kinder aus den beiden Freilandgruppen, wenn sie an regnerischen Tagen von ihren Ausflügen zurückkommen.

Im Kellerflur befindet sich unser Steinkeller. Wir haben begonnen, eine Gesteinssammlung anzulegen, so dass die Kinder mit verschiedenen Steinen spielen und bauen können. Zudem wollen wir sie mit besonders verbreiteten Gesteinen näher bekannt machen.

Zwei große Treppen verbinden die Geschosse des Hauses miteinander. Sie sind den Kindern ebenfalls zugänglich. Allerdings ist an den oberen Enden jeweils eine niedrige Tür als Kleinkindsicherung angebracht. Anfangs war es für uns nicht selbstverständlich, dass die Kinder die Treppen benutzten, aber mittlerweile gibt es darüber keine Diskussionen mehr. Offensichtlich lernen schon Kleinkinder rasch, Treppen auf eine für sie ungefährliche Art zu benutzen. Sie robben über den Flur – stets mit dem Ziel, den Treppenaufgang zu erreichen und die »tägliche Trainingseinheit« zu absolvieren.

Fazit

Die Raumverantwortlichkeiten, mit denen wir in unserem Haus seit einigen Jahren arbeiten, sind quasi ein Spiegelbild unseres pädagogischen Konzepts. Wir sichern damit, dass die Kinder Haus und Außengelände jederzeit nach ihren Bedürfnissen

und Interessen autonom nutzen können. Drei Aspekte sind dabei besonders hervorzuheben:

- Erstens: Wir verzichten weitestgehend darauf, die Nutzung der Räume und Angebote allzu differenziert nach Alter und Entwicklungsstand der Kinder zu regeln. Uns geht es vielmehr um Zugänglichkeit und Barrierefreiheit. Wie das Beispiel der Kleinkinder zeigt, die sich das Treppensteigen selbst erarbeiten wollen, suchen und finden Kinder die ihnen gemäßen Herausforderungen und Bewältigungsstrategien – wenn sie Gelegenheit dazu bekommen.
- Zweitens: die Veränderbarkeit von Räumen. Immer wieder erleben wir: Ein großzügiges und flexibles Materialangebot bewirkt, dass sich rasch neue Ideen entwickeln, die realisiert und erprobt werden wollen. Dabei beziehen die Kinder auch Kleinmöbel ein, und selten sieht ein Raum längere Zeit gleich aus. Das verändert gelegentlich den Charakter und die ursprüngliche Funktionszuschreibung des Raums, so dass wir heute nicht mehr von Funktionsräumen, sondern von Erfahrungsräumen sprechen.
- Drittens: die moderierende Funktion der Erwachsenen. Wir bemühen uns, in erster Linie verlässliche Begleiter der Kinder zu sein und sie im Sinne von Partizipation und Ko-Konstruktion in ihrer Entwicklung zu unterstützen. Das heißt auch, mit Überraschungen aller Art umgehen zu können und Kindern etwas zuzutrauen.

Nach langjährigem gruppen- und altersübergreifenden Arbeiten wissen wir heute, dass Kinder aller Altersstufen in einem »offenen Haus« deutlich selbstsicherer und selbstbewusster agieren. Sie bilden Interessengruppen, die gemeinsame Themen intensiv und nachhaltig verfolgen, sie durch Impulse der Erwachsenen weiterentwickeln und in Projekten zusammenarbeiten.

Fragen der Raumgestaltung spielen dabei sicherlich eine wichtige Rolle, aber damit ist es nicht getan. Mindestes ebenso wichtig ist es, Fragen der Raumnutzung und die Gestaltung von Räumen für Kinder stets im Kontext pädagogischer, entwicklungspsychologischer und sozialer Aspekte zu sehen.

Literatur

Michélsen, E.: Wir lernen uns kennen. In: Netzwerk KINDER in Europa (Hrsg.): Kinder in Europa. Ausgabe 20, Beilage zu »Betrifft KINDER«, Heft 5/2011, S. 11-12

Ein Kindergarten braucht eine Geschichte

Ilse Wehrmann im Gespräch mit Marc Eller

Der Düsseldorfer Architekt Marc Eller hat sich auf die Planung von Kindertagesstätten spezialisiert. Ginge es nach ihm, brauchte jeder Kindergarten seine Geschichte.

Ilse Wehrmann hat den Architekten in seinem Büro besucht und befragt.

Wie unterscheidet sich ein Kindergarten aus Ihrer Kindheit von einem Kindergarten heute?

In meiner Kindheit war ein Kindergarten ein unscheinbares Gebäude in einem Hinterhof. Jetzt, da unsere Kinder wieder mehr in die Mitte der Gesellschaft rücken, dürfen Kindergärten auch das neu gewonnene Selbstbewusstsein zum Ausdruck bringen. Unternehmen, Behörden und Kommunen entdecken die Chance, durch die Errichtung und den Betrieb von Kindertagesstätten nicht allein dazu beizutragen, dass die Mitarbeiterinnen und Mitarbeiter Beruf und Familie besser vereinbaren können, sondern durch das Engagement für Kinder und ihre Familien in der Öffentlichkeit positiv wahrgenommen zu werden. Das führt dazu, dass Kindergärten an exponierten Standorten errichtet werden, um ein Zeichen zu setzen. Die Lage an einer Kreuzung ist, sofern man die damit einhergehenden negativen Einflüsse mildert, ebenso denkbar, wie die Lage in einem mehrgeschossigen Bürogebäude.

Wie sieht Ihr idealer Kindergarten aus?

In meiner Kindheit haben wir in der Scheune der Großeltern gespielt. Wie Piraten konnten wir am Hauptmast hochklettern und uns aus dem Obergeschoss abseilen, um den Schatz hinter der Falltür zu verstecken... Wenn ich mir einen Kindergarten vorstelle, dann sieht er aus wie diese Scheune.

Kann ein moderner Kindergarten Teil einer solchen Geschichte werden?

Warum sollte ein moderner Kindergarten keine Geschichte erzählen können?

Natürlich können wir nur ein Angebot schaffen. Die Geschichte müssen die Kinder erfinden. Aber dabei sind der Fantasie keine Grenzen gesetzt.

Für eine Kindertagesstätte haben wir im zweigeschossigen Luftraum einen Drachenfelsen gebaut. Ein giftgrüner Drache schlängelt sich vom Erdgeschoss über die Treppe ins Obergeschoss und streckt seine rote Zunge heraus. Er kann von allen Seiten bespielt werden, und über ein Loch im Drachenbauch gelangt man zu einer Rutsche, die ins Erdgeschoss führt.

Sie haben auch einen Kindergarten entworfen, der Löcher wie ein Käse hat...

Mich hat schon immer irritiert, dass die meisten Kindergärten wie Häuser für Erwachsene aussehen. Die Türen sind 2 Meter hoch und die Fenster rechtwinklig. Dabei haben Kinder doch ganz andere Bedürfnisse! Ein Fenster kann für sie ein Ausguck, ein Schlüsselloch oder eben ein Käseloch sein. Damit die Kinder, die ja verschieden groß sind, alle rausschauen können, haben wir die Fenster auf unterschiedlichen Höhen angeordnet und so das ganze Haus wie einen Käse durchlöchert.

Sind solche Ideen nicht mit hohen Kosten verbunden?

Nicht unbedingt. Es liegt nämlich meist nicht an den finanziellen Mitteln, sondern daran, dass Ideen fehlen oder dass die Erwachsenen nicht den Mut haben, sich auf eine Idee einzulassen, die nicht in erster Linie rational begründbar ist.

Ich gebe Ihnen ein Beispiel: In einem Kindergarten haben wir das erforderliche Geländer wie ein Indianer-Tipi gebaut und im Bodenbelag eine runde Feuerstelle dargestellt. Das kostet wenig Geld und kann zum Ausgangspunkt für schöne Geschichten werden.

Welche Materialien eignen sich für einen Kindergarten?

Eine Kindertagesstätte wird von den Kindern stark beansprucht. Deshalb sollten nur robuste Baustoffe im direkten Zugriffsbereich der Kinder verwendet werden. Wände und Fußböden sollten leicht zu reinigen sein und in Würde altern können.

Auch die Ausstrahlung und Haptik der Baustoffe muss berücksichtigt werden. Gerade in Kindertagesstätten wird häufig Holz verwendet, denn von diesem Baustoff geht eine positive, warme Ausstrahlung aus. Und: Wer erinnert sich nicht gern an den Geruch von Holz?

Doch Holz besitzt nicht nur solche positiven emotionalen Eigenschaften, sondern ist auch ein nachhaltiger Baustoff. Er entsteht in einem natürlichen Prozess unter Verwendung solarer Energie.

Sie haben Kinder im Alter von vier und sechs Jahren. Hilft Ihnen das bei der Arbeit?

Es kommt nicht selten vor, dass ich mit meinen Kindern am Wochenende etwas unternehme, das später Einfluss auf meine Arbeit nimmt. Ginge es allerdings nach meiner Tochter, müsste ein Kindergarten nur eines sein: ganz in Rosa.

Qualität in der Raumgestaltung von Kindertageseinrichtungen

Ilse Wehrmann und Ulrike Pohlmann

»Kinder gehen beim Erkunden der Welt wie Wissenschaftler vor, die eine Frage haben, die Hypothesen bilden und Wege suchen, sie zu überprüfen. Und sie gehen zugleich wie Handwerker und Techniker vor, die etwas konstruieren und nach der besten Lösung suchen. Sie sind Hand-Werker und Kopf-Arbeiter. Sie brauchen sich die Fragen nicht auszudenken, sondern die Fragen kommen mit der Welt, die sie kennen lernen, auf sie zu.«[252] Diese Beschreibung kindlichen Verhaltens, kindlicher Denk- und Lernwege stellt die tagtäglichen Prozesse, die Kinder durchleben und die ihre Entwicklung kennzeichnen, umfassend dar.

In Kindertageseinrichtungen stehen die pädagogischen Fachkräfte beständig vor der Herausforderung, die Kinder in ihrer Selbstbildung[253] zu unterstützen. Das bedeutet, dass »das Kind die Mittel, die ihm seine Umwelt vorgibt, wie ein Bastler die Materialien in seinem Sinn verwandelt, die ihm zur Hand sind. Selbstbildung erfolgt daher im Rahmen der Möglichkeiten, die dem Kind von außen zugetragen werden«[254].

Die verantwortungsvolle Aufgabe der pädagogischen Fachkräfte in Kindertagesstätten erschließt sich bei genauerer Betrachtung der Prozesse. Ihre Haltung entscheidet darüber, ob die Kinder die Möglichkeit haben, eigenständig Wege zu suchen, zu finden und zu überprüfen. Erwachsene sind die Begleiter ihrer Entwicklung. Durch genaue und individuelle Beobachtung erkennen sie, wann ein Kind zum Beispiel einen Impuls für den nächsten Entwicklungsschritt benötigt. Gleichzeitig ist »… die Gestaltung der Räume…« in einer Kita »… eine zentrale Aufgabe von Erziehung als Antwort der Erwachsenen auf die Bildungsbewegung der Kinder«[255].

Kinder müssen in Kitas die Möglichkeit erhalten, Räume im Tagesverlauf immer wieder anders zu erleben – je nach Interesse, Stimmung und körperlichem Befinden. Für sie ist wichtig, was ein Raum ihnen bietet, was darin zugelassen wird, welche Herausforderungen sich ihnen dort eröffnen und ob neue Erfahrungen zugelassen werden. All diese Möglichkeiten sind entscheidend für die Entwicklung und Förderung der Kreativität der Kinder im Sinne der Problemlösungskompetenz. »Im Zusammenhang mit den Bildungsprozessen von Kindern spielt die subjektive Kreativität im Alltag eine wichtige Rolle, weil sie Kinder befähigt, selbstständig Lösungen für Herausforderungen zu entwickeln.«[256] In allen Bildungsbereichen, seien es Musik, Naturwissenschaften oder Bewegung, stehen sie immer wieder vor neuen Herausforderungen, die es zu meistern und für deren Fragen es Lösungen zu suchen, zu finden und zu erproben gilt.

Gestalter der Räume sind zunächst die Erwachsenen: Architekten, Planer, Träger und die Kita-Leitung. Sie bestimmen den äußeren Rahmen einer Einrichtung durch das Raumprogramm und entwickeln die materielle Ausgestaltung – natürlich gebunden an die Vorgaben des jeweiligen Bundeslandes, der Kommune oder des Kreises. Der Charakter einer Kita entsteht bereits in dieser Phase. Allerdings verwirklicht er sich erst durch die Menschen, die dort jeden Tag gemeinsam erleben und gestalten. »Räume werden von Kindern ebenso wenig wie von Erwachsenen als leer erfahren, sondern immer schon als vorbedeutet, das Verhalten derer, die zu ihnen in Beziehung stehen, formend und prägend…«[257]

252 Schneider 2010, S. 171
253 Vgl. Schäfer
254 Schäfer 2007, S. 31
255 Laewen 2010, S. 14
256 Braun 2009, S. 19
257 Mahlke 1997, S. 24

Die Erfahrung zeigt, dass sowohl die Rahmenbedingungen als auch die Haltung der Fachkräfte und deren Kompetenzen den Bildungsweg der Kinder in den Einrichtungen beeinflussen. Hierfür muss die Qualität definiert werden, um die frühkindliche Erziehung, Bildung und Betreuung positiv zu beeinflussen.

Was unter Qualität zu verstehen ist

Qualität ist im Bereich der frühkindlichen Erziehung, Bildung und Betreuung kein Fremdwort mehr. Soziale Institutionen erkennen zunehmend Nutzen darin, ihre Arbeit an Qualitätsstandards zu messen oder messen zu lassen, denn dadurch können sie die Bedeutung und den Wert ihrer Arbeit für sich selbst und für die Öffentlichkeit definieren und darstellen. Allerdings sind die Standards individuell und noch nicht bundesweit verbindlich eingeführt. 16 Bundesländer haben 16 Bildungspläne oder -empfehlungen, deren Umsetzung und Ausgestaltung von den Trägern und ihren pädagogischen Fachkräften abhängt. Umso wichtiger erscheint es, sich mit der Bedeutung der Qualität in Kindertageseinrichtungen, speziell mit der Qualität der Raumgestaltung, auseinanderzusetzen.

Für den Begriff »Qualität« gibt es viele Definitionen, abhängig vom jeweiligen Zusammenhang. So kann sich eine Definition auf die Beschaffenheit eines Produktes beziehen, das einer bestimmten Normierung unterliegt, oder auf die Kundenzufriedenheit, die durch Befragungen ermittelt wird.

Nach Kamiske und Umbreit[258] entsteht Qualität aus der Summe von Technik und Geisteshaltung. Dies wirkt, wenn man es auf die Arbeit im frühkindlichen Erziehungs-, Bildungs- und Betreuungsbereich bezieht, zunächst befremdlich und abstrakt. Bei genauerer Betrachtung zeigt sich jedoch, dass beide »Pole« sich auch in diesen Arbeitsbereichen wiederfinden:

Technik meint
• ausgereifte Produkte,
• qualitätsfähige Prozesse,
• Anwendung von Qualitätstechniken.

Geisteshaltung bedeutet
• qualitätsorientiertes Management,
• lebenslanges Lernen,

• Motivation zur Qualitätsarbeit auf allen Ebenen,
• Ehrlichkeit beim Umgang mit Fehlern.

Beziehen wir diese beiden Bereiche auf die Raumgestaltung in Kindertageseinrichtungen, zeigt sich schnell, dass die äußeren Rahmenbedingungen – Raumvorgaben eines Landes, finanzielle Möglichkeiten einer Kommune oder eines Trägers und der Standort – Einfluss haben. Das Zusammenspiel von Technik und Geisteshaltung kennzeichnet auch die Arbeit in einer Kindertageseinrichtung, denn die vielfältigen Prozesse und die Haltung der pädagogischen Fachkräfte sorgen im Umfeld für einen bestimmten Grad der Qualität in der Arbeit mit den Kindern.

Im Vordergrund stehen Struktur-, Prozess- und Ergebnisqualität – neben weiteren Dimensionen wie Kontextqualität, Orientierungsqualität sowie Management- und Organisationsqualität für die Arbeitsbereiche einer Kindertageeinrichtung.

Unter Strukturqualität sind die räumlich-materiellen und sozialen Rahmenbedingungen zu verstehen, unter denen das pädagogische Handeln (Prozessqualität) erfolgt. Die Vielfalt in den Raumvorgaben der einzelnen Bundesländer wurde bereits angesprochen.[259] Zudem gehen die einzelnen Träger unterschiedlich mit den Mitteln zur Ausstattung einer Kindertagesstätte um. Wichtig ist an dieser Stelle, dass sich die Pädagogen, die Leitung und die Trägervertreter miteinander über Materialien, Mobiliar und die Einrichtung der Kindertagesstätte austauschen. Ihre Vorstellungen müssen sie vor dem Hintergrund aktueller wissenschaftlicher Erkenntnisse der Frühpädagogik reflektieren.

Die Orientierungsqualität beinhaltet Leitvorstellungen, Werte, normative Orientierungen und Überzeugungen, die sich in pädagogischen Handlungen (Prozessqualität) zeigen. Setzen wir uns im Team bewusst mit unseren Werten und Leitideen auseinander, wird die Vielfalt der Einstellungen und Vorstellungen offensichtlich. Nur die Auseinandersetzung und Diskussion vor dem Hintergrund fachwissenschaftlicher Erkenntnisse kann zum Konsens darüber führen, ob zum Beispiel jeder Gruppenraum die gleichen Funktionsbereiche enthalten soll oder ob verschiedene Schwerpunkte gesetzt werden, die den Austausch anregen können. Die intensive Aus-

---

258 Kamiske/Umbreit 2001
259 Siehe: Joachim Bensel und Gabriele Haug-Schnabel: 16 Länder – 16 Raumvorgaben: Föderalismus als Chance oder Risiko? S. 31

einandersetzung ist unabdingbar, da die Raumgestaltung und die sich darin spiegelnde Qualität vom gesamten Team getragen werden muss. Dieser gemeinsam vollzogene Prozess ist eine entscheidende Grundlage für die Haltung und Orientierungsqualität in der Kita.

Die Prozessqualität umfasst in ihren Merkmalen die realisierte Pädagogik – wie Kinder und Erwachsene sie gestalten und erfahren. Die Räume – innen und außen –, in denen Erziehung, Bildung und Betreuung stattfindet und in denen ein Großteil des Tages verbracht wird, beeinflussen die Prozessqualität. Sind die Flure eng, kommt es häufig zu Konflikten. Wurden in den Gruppenräumen Schwerpunkte gesetzt, finden die Kinder interessantes Material, dessen Anordnung sie zum Untersuchen und Erforschen herausfordert. Dies sind nur zwei Beispiele, die zeigen, dass die einzelnen Qualitätsdimensionen einander beeinflussen und voneinander abhängen.

Aufgabe der pädagogischen Fachkräfte, der Träger und der Fachberatungen muss der bewusste Umgang mit diesen Aspekten sein: Mit wachen Augen gehen sie durch die Kindertageseinrichtung, beobachten sich selbst, reflektieren das gemeinsame Handeln und kommen zu Ergebnissen, die die Qualität der Arbeit sichern oder erhöhen. Nicht zuletzt dies schafft Arbeitszufriedenheit.

Qualität – aus Sicht der Kinder: Die Perspektive der Kinder wurden bislang nur in geringem Maße erfasst. Wie sehen Kinder ihre Tagesstätte? Welche Sichtweise haben sie?

Die Beteiligung von Kindern an Gestaltungs- und Entscheidungsprozessen in ihrer Umgebung ist maßgeblich für die Qualität der pädagogischen Arbeit. Partizipation muss möglich sein, Kinder müssen für sich selbst entscheiden können.

Die Raumgestaltung kann den Aspekt der Partizipation behindern oder unterstützen, indem sie Veränderungen ermöglicht, so dass Kinder ihren Bedürfnissen nach Bewegung oder Ruhe nachgehen können und sich mit ihren Themen in den Räumen wie auf dem Außengelände wiederfinden. Wer Kinder beobachtet und ein Gespür für ihr Wohlbefinden entwickelt, erkennt, was sie brauchen, kann ihre Erwartungen und Bedürfnisse durch eigenes Handeln beantworten und zufriedenstellen.

Qualität in der Raumgestaltung

Kindliche Bedürfnisse stehen im Vordergrund der pädagogischen Arbeit. Aus diesem Grund ist es notwendig, dass sich die Räume den Bedürfnissen der Kinder variabel anpassen – und nicht umgekehrt.

Kinder brauchen Bewegungsfreiheit und die Option, einen Raum selbstständig zu verändern. Wenn die Jüngsten laufen lernen, schieben sie gern Hocker, kleine Schränke oder Fahrzeuge durch den Raum und erfahren seine Dimensionen dabei ganz direkt. Flure werden gern zum Spielen genutzt: Die Kinder rennen, laufen, fahren mit dem Roller, verstecken sich in Nischen oder vertiefen sich in Rollenspiele.

Qualität in der Raumgestaltung heißt: Räume müssen veränderbar, vielseitig nutzbar und den aktuellen Bedürfnissen der Kinder angepasst sein. Die körperliche und gedankliche Bewegungsfreiheit der Kinder wird durch die Raumgestaltung der Kita bestimmt, denn Räume »... sind der Ausgangspunkt vielen kindlichen Wahrnehmens, Fragens und Forschens«[260]. Können Kinder zwischen verschiedenen Räumen wählen, können sie aktiv sein oder sich zurückziehen, dann regulieren sie ihre Bedürfnisse nach Bewegung und Entspannung ganz selbstverständlich und eigenständig.

Die Qualität von Räumen zeigt sich somit darin, inwieweit sich die Themen der Kinder dort widerspiegeln, ob Partizipation möglich ist, ob die Räume Lebens-Räume der Kinder sind. Zu wissen, wo etwas zu finden ist, um bei Bedarf zugreifen zu können, das stärkt die Selbstwirksamkeitserfahrung von Kindern, denn: »Durch das Gefühl, es eigenständig geschafft zu haben, stellt sich die Selbstsicherheit ein.«[261]

Kinder wollen ihre eigenen Ideen erproben und verwirklichen. Also müssen sie Gelegenheit haben, sich in der Kita eigenständig oder – wenn nötig – mit geringer Unterstützung der Erwachsenen zu bewegen. Dies sollten Architekten bereits bei der Planung von Um- oder Neubauten bedenken.

Kinder haben eine andere Perspektive als Erwachsene. Sie erleben Räume anders und mit jedem Entwicklungsschritt, den sie machen, immer wieder neu. »Der Wunsch nach Beständigkeit und die Lust, Neues zu entdecken, sich mit Ungewohntem, Andersartigem explorativ auseinanderzusetzen, kennzeichnet die grundlegende Paradoxie räumlicher Erfahrungen.«[262] Es ist eine Herausforderung für die pädagogischen Fachkräfte in Kindertageseinrichtungen, diesen Ansprüchen in der Raumgestaltung gerecht zu werden.

Gerade im Bereich der Kinder unter drei Jahren bildet die gewohnte Umgebung in der Kita – neben der Bindung an eine Bezugsperson – die notwendige Konstante für das Wohlbefinden. Gleichzeitig ist diese »sichere Insel« die Basis, von der aus schon die Jüngsten neue Räume erkunden – vorausgesetzt, sie sind herausfordernd und entwicklungsgerecht gestaltet.

Überfüllte Räume, die monofunktional ausgerichtet sind und Spielzeug enthalten, das nur auf eine Funktion festgelegt ist, schränken die Kinder ein, fördern ihre Selbstständigkeit und Kreativität nicht. Kinder brauchen eine Umgebung, in der »Neues entdeckt, entwickelt, erschaffen und produziert ... oder Altes verändert, weiterentwickelt und modifiziert«[263] werden kann. Beispiele für eine variable Raumgestaltung, die immer wieder Raum für Neues lässt, sind Podeste und bewegliche Regalmodule, die die Kinder eigenständig nutzen können.

Entscheidend ist aber die Haltung der Pädagogen. Lassen sie die Entfremdung von Gegenständen zu, so dass Kinder zum Beispiel Tische und Hocker nicht als Fixum erleben? Wissen sie, dass die Erfahrung der Multifunktionalität das kreative Denken der Kinder fördert?

Gerd E. Schäfer sieht in der Stimulierung und Entwicklung der kindlichen Sinne eine Hauptaufgabe der frühkindlichen Bildung: »Weil die Sinne der

---

260 Schäfer 2007, S. 189
261 Braun 2009, S, 21
262 Maurer. In: Mahlke 1983, S. 24
263 Braun 2007, S. 27

Kinder nicht getrennt wirken, müssen Räume viel-sinnliche Anregungen enthalten.«[264]

Sinnliche Wahrnehmung erfolgt über die Fernsinne wie Augen, Ohren und Nase, über die Körperwahr-nehmung wie das Empfinden für Temperatur und Feuchtigkeit sowie über die emotionale Wahrneh-mung, zum Beispiel der Beziehungen zu anderen Menschen. Die Raumgestaltung in der Kita muss all diesen Sinnen und Wahrnehmungsarten genügend »Futter« bieten, am besten in allen Räumen, damit die Kinder überall ihren Interessen folgen und Spu-ren hinterlassen können.

Fazit

Politisch ist der Stellenwert der institutionellen Erzie-hung, Bildung und Betreuung durch den Krippenaus-bau und den Rechtsanspruch ab 01.08.2013 gewach-sen. Doch hinter der Quantität darf die Qualität nicht zurückbleiben, denn die ersten Lebensjahre sind die wichtigsten im Leben eines Menschen.

»Räume so zu gestalten, dass sie die Neugierde und den Forscherdrang der Kinder befriedigen, stellt hohe Anforderungen an das professionelle pädagogi-sche Handeln der Erzieherinnen«[265], da Kinder nicht selten bereits im Krippenalter in die Kita kommen und bis zum Schuleintritt dort viel Zeit verbringen.

In diesem Zusammenhang sei noch einmal auf die Definition der Qualität als Summe aus Technik und Geisteshaltung verwiesen: Großzügige Räume und qualitätsvolle Materialien sind im Interesse der Kin-der so wünschenswert wie notwendig. Entscheidend sind aber die menschlichen Qualitäten, ist die Hal-tung, die die pädagogischen Fachkräfte den Kindern, Eltern und ihrer eigenen Arbeit entgegenbringen.

Literatur

Braun, D.: Kreativität als Bildungsansatz. In: Braun, D./Wardelmann, B. (Hrsg.): Von Piccolo bis Picas-so – Offensive Bildung. Cornelsen, Berlin 2009, S. 16-36

Braun, D./Wardelmann, B.: Bildung und Kreativität. In: Braun, D./Wardelmann, B. (Hrsg.): Von Piccolo bis Picasso – Offensive Bildung. Cornelsen, Berlin 2009, S. 24-34

Braun, D.: Handbuch Kreativitätsförderung. Kunst und Gestalten in der Arbeit mit Kindern. Herder, Freiburg i. Brsg. 2007

Höhn, K.: Gemeinsam Räume bilden – für die Jüngs-ten planen. Eine Planungshilfe zur Raumgestal-tung und -ausstattung für Tageseinrichtungen mit Kindern unter drei Jahren. Carl Link, Kronach 2010

Laewen, H.-J. In: Höhn, K.: Gemeinsam Räume bil-den – für die Jüngsten planen. Eine Planungshilfe zur Raumgestaltung und -ausstattung für Tages-einrichtungen mit Kindern unter drei Jahren. Carl Link, Kronach 2010

Mahlke, W./Schwarte, N.: Raum für Kinder. Ein Arbeitsbuch zur Raumgestaltung in Kindergärten. Beltz, Weinheim/Basel 1997

Schäfer, G. E.: Bildung beginnt mit der Geburt. Ein offener Bildungsplan für Kindertageseinrichtungen in Nordrhein-Westfalen. Cornelsen Scriptor, Berlin 2007

Schneider, K. In: Gemeinsam Räume bilden – für die Jüngsten planen. Eine Planungshilfe zur Raumge-staltung und -ausstattung für Tageseinrichtungen mit Kindern unter drei Jahren. Carl Link, Kronach 2010

264 Schäfer 2007, S. 194
265 Schäfer 2007, S. 194

Bewegungsräume – Erobern und Entdecken

Renate Zimmer

Sophia hüpft. Jeden Morgen, wenn sie durch die Eingangstür des Kindergartens tritt, entdeckt sie den Boden aufs Neue: Fliesen, Quadrate, Balken, eine Fußmatte. Sophia hat sie alle im Blick, denn sie wollen übersprungen und begangen werden.

»Du auch hüpfen«, befiehlt sie dem Vater, der sie in den Kindergarten begleitet. »Und jetzt!« tönt es, denn zwischen zwei Bodenmarkierungen ist ein großer Abstand. Ob sie den wohl schafft? Sophia verweilt, geht in die Hocke, nimmt die Arme nach hinten, als ob sie einen Startsprung vom Schwimmbeckenrand wagen wollte. Ein Moment der Konzentration, bevor sie zum Sprung ansetzt – dann landet sie sicher auf dem farblich abgesetzten Quadrat.

Sie schaut nach hinten und kontrolliert: »Da ist weit!« Wahrscheinlich will sie den Vater warnen, aber der ist inzwischen in ein Gespräch mit der Erzieherin vertieft.

Sophia lässt sich nicht beirren. Auch nicht von den Treppenstufen, die zum höher gelegenen Gruppenraum führen. Wieder ein kurzer Moment der Überlegung: Ist das wohl mit Hüpfen zu schaffen? Sie macht einen großen Schritt bergauf, noch einen Schritt mitten auf der Treppe, das Geländer offensichtlich missachtend.

»Sophia, halt dich fest!« hört sie den Vater von unten rufen. Aber da ist Sophia schon oben. »Alleine – hopp, hopp, hopp!« trällert sie und hüpft über imaginäre Steine in den Gruppenraum.

Für Sophia, drei Jahre alt, ist der Raum zunächst Bewegungsraum, der sie zum Erproben ihres Körperrepertoires herausfordert: balancieren, springen, hüpfen, stehen, hocken. Der Boden steckt voller Sinn. Jede Linie, jeder Farbstreifen, jede Fliese und jede Matte – alle haben ihre Bedeutung.

Den Raum deuten

Kinder nehmen den Raum zunächst körperlich wahr. Bodenstrukturen, Bodenbeläge, Stufen und Treppen – das ist die erste Dimension, die Beachtung findet. Dann kommt der Raum im Raum: der Tisch zum Drunter-durch-Kriechen, die Treppe zum Steigen und Springen, die Stühle zum Balancieren von Sitz zu Sitz, natürlich ohne Geländer – das ist nur im Notfall ganz praktisch. Und schließlich die dritte Dimension: die Empore, von der man auf alles hinabschauen kann, aber auch die Leiter, die das Rauf und Runter zum Thema macht. Unten sein heißt, nach oben zu wollen. Endlich oben angekommen sein bedeutet, den »gefährlichen« Gipfel der Leiter überwunden zu haben und auf der anderen Seite den Rückweg anzutreten.

So hat jeder Raum seine Bedeutung, die je nach Situation wechseln kann: symbolisch in Form von Höhle, Berg, Turm, Brücke oder Käfig.

Die Körper-, Bewegungs- und Spielbedürfnisse der Kinder sind gerade im Hinblick auf deren Raumwahrnehmung sehr unterschiedlich: Für das Krabbelkind ist der Boden der wichtigste Spiel- und Entdeckungsraum. Schache[266] unterscheidet zwischen Raumsituationen des »Erd-kundens« und des »Aufrichtig in die Welt«.

Hat das Kind dann Gehen und Laufen gelernt, gewinnen weitere Dimensionen des Raums an Bedeutung. Das Kind beginnt zu klettern, zu springen, zu balancieren. Die körperliche Aneignung des Raumes schreitet mit dem Alter voran – und immer ist es die sinnliche Wahrnehmung, die zur Deutung, Gestaltung, Veränderung einlädt.

---

266 Schache 2011, S. 42 ff.

Kleine Kinder – große Raumbedürfnisse

Unter dem Aspekt der Bewegungsentwicklung müssen Räume ganz besondere Anforderungen erfüllen. Alle Sinne bei der Raumerfahrung einzusetzen, sich auf neue Situationen einzustellen, die Bewegungskoordination beim Rollen und Rutschen, Klettern und Kriechen zu erproben und zu üben, das bedarf eines gut durchdachten Raumkonzepts. Schiefe Ebenen, harte und weiche Unterlagen, variable Bodengestaltungen, Klettergelegenheiten und Rückzugsräume können dazu beitragen, dass alle Sinne trainiert, die kinästhetische, taktile und vestibuläre Wahrnehmung gefördert, die Grob- und Feinmotorik unterstützt werden.[267]

Kinder haben eine andere Wahrnehmung als Erwachsene – das macht Sophias Beispiel deutlich. Sie erobern sich Räume durch körperliche Aktivitäten: Eine Treppe verbindet nicht nur zwei verschieden hohe Ebenen, sie lädt auch zum Springen, Klettern und Steigen ein.

Kinder brauchen Räume,
- in denen sie sich geborgen fühlen;
- die ihren Bedürfnissen nach körperlicher Aneignung entgegenkommen;
- in denen sie ihrem Spiel eine eigene Bedeutung geben können;
- die sie mitgestalten, in denen sie eigene Spuren hinterlassen können;
- in denen sie anderen Menschen begegnen;
- in denen es etwas zu entdecken gibt;
- in denen sie sich bewegen können;
- in denen sie Ruhe finden und in die sie sich zurückziehen können;
- in denen sie ihre Sinne entfalten können.

Räume wirken sich somit auf das Verhalten der Kinder, auf ihr Empfinden, ihr soziales Miteinander, ihr Bewegungsverhalten, ihre Fantasie und ihre allgemeinen Handlungsmöglichkeiten aus. Sie sind nicht einfach austauschbare, nach Quadratmetern berechenbare Flächen, sondern Orte, die einerseits Schutz und Geborgenheit bieten, andererseits aber auch Herausforderungen und Erlebnisorte sind. Insbesondere bei Kleinkindern können Räume die Entwicklung sowohl fördern als auch hemmen, sie können pädagogische Konzepte ermöglichen oder verhindern.

Kinder brauchen Räume, die ihnen Chancen für die Entwicklung ihrer eigenen Individualität, für Neugierde und Entdeckungen, für motorische und sensorische Herausforderungen geben.

Kinder nehmen den Raum mit allen Sinnen auf, erleben über den Körper Weite und Enge, Höhe und Tiefe, Dimensionen und Richtungen. Diese Erlebnisse sind wichtige Voraussetzungen für die motorische, aber auch für die kognitive und soziale Entwicklung.

Erfahrungsräume

Räume vermitteln vielfältige Erfahrungen: Jeder Raum ist ein
- Wahrnehmungsraum,
- Körper- und Bewegungsraum,
- Explorationsraum,
- Gestaltungsraum,
- Orientierungsraum,
- Rückzugs- und Ruheraum.

Kinder brauchen Raumerfahrungen, damit sich ihre Sinne bilden und ausdifferenzieren, damit sie eine Vorstellung vom Raum entwickeln, damit sie sich selbst im Raum einordnen und sich orientieren können.

Räume im Kindergarten bieten ein breites Erfahrungsspektrum, das weit über die Raumerfahrungen hinausgeht, die Kinder in ihrem häuslichen, familiären – und meist eingeengten – Umfeld machen können.

Kleinkinder, die sich noch viel auf dem Boden bewegen, die krabbeln und kriechen, die gerade lernen, sich selbstständig zum Stehen aufzurichten, benötigen keine Tische, Stühle und Hocker, sondern vielmehr Podeste, Polster und stabile Treppenelemente, die vielseitig gedeutet werden können und sowohl Spielelemente als auch nützliche Stützen beim Erwerb des aufrechten Stehens und des freien Gehens sind.

Die Bedeutung von Raumerfahrungen

Eine Vorstellung vom Raum entwickeln Kinder zunächst durch die eigene Bewegung im Raum, über die Wahrnehmung von Gegenständen oder Personen

---

267 Zimmer 2011, S. 203 ff.

im Raum, durch Einordnung der eigenen Position im Verhältnis zu Gegenständen und Raumbegrenzungen. So wird es möglich, ein Konzept der räumlichen Beziehungen zu entwickeln: Was ist vor mir, hinter mir, über mir, unter mir? Objekte im Raum werden lokalisiert und zueinander in Beziehung gesetzt.

Ausgangspunkt ist dabei der eigene Körper. Gegenstände lokalisiert das Kind zunächst in Bezug zu sich selbst; durch die Einordnung ihrer Lage im Raum entstehen Raumbegriffe wie vor-hinter, oben-unten, auf, über oder neben. So können Bewegungshandlungen auch zu Sprachhandlungen werden: Zeitliche Begriffe wie schnell und langsam, räumliche Begriffe wie hoch und tief erfährt das Kind zunächst in Bewegungshandlungen, die es in Raum und Zeit variiert. Dabei erweitert es seinen Wortschatz und erwirbt die Voraussetzungen für das Verständnis sprachlicher Klassifizierungen.[268]

Informationen über den Raum werden mit allen Sinnen gewonnen: über das Sehen, das Hören, insbesondere aber über die Bewegung – wenn das Kind sich in den Raum hineinbegibt, also nach vorn läuft, sich nach hinten umdreht, nach oben klettert, unter

einem Hindernis hindurchrutscht. So werden Raumrichtungen erfahren, Begrenzungen werden wahrgenommen, und der Raum wird in allen drei Dimensionen erfasst.

Bewegungs- und Spielaufgaben geben dem Kind Gelegenheit, sich im Raum zu orientieren, den Raum in seinen Richtungen und Dimensionen zu erfassen, die eigene Lage und Position im Raum zu erleben und damit über die Bewegung grundlegende Raumerfahrungen zu gewinnen.

Wahrnehmungsräume

Kinder erkunden den Raum über ihre Sinne. Über Bewegung und über die Sinne nehmen sie seine Dimensionen, seine Ausmaße, aber auch seine Beschaffenheit wahr.

Der Raum vermittelt visuelle Informationen: Seine Farben, Dimensionen, die Helligkeit, die Einrichtung halten das Auge wach. Die auditive Wahrnehmung wird durch laute und leise, ferne und nahe, grelle und dumpfe Geräusche, Laute und Töne angesprochen. Aber auch über die taktile Wahrnehmung wird der Raum erfasst: tasten und ergreifen, anfassen

---

268 Zimmer 2010b, S. 14

und hantieren mit hartem und weichem Material, der warme oder kalte Fußboden, raue oder glatte Wände, spitze oder runde Spielgeräte.

Im Krabbelalter finden Kinder unterschiedliche Bodenbeläge interessant: Weicher Teppichboden, kühle Fliesen, raue Fußmatten, ein flauschiger Teppich – dem Erwachsenen fällt die unterschiedliche Bodenbeschaffenheit kaum mehr auf, aber für Kinder, die sich viel auf dem Boden bewegen und die ganze Kita kriechend und krabbelnd durchstreifen, bietet sie eine Fülle von Tasterlebnissen.

Der Gleichgewichtssinn wird herausgefordert: auf Linien balancieren, auf das Podest klettern, über das Geländer rutschen.

Jeder Raum hat seinen eigenen Geruch: Selbst wenn man mit geschlossenen Augen durch einzelne Räume geführt wird, verrät der Geruchssinn, wo man sich befindet: in der Küche, im Waschraum oder in der Eingangshalle.

Mit allen Sinnen erfahren Kinder den Raum, nehmen ihn in sich auf, eignen ihn sich an. Gleichzeitig werden die Sinne differenziert, sie werden »geschärft«,

wenn es Vielgestaltiges zu sehen, zu hören, zu begreifen, zu spüren, zu riechen und zu erkunden gibt.[269]

Körperräume – Bewegungsräume

Über den Körper, über die Bewegung wird Raum erschlossen, werden Räume erkundet und gestaltet. Körperlich – also am eigenen Leibe – erfährt das Kind, wie eng und weit, wie hoch und tief, wie lang und breit ein Raum ist.

Bewegung nimmt Raum in Anspruch – aber sie wird auch vom Raum beeinflusst: Ein Raum kann zur Bewegung einladen, sie herausfordern, er kann Bewegung aber auch behindern, erschweren, verhindern.

Der Raum wird vom Kind auch als »Körperraum« empfunden; die Körperwahrnehmung wird durch die Dichte der Belegung von Räumen beeinflusst. Überfüllte Räume, zu viele Kinder in einem Raum, wenig Ausweichmöglichkeiten engen den Körperraum des Kindes ein und können zu Aggressivität und Unruhe führen.

269 Vgl. Zimmer 2010a

Gerade jüngere Kinder haben einen hohen Raumbe-
darf und das Bedürfnis, ihren Raum körperlich zu
erkunden. Körpererfahrungen sind immer mit Raumerfahrungen verbunden.[270]

Explorationsräume

Räume werden erobert und entdeckt – wenn es sich
lohnt, auf Entdeckungsreise zu gehen. Kinder
erobern sich Räume durch körperliche Aktivitäten:
Eine Treppe verbindet nicht nur zwei verschieden
hohe Ebenen, sie lädt auch zum Springen, Klettern
und Steigen ein. Das Geländer fordert zum Rutschen auf, Stellwände und Raumteiler werden für
Versteckspiele genutzt.

Vom ersten Lebenstag an beginnt das Kind, seinen
Raum zu »begreifen«. Zunächst sind es die Interaktionen, die persönlichen Beziehungen, die die Wahrnehmung des Raums bestimmen. Mit zunehmendem
Alter spielen die vom Raum ausgehenden Erfahrungen, die Möglichkeiten zur Exploration und Erkundung eine wichtigere Rolle. Sie beeinflussen die Entwicklung des Kindes und sein Verhalten.

Nun erweitert das Kind seinen Erfahrungsraum. Je
sicherer es sich in motorischer, emotionaler und
sozialer Hinsicht fühlt, desto mehr traut es sich zu,
sich auf neue, unbekannte Räume einzulassen.

Das Explorationsverhalten des Kindes wird beeinflusst durch die Verfügbarkeit veränderbaren Materials (auch auf dem Außengelände) und mobiler Spielgeräte, die eigene Deutungen und situationsoffene
Nutzungen zulassen, zu Aktivität anregen und variable Verwendungsmöglichkeiten eröffnen. Lust auf
Neues, Neugierde ist eines der Wesensmerkmale
von Kindheit.

Ist das Informationsangebot allerdings zu groß,
strömen zu viele Reize auf das Kind ein, reagiert es
häufig mit Rückzug – zum Beispiel bei zu hohem
Geräuschpegel oder bei Gruppenräumen mit einem
Überangebot an visuellen Informationen. Wichtig ist
das richtige Verhältnis zwischen reizvoller und ruhi-
ger Umgebung, zwischen Unbekanntem und Ver-
trautem, zwischen Neuem und Wiedererkennbarem.

---

270 Vgl. auch Hildebrandt-Stramann 2011, S. 164

Gestaltungsräume

Kinder brauchen Räume, die sie verändern und gestalten, die sie als »ihre Räume« identifizieren, in denen sie Spuren hinterlassen können. Daher sollten sie die Räume im Kindergarten nicht als fertig und unveränderbar erleben, von Erwachsenen perfektioniert und vorbestimmt. Vielmehr sollte die Gestaltung der Flächen so flexibel sein, dass die Kinder Möglichkeiten zur eigenen Gestaltung vorfinden. So lernen Kinder, dass ihre Umwelt veränderbar ist, dass sie selbst darauf einwirken können, dass sie die Welt durch die eigenen Spuren prägen können.

Kinder brauchen Räume, die Platz für die eigene Individualität, für Neugierde und Entdeckungen lassen, also nicht-konfektionierte Räume, die neben ihrer ursprünglichen Bedeutung als Gruppenraum, Eingangshalle, Bewegungsraum oder Treppenhaus andere Bedeutungen zulassen. So wird der Flur zur Trainingsbahn für Laufradfahrer und die Eingangshalle zu einer Bewegungslandschaft, die jeden Besucher des Kindergartens zum Mitmachen einlädt.

Orientierungsräume

In einem leeren, großen Raum fühlen Kinder sich oft hilflos. Dies zeigt sich an ihrem Bewegungsverhalten: Sie halten sich in der Nähe der Wand auf, bleiben in der Ecke, bauen sich eine Bude, kriechen in Nischen. Sie bewegen sich an den äußeren Seiten; die Raummitte wird weniger genutzt.

Um Kindern die Orientierung im Raum zu erleichtern, ist es hilfreich, den Raum zu strukturieren: In einem großen Bewegungsraum auf den Boden geklebte oder gemalte Linien können die Orientierung unterstützen. Man kann über die Linien gehen, laufen balancieren, man kann sie überspringen, man kann in der einen Hälfte des Raums oder in der anderen spielen.

Auch Rituale schaffen Orientierung im Raum: Man trifft einander in der Mitte des Raums auf einem ausgebreiteten Schwungtuch, man nutzt eine Matte an der Seite zum Ausruhen, auf einer Matratze wird eine Abschlussgeschichte erzählt. So wird der Raum für die Kinder überschaubar und gewinnt an Struktur.

Rückzugsräume – Ruheräume

Manchmal schaffen sich Kinder einen Raum im Raum: Buden, Höhlen oder Zelte bauen. Sie bieten Kindern Rückzugsmöglichkeiten zum Ausruhen, Träumen, Alleinsein, zum Abschalten vom Lärm der Umgebung. Hier können sie sich entspannen. Dies gilt es bei der Raumgestaltung zu berücksichtigen.

Hängematten oder ein großes Schaukeltuch, mit stabilen Haken an der Decke befestigt, schaffen Zonen der Ruhe und des Rückzugs und ermöglichen gleichzeitig intensive sensorische Erlebnisse, die ebenfalls beruhigend wirken können.

Materialien, die diesem Bedürfnis der Kinder entgegenkommen, sind zum Beispiel Polster und Kissen, aus denen Buden gebaut werden, Tücher und Laken, die zum Verhängen der Buden oder zum Abdecken verwendet werden können. Kartons laden zum Hineinkriechen ein. Matratzen und Matten werden zum Ausruhen und »Schlafen« genutzt.

Diese Rückzugsräume werden von den Kindern selbst geschaffen. Sie bauen sie nach eigenen Vorstellungen und Fantasien, geben ihnen eigene Deutungen.

Raumdimensionen erfahren

Bis zur obersten Spitze der Leiter gelangen, von oben hinabschauen, die Welt aus einer anderen Perspektive betrachten – der Aufstieg mag zwar beschwerlich sein, doch die neue Perspektive belohnt.

Räume sind dreidimensional, und gerade die dritte Dimension – die Höhe – übt auf Kinder einen besonderen Reiz aus: klettern, steigen, Podeste erklimmen. Dies ermöglicht auch kleinen Kindern einen neuen Standort und das Erleben einer neuen Raumbeziehung: Unten und oben werden in Bewegung und über den Körper erfahren.

Alles im Blick zu haben gibt auch Gelegenheit zur Übernahme einer neuen Rolle.

Podeste, Einbauten, Zwischenebenen, Stufen oder eine Galerie bieten Möglichkeiten der aktiven Raumerfahrung: einerseits die Erfahrung einer neuen Raumebene, andererseits die Erweiterung der Perspektive. Man kann von oben hinabschauen, das Spiel der anderen Kinder von einem ungewohnten Standpunkt aus beobachten, sich zurückziehen und doch alles im Blick behalten.

Interessant sind vor allem die Übergänge zwischen oben und unten: Man kann sich an einer Strickleiter oder einem Tau von oben nach unten hangeln oder – wenn man noch klein ist – auf einem Brett oder einer »Hühnerleiter« hinaufklettern und auf einer Rutsche wieder herunterkommen.

So wird die dritte Dimension des Raumes vor allem in Bewegung erfahren.

Handlungsspielraum für eigene Sinngebungen

Damit sich diese Vielfalt von Erfahrungen entfalten kann, damit Räume zu Erfahrungsräumen werden, benötigen Kinder neben allen räumlichen und materialen Gegebenheiten auch Handlungsspielraum – die Freiheit der eigenen Entscheidung, des Aushandelns mit anderen Kindern, Spielraum für eigene Sinngebungen.

Dies ist weniger von den baulichen Voraussetzungen, sondern vor allem von sozialen Gegebenheiten und Rahmenbedingungen abhängig, von der Achtung und dem gegenseitigen Respekt, den Kinder im Umgang miteinander gelernt haben, und dem Spielraum, den Erzieherinnen ihnen im alltäglichen Zusammenleben gewähren.

Kindern Erfahrungsräume zur Verfügung zu stellen heißt also auch, sie in Entscheidungsprozesse einzu-

beziehen, ihnen Zeit und Raum zu geben, die eigenen Lebensräume aktiv mitzugestalten.

Literatur

Bendt, U./Erler, C.: Spielbudenzauber: Sinnvolle Raumgestaltung in der Kita und Krippe. Verlag an der Ruhr, Mühlheim 2010

von der Beek, A.: Bildungsräume für Kinder von Null bis Drei. Verlag das netz, Weimar/Berlin 2010

Herrmann, G./Wunschel, G.: Erfahrungsraum Kita. Beltz, Weinheim 2002

Hildebrandt-Stramann, R.: Welterschließung durch elementare Bewegungserfahrung. In: Motorik 33/2010, S. 16-166

Schache, S.: Raumgestaltung – Erfahrungsräume schaffen. In: Zimmer, R. (Hrsg.): Psychomotorik für Kinder unter drei Jahren. Herder, Freiburg 2011, S. 37-48

Zimmer, R.: Handbuch der Sinneswahrnehmung. Herder, Freiburg 2010a

Zimmer, R.: Handbuch Sprachförderung durch Bewegung. Herder, Freiburg 2010b

Zimmer, R.: Handbuch der Bewegungserziehung. Grundlagen für Ausbildung und pädagogische Praxis. Herder, Freiburg 2011

Autorinnen und Autoren

Angelika von der Beek

Diplom-Pädagogin, war lange Zeit Fachberaterin für die kommunalen Kindertagesstätten in Hamburg. Mit Mathias Buck und Hamburger Kita-Mitarbeiterinnen entwickelte sie das »Hamburger Raumgestaltungskonzept«. Inzwischen arbeitet sie als freiberufliche Fortbildnerin, ist Mitglied im Vorstand von Dialog Reggio Deutschland e. V. und von »WeltWerkstatt«, dem Fortbildungsinstitut Köln, das von Prof. Dr. Gerd E. Schäfer geleitet wird.

Ute Bendt

Fachberaterin für Erzieherinnen, Erzieher und Tagespflegepersonen in Mecklenburg-Vorpommern, arbeitet bundesweit als selbstständige Dozentin. Sie war fünf Jahre lang Leiterin einer Reggio-orientierten Kindertagesstätte, bevor sie sich für die hauptberufliche Weiterbildung von Pädagoginnen und Pädagogen entschied.

Weitere Arbeitsschwerpunkte siehe Zusammenarbeit mit Claudia Erler.

Joachim Bensel

Dr., Verhaltensbiologe und Entwicklungsforscher, studierte Biologie an der Technischen Universität Darmstadt und der Universität Freiburg, arbeitete von 1991 bis 1993 in Forschungsprojekten zur internationalen Krippenforschung und zu »Wahlmöglichkeiten bei der Betreuung von Kleinstkindern« im Auftrag der »Deutschen Liga für das Kind«, promovierte 2002 an der Ludwig-Maximilians-Universität München, lehrt an der EH Freiburg: Pädagogik in der frühen Kindheit, ist Mitglied der Expertengruppe »Kinder unter drei Jahren« der Weiterbildungsinitiative Frühpädagogische Fachkräfte (WIFF) des Deutschen Jugendinstituts.

Joachim Bensel ist Mitbegründer und Mitinhaber der Forschungsgruppe Verhaltensbiologie des Menschen (FVM GbR, www.verhaltensbiologie.com) und forscht zur außerfamiliären Betreuung von Kleinstkindern (Regionale Forschungsleitung zusammen mit Gabriele Haug-Schnabel der »Nationalen Untersuchung zur Bildung, Betreuung und Erziehung in der frühen Kindheit« NUBBEK für Baden-Württemberg), zur Verhaltensentwicklung und chronischen Unruhe im Säuglingsalter (»Freiburger Säuglingsstudie«) und zur Einschätzung von Kindeswohlgefährdung in der Kita (»KiWo-Skala«). Fachbuchautor. Seit über 20 Jahren ist er Referent in Aus-, Fort- und Weiterbildung für Erzieherinnen, Elternbildner, Kinderärzte, Hebammen und Lehrer.

Erika Berthold

ist Journalistin und als freie Mitarbeiterin im verlag das netz tätig.

Inga Bodenburg

Dr., Diplom-Psychologin und Diplom-Sozialpädagogin mit dem Schwerpunkt Frühpädagogik und Integration behinderter Kinder im Vorschulalter. Sie ist seit 35 Jahren in der Aus- und Fortbildung pädagogischer Fachkräfte tätig. 2006 hat sie die »Bildungswerkstatt Stellau« gegründet, deren Schwerpunkt die Fort- und Weiterbildung für Erzieherinnen ist. Als Autorin hat sie zahlreiche Bücher und Zeitschriftenbeiträge rund um ihre Schwerpunktthemen veröffentlicht. Inga Bodenburg hat drei Kinder und drei Enkel und lebt in Stellau bei Hamburg und auf der Halbinsel Nordstrand.

Matthias Buck

ist als gelernter Tischler, studierter Pädagoge und praktizierender Innenarchitekt der geschäftsführende Inhaber der Firma Kameleon-Bildungsräume für Kinder. Seit über 20 Jahren entwickelt er gemeinsam mit einem Team aus Pädagoginnen, Architekten, Designern, Künstlern und Handwerkern Produkte und praxisnahe Konzepte nach dem Hamburger Raumgestaltungskonzept. Er ist in der Fortbildung und Architekturberatung für Krippen, Kita und Schule sowie als Mitglied bei Dialog Reggio, Archiv der Zukunft und dem Netzwerk Bildung aktiv.

Sigrid Diebold

Sozialpädagogin, leitet die städtische Kindertageseinrichtung Vauban in Freiburg im Breisgau. Viele Jahre war sie in der Heimerziehung, offenen Jugendarbeit und Erwachsenenbildung tätig. Seit 1992 arbeitet sie beruflich in der Vorschulerziehung, seit 1997 als Leiterin von Kindertageseinrichtungen.

Neben ihrer Berufstätigkeit ist sie in der Fortbildung von Erzieherinnen und Erziehern tätig, schreibt Artikel und fotografiert für überregionale Fachzeitschriften.

Marc Eller

hat an der TU Innsbruck und der RWTH Aachen Architektur studiert. Seine beruflichen Wege führten ihn zum der Bau der Olympischen Sporteinrichtungen nach Sydney, Australien, und zum Bau des Regierungsviertels nach Berlin, bevor er Mitgesellschafter von Eller + Eller Architekten in Düsseldorf wurde. Seit 2003 führt Marc Eller das Büro Marc Eller Architekten und hat sich auf den Bau von Kindertagesstätten und Betriebskindertagesstätten spezialisiert.

Claudia Erler

Kommunikationswissenschaftlerin, arbeitet als freiberufliche Texterin, Lektorin und PR-Referentin in Berlin. Pädagoginnen und Pädagogen bildet sie bundesweit zu den Themen »Kommunikation« und »Öffentlichkeitsarbeit« weiter. In Zusammenarbeit mit Ute Bendt veranstaltet sie den jährlichen Fachkongress für Erzieherinnen und Tagespflegepersonen »Augen auf unsere Kinder« in Greifswald sowie diverse Fachtage für Tagespflegepersonen. Außerdem verfassen Claudia Erler und Ute Bendt gemeinsam pädagogische Fachbücher, Artikel für überregionale Fachzeitschriften und erarbeiten Curricula für Qualifizierungsmaßnahmen von Kita-Leiterinnen.

Margit Franz

Diplom-Pädagogin, leitete fünfzehn Jahre eine integrative Kindertageseinrichtung mit Kindern im Alter von neun Monaten bis sechs Jahren in Hessen. Im Anschluss an ihre Leitungstätigkeit war sie als wissenschaftliche Mitarbeiterin sowie als Lehrbeauftragte an der Hochschule Darmstadt, Fachbereich Sozialpädagogik, beschäftigt. Seit mehreren Jahren arbeitet sie als pädagogische Fachberaterin.

Margit Franz gibt »Die Kindergartenzeitschrift« heraus.

Gabriele Haug-Schnabel

Dr. habil., studierte Biologie, Geographie und Ethnologie an der Universität Freiburg. Von 1978 bis 1979 Mitarbeit im DFG Projekt »Frühkindliche Entwicklung« (Universitäten Freiburg und Berlin). Arbeitete nach der Promotion in Biologie als wissenschaftliche Mitarbeiterin der Universität Freiburg im interdisziplinären Forschungsprojekt »Biologische Anthropologie« der VW-Stifung über Entwicklungsbedingungen von Kindern in der Bundesrepublik Deutschland. Von 1983 bis 1988 arbeitete sie hauptverantwortlich im DFG-Forschungsprojekt »Enuresis-Therapien« der Universität Freiburg. 1992 Habilitation und Verleihung der Venia legendi.

Über 20 Jahre Privatdozentin für Verhaltenspsychologie und Humanethologie an der Wirtschafts- und Verhaltenswissenschaftlichen Fakultät der Universität Freiburg, seit 2011 Lehrauftrag an der Evangelischen Hochschule in Freiburg: Pädagogik der frühen Kindheit.

Gabriele Haug-Schnabel initiierte und gründete 1993 zusammen mit Dr. rer. nat. Joachim Bensel und Dr. rer. nat. Evelin Kirkilionis die Forschungsgruppe Verhaltensbiologie des Menschen (FVM), die sie bis heute leitet (www.verhaltensbiologie.com). Im Auftrag von Universitäten, Wohlfahrtsverbänden, Stiftungen und staatlichen Institutionen, Ausbildungsstätten sowie Wirtschaftsunternehmen führt die FVM Untersuchungen und Schulungen durch, die in Form von Gutachten, Projektplanungen und -begleitungen, Multiplikatorfortbildungen, Medieninformationen und Publikationen zur Verfügung gestellt werden. Die Forschungsschwerpunkte: Beobachtung und Analyse kindlicher Entwicklung und kindlichen Verhaltens.

Autorin von Rundfunksendungen und Fachbüchern zum kindlichen Verhalten. Referentin in Aus- und Fortbildungseinrichtungen für Erzieherinnen, Pädiater, Kinder- und Jugendpsychiater, klinische Verhaltenstherapeuten, Kinderpsychotherapeuten und Sozialpädagogen. Spezialberatung für Eltern mit Fragen zur Entwicklung und Erziehung ihrer Kinder.

Jörg Hetkamp

Architekt, arbeitet seit 2005 bei der Firma Brüninghoff GmbH & Co. KG, einem mittelständischen, familiengeführten Unternehmen im Westmünsterland. Mit seinem jungen Planungsteam begleitet er – vom ersten Entwurf bis zur baulichen Realsierung – die Umsetzung von Kindertagesstätten.

Axel Jansa

Professor für Elementarpädagogik im Studiengang »Bildung und Erziehung in der Kindheit« und Leiter der Lernwerkstatt an der Hochschule Esslingen. Ursprüngliche Ausbildung zum Kunsterzieher und Spielpädagogen, Ausbildung von Erzieherinnen, Studienaufenthalte in Reggio Emilia, Untersuchungen in schwedischen reggio-inspirierten Kindertageseinrichtungen; seit längerem Arbeit zum Themenkomplex »Licht und Schatten« in der Aus- und Weiterbildung von Pädagoginnen. Mitglied des Wissenschaftlichen Beirats von Dialog Reggio – Vereinigung zur Förderung der Reggio-Pädagogik in Deutschland.

Marina Kuban

Erzieherin, Diplom- Sozialpädagogin. Tätigkeitsfelder: Gruppendienst, Leitung, Fachschule, Fortbildungen, arbeitet im Fachdienst einer Landesbehörde und findet, dass Kinder die wichtigste Ressource jeder Gesellschaft sind.

Udo Lange

Diplom-Sozialpädagoge, Gründer und pädagogischer Leiter der Pädagogischen Ideenwerkstatt BAGAGE e.V. in Freiburg, tätig als Spielraumplaner, Fotograf und Autor.

Herbert Österreicher

Diplom-Ingenieuer FH Mag. Art., plant und gestaltet Außenanlagen und Gärten von Kindertageseinrichtungen. Darüber hinaus führt er Seminare und Exkursionen zu verschiedenen Bereichen der Umweltbildung durch und ist als Autor für Fachzeitschriften und Verlage tätig.

Ulrike Pohlmann

Erzieherin, studiert berufsbegleitend Bildungs- und Sozialmanagement mit Schwerpunkt frühe Kindheit an der FH Koblenz.

Sie ist als sozialwissenschaftliche Mitarbeiterin bei Wehrmann Education Consulting, u.a. am Auf- und Ausbau betrieblicher Kinderbetreuung tätig.

Sie war von 1998 bis 2010 am Aufbau betriebsnaher Kitas in Köln und Hamburg beteiligt. Ihr Schwerpunkt liegt im U3-Bereich.

Edeltraud Prokop

Kinderkrankenschwester und Erzieherin, leitet die städtische Kinderkrippe Felicitas-Füss-Straße in München und begründete mit ihrem Team die so genannte Freilandpädagogik für Kinder in altersgemischten Gruppen von drei Monaten bis sechs Jah-

ren. Außerdem arbeitet sie als Referentin und Autorin zu verschiedenen pädagogischen Themen.

Thomas Stadelmann

Freischaffender Künstler, Diplom-Sozialpädagoge, Gründer und künstlerischer Leiter der Pädagogischen Ideenwerkstatt BAGAGE e.V. in Freiburg, tätig als Spielraumplaner, Baukünstler und Autor.

Ilse Wehrmann

Diplom-Sozialpädagogin, Dr., Publizistin und Autorin zahlreicher Fachbücher. Sie bringt ihre Jahrzehnte lange Erfahrung aus Praxisarbeit, Referententätigkeit und zahlreichen Auslandsreisen als Beraterin von Politik, Unternehmen und Wissenschaft bei der Konzeption und Umsetzung von Reformen im Elementarbereich ein.

Sie ist Inhaberin von Wehrmann Education Consulting, einem Beratungsunternehmen für Auf- und Ausbau betriebsnaher und betrieblicher Kindertagesbetreuung sowie von Wehrmann Comites Consulting, einer Personalvermittlung für pädagogische Fach- und Führungskräfte.

Renate Zimmer

Dr. phil., Erziehungswissenschaftlerin mit dem Schwerpunkt »Frühe Kindheit« und Professorin für Sportwissenschaft an der Universität Osnabrück.

Direktorin des Niedersächsischen Instituts für Frühkindliche Bildung und Entwicklung (nifbe). Autorin zahlreicher Bücher zu den Themen »Frühkindliche Bildung«, »Entwicklungsförderung«, »Gesundheit«, »Bewegtes Lernen«, »Psychomotorik«, die in viele Sprachen übersetzt worden sind.

Renate Zimmer leitet Forschungsprojekte zur Sprachförderung (»Bewegte Sprache«), zur kreativen Unterstützung der Lesekompetenz (»Geschichten bewegen«) und zur Förderung sozial – emotionaler Kompetenzen bei Kindern und begleitet Bibliotheksprojekte wissenschaftlich (»LOS-Lesen – Mit Büchern wachsen«).

Sie ist Initiatorin und Leiterin der größten Kindheitskongresse Deutschlands (»Bewegte Kindheit«).

Bildnachweis

Titelbild
Sigrid Diebold

Fotos
S. 10: Kita St. Peter und Paul, anerkannte reggio-orientierte Einrichtung, Hammelburg/Westheim
S. 13: Kinderhaus Osteresch e.V., Hamburg – SOAL-QE-zertifiziert.
S. 17: Kita Sackpfeife, Weimar, Hufeland-Träger-Gesellschaft
S. 20, 27, 28: Ute Bendt, Claudia Erler
S. 30, 40, 80, 82, 83, 84, 85, 86, 87, 88, 89, 90, 91, 92, 93, 108, 11, 112, 115, 116, 117, 152, 154, 157, 160: Sigrid Diebold
S. 41: FVM GbR
S. 44, 46, 48, 49: Die Baupiloten
S. 50-54, 59, 60, 62: Inga Bodenburg
Die gezeigte Bewegungslandschaft ist ein Produkt der Firma Kameleon GmbH & Co. KG, Neustädter Neuer Weg 2, 20459 Hamburg, Tel. 040/7038349-0
S. 65: M. Buck/Kameleon, Kita Sackpfeife/Weimar, Hufeland-Träger-Gesellschaft
S. 66 links: D. Duchert/Kameleon, Krippe St. Josef/Verden
S. 66 rechts: D. Duchert/Kameleon, Kita Stahltwiete/Hamburg
S. 67 links: K. Roeder/Kameleon, Schokoladenfabrik/Hamburg
S. 67 rechts: K. Roeder/Kameleon, Kita Gerritstraße/Hamburg
S. 68 links: K. Roeder/Kameleon, Kita Vizelinstraße/Hamburg
S. 68 rechts: M. Buck/Kameleon: Kita Sackpfeife/Weimar, Hufeland-Träger-Gesellschaft
S. 69: K. Roeder/Kameleon, Schokoladenfabrik/Hamburg
S. 70: H. Kowatsch/Kameleon, Kita St. Johannes/Schacht-Audorf
S. 71: M. Buck/Kameleon, Kita Rauchstraße/Hamburg
S. 72: M. Buck/Kameleon, Kita Sternschnuppe/Cremlingen

S. 73 links und rechts oben: M. Buck/Kameleon, Kita Rauchstraße/Hamburg
S. 73 links unten: M. Buck/Kameleon, Kita St. Nikolai/Hamburg
S. 73 rechts unten: M. Buck/Kameleon, Kita Hegholt/Hamburg
S. 74: M. Buck/Kameleon, SOAL-Bildungskongress/Hamburg
S. 75: M. Buck/Kameleon, Kita Sackpfeife/Weimar, Hufeland-Träger-Gesellschaft
S. 76: M. Meyer/Kameleon, Aktive Schule/Köln
S. 77: K. Roeder/Kameleon, Kita Gerritstraße/Hamburg
S. 78 links oben: K. Roeder/Kameleon, Kita Gerritstraße/Hamburg
S. 78 rechts oben: M. Buck/Kameleon, Kindergarten Kleinbettlingen
S. 78 rechts unten: M. Buck/Kameleon, Koppelkinder/Hamburg
S. 94, 96, 97, 98, 100-107: Margit Franz
S. 118-126: Copyright Brüninghoff GmbH & Co. KG, www.brueninghoff.de
S. 128, 144, 145, 147, 148: Axel Jansa aus der Arbeit in kindheitspädagogischen Studiengängen und einer Fortbildung zur Fachkraft Reggiopädagogik
S. 130, 138, 143 aus: Bildungsräume für Kinder von Drei bis Sechs. (Angelika von der Beek. verlag das netz, Weimar, Berlin 2010)
S. 133, 134, 137: Reggio Children, Netzwerk KINDER in Europa
S. 162-175: Udo Lange, Thomas Stadelmann
S. 176-181, 183-186, 189-195: Herbert Österreicher, Edeltraud Prokop
S. 196, 197, 199: Michael Reisch
S. 198: Marc Eller Architekten
S. 200, 203, 206, 209, 210, 211, 213, 214: Archiv Negenborn, Sigrid Diebold